PRÉCIS DE DROIT PUBLIC ÉCONOMIQUE CAMEROUNAIS

Samuel Mathieu TANG

PRÉCIS DE DROIT PUBLIC ÉCONOMIQUE CAMEROUNAIS

Préface de Jean Didier Boukongou

L'Harmattan
Cameroun

Du même auteur

L'effectivité des libertés publiques dans un contexte de lutte contre le terrorisme au Cameroun, L'Harmattan, 2023.

5-7, rue de l'École-Polytechnique – 75005 Paris
www.editions-harmattan.fr
ISBN : 978-2-336-61074-0
EAN : 9782336610740
Dépôt légal : mars 2026

À vous,

mes parents Um Tang et Ngo Mbem Marie-Christiane, à ma sœur Marie Roumy, au père Alfonso Ruiz sj et à Marie-Thérèse Gendron. Comme vous, j'ai décidé de passer une vie éphémère en restant immortel dans l'esprit.

REMERCIEMENTS

Nous tenons à exprimer notre profonde gratitude envers les institutions et les personnes dont le soutien décisif a permis la réalisation de cet ambitieux projet de recherche.

Nos remerciements vont tout d'abord aux institutions qui en ont été les piliers institutionnels et financiers :

- **L'Université Catholique d'Afrique Centrale (UCAC)**, pour son cadre intellectuel stimulant et son inestimable appui académique ;
- **Le Conseil d'Appui à la Réalisation des Contrats de Partenariat (CARPA)**, pour son accompagnement stratégique et opérationnel ;
- **La Commission Technique de Réhabilitation des Entreprises du secteur public et parapublic (CTR) au Cameroun**, pour sa précieuse contribution et son expertise.

Nous exprimons une reconnaissance particulière aux chercheurs et mentors dont l'encadrement, la rigueur et les conseils éclairés ont guidé et nourri cette réflexion :

- **Professeur Jean Didier BOUKONGOU**, pour sa direction avisée et son exigence intellectuelle ;
- **Professeur Dieudonné BONDOMA YOKONO**, pour ses éclairages fondateurs et son soutien constant ;
- **Dr Jacques Deboheur KOUKAM**, pour son expertise et son engagement ;

- **Dr Edith Clément MOUYOUME**, pour ses contributions précieuses et son regard attentif ;
- **Beranger MADJITA,** pour ses précieux conseils en tant qu'expert ;
- **Dr Jacob KOTCHO BONGKWAHA**, pour ses précieux conseils en tant qu'expert ;
- Nos remerciements s'adressent également à **Madame Marie-Thérèse GENDRON**, dont le concours a été d'un apport substantiel à ce travail.

Enfin, nous gardons une pensée reconnaissante pour les collaborateurs dont l'assistance technique, logistique et documentaire a été essentielle : Raissa **MANINDZOU GOMA** et **Clarisse BONDOMA ABA'A**. Leur dévouement et leur professionnalisme ont grandement facilité la conduite de ce projet.

À toutes et à tous, pour votre confiance, votre temps et votre engagement à nos côtés, recevez l'expression de notre sincère et respectueuse considération.

ABRÉVIATIONS

AAI : Autorité administrative indépendante

ANTIC : Agence nationale des Technologies de l'Information et de la Communication

ARMP : Agence de Régulation des Marchés publics

ARSEL : Agence de Régulation du Secteur de l'Électricité

ART : Agence de Régulation des Télécommunications

AUSC et GIE : Acte uniforme relatif au Droit des Sociétés commerciales et du Groupement d'Intérêt économique

AOT : Occupation temporaire du Domaine

BAD : Banque africaine de Développement

BIRD : Banque internationale pour la Reconstruction et le Développement

BM : Banque mondiale

BEAC : Banque des États de l'Afrique centrale

CARPA : Conseil d'Appui à la Réalisation des Contrats de Partenariat

CEMAC : Communauté économique et monétaire de l'Afrique centrale

CEEAC : Communauté économique des États de l'Afrique centrale

CCJA : Cour commune de Justice et d'Arbitrage

CIMA : Conférence interafricaine des Marchés d'Assurance

CONAC : Commission nationale Anti-Corruption

DDHC : Déclaration des Droits de l'Homme et du Citoyen

DPE : Droit public économique

DSCE : Document de Stratégie pour la Croissance et l'Emploi

DSRP : Document de Stratégie de Réduction de la Pauvreté

FIDES : Fonds d'Investissement respectifs pour le Développement économique et social des Territoires d'Outre –Mer

FMI : Fonds monétaire international

GATT : Accord général sur les tarifs douaniers et le commerce

INS : Institut national de Statistiques

IPPTE : Initiative en faveur des Pays pauvres très endettés

OAPI : Organisation africaine de la Propriété intellectuelle

OHADA : Organisation pour l'Harmonisation en Afrique du Droit des Affaires

OCDE : Organisation de Coopération et de Développement économique

OMC : Organisation mondiale du Commerce

OMD : Objectifs du Millénaire pour le Développement

ONCPB : Office nationale de Commercialisation des Produits de Base

PAS : Programme d'Ajustement structurel

PIB : Produit intérieur brut

PME : Petites et Moyennes Entreprises

PPP : Partenariat Public-Privé

PPTE : Pays pauvre et très endetté

SCP : Société à Capital public

SEM : Société d'Économie mixte

SND 30 : Stratégie nationale de Développement 2020-2030

SNI : Société nationale d'Investissement

TVA : Taxe sur la Valeur ajoutée

UMAC : Union monétaire de l'Afrique centrale

SOMMAIRE

PRÉFACE

Le *Précis de droit public économique camerounais* que le Dr Samuel Tang offre aujourd'hui à la communauté académique et aux praticiens du droit constitue une contribution majeure à la compréhension contemporaine des rapports entre l'État et l'économie au Cameroun. À une époque où les frontières entre droit public et droit privé se recomposent, où les politiques publiques doivent concilier impératifs de souveraineté, exigences de compétitivité et contraintes de gouvernance internationale, un tel ouvrage apparaît non seulement utile, mais nécessaire.

Il est des ouvrages qui arrivent à point nommé, non parce qu'ils prétendent clore un débat, mais parce qu'ils offrent les outils nécessaires pour mieux le comprendre. Le *Précis de droit public économique camerounais* du Dr Samuel Tang appartient à cette catégorie rare de travaux qui éclairent, structurent et renouvellent un champ du savoir au moment même où celui-ci devient indispensable à la compréhension des transformations de l'État contemporain.

Le Cameroun, comme nombre d'États africains, se trouve aujourd'hui à la croisée de plusieurs dynamiques : exigences de compétitivité dans un environnement globalisé, impératifs de souveraineté économique, montée en puissance des régulations internationales, recomposition des modèles de développement, pressions sociales croissantes. Dans ce contexte, le droit public économique n'est plus une simple branche technique du droit public ; il devient un instrument stratégique, un langage de l'action publique, un révélateur des choix politiques fondamentaux.

L'ouvrage se distingue par trois mérites essentiels.

D'abord, il propose une lecture historique et critique de l'évolution du rôle économique de l'État camerounais. L'auteur montre comment les choix politiques, les contraintes internationales et les transformations sociales ont façonné un droit public économique hybride, à la fois héritier du modèle français, influencé par la *common law* et profondément enraciné dans les réalités africaines.

Ensuite, ce précis offre une systématisation claire et pédagogique d'un domaine souvent dispersé entre textes, pratiques administratives et jurisprudence. Les sources, principes, acteurs et mécanismes d'intervention publique y sont exposés avec une précision qui en fait un outil de référence pour les étudiants, les chercheurs, les magistrats, les avocats et les décideurs publics.

Enfin, l'ouvrage se distingue par une réflexion prospective sur les mutations contemporaines : montée en puissance des autorités de régulation, essor des partenariats public-privé, intégration économique régionale, exigences de transparence, rôle croissant des institutions financières internationales. Le Dr Tang montre que le droit public économique n'est pas seulement un ensemble de règles, mais un instrument stratégique au service du développement.

Ce précis est précieux pour plusieurs raisons.

D'abord, il donne du sens à des décennies de politiques publiques, en montrant comment les choix économiques successifs — plans quinquennaux, ajustements structurels, libéralisation, partenariats public-privé — ont produit des normes, des institutions et des pratiques qui structurent encore aujourd'hui l'action publique.

Ensuite, il offre une architecture doctrinale solide, permettant de comprendre les sources, les principes, les acteurs et les mécanismes d'intervention publique. Dans un domaine où les textes sont nombreux, dispersés et parfois contradictoires, cette mise en cohérence constitue une contribution majeure.

Enfin, l'ouvrage ouvre des perspectives critiques sur les défis contemporains : gouvernance économique, transparence, régulation des marchés, rôle des autorités administratives indépendantes, intégration régionale, place du Cameroun dans l'économie mondiale. Il invite à penser l'État non comme une entité figée, mais comme un acteur en constante adaptation.

Le *Précis de droit public économique camerounais* est un outil de compréhension, un instrument de formation, un support de réflexion pour tous ceux — étudiants, chercheurs, magistrats, avocats, décideurs publics — qui s'interrogent sur la place de l'État dans l'économie et sur les voies possibles d'un développement durable et souverain.

En publiant cet ouvrage, le Dr Samuel Tang enrichit la doctrine juridique camerounaise et contribue à renforcer une culture de rigueur, de méthode et d'exigence intellectuelle. Son travail s'inscrit dans la longue tradition des juristes qui, en éclairant les mécanismes du droit, participent à la construction de l'État et à l'amélioration de la gouvernance publique.

Puisse ce précis devenir une référence durable, un repère pour les générations futures, et un appel à poursuivre la réflexion sur les fondements et les finalités du droit public économique au Cameroun.

Professeur Jean Didier Boukongou

Professeur titulaire de droit international
Université catholique d'Afrique centrale
L'Académie africaine de la pratique du droit international (AAPDI)

AVANT-PROPOS

Précis de droit public économique camerounais : tel est le titre de l'ouvrage que le Dr Samuel Mathieu Tang livre aux lecteurs. L'on mesure l'étendue, la densité et l'importance de cette discipline.

Les vertus du marché ont souvent été invoquées pour éloigner l'État de la sphère économique. Selon « la nouvelle orthodoxie » du développement apparue dans les années 1980, l'allocation des ressources rares est optimale dans un marché concurrentiel soumis aux impulsions du marché mondial. Le débat sur le « trop d'État » ou le « pas assez d'État » reste d'actualité, chacun y participant selon ses idéaux ou ses intérêts. Pourtant, il faut reconnaître que le marché, quelle que soit sa vigueur, ne peut fonctionner efficacement sans un encadrement juridique, au risque d'engendrer des éléments d'autodestruction des agents économiques. En effet :

- le marché peut s'avérer défaillant et ne pas orienter les ressources rares vers les secteurs répondant le mieux aux besoins du développement ;
- l'État peut être le seul à même d'entreprendre les réformes qui s'imposent comme préalables nécessaires au développement.

Heureusement, le droit public économique nous ramène à la réalité. Les relations entre les différents acteurs économiques, bien qu'exigeant une bonne dose de liberté, doivent aussi être encadrées et régulées. Il convient donc de préciser les modalités de l'implication de l'État pour un fonctionnement du marché compatible avec la sérénité souhaitée des agents économiques dans leurs plans d'affaires. Le marché ne doit pas être une jungle.

Dans son *Précis de droit public économique camerounais*, le Dr Samuel Mathieu Tang, enseignant-chercheur à l'Université catholique d'Afrique centrale, adopte une approche pédagogique efficace. Il aborde d'abord la notion de droit public économique, ses sources et ses principes, avant de présenter les acteurs institutionnels qui influencent le développement des activités économiques dans le contexte camerounais.

Les États ne fonctionnent cependant plus en autarcie. C'est pourquoi, outre les institutions internationales, l'auteur prend en compte les acteurs institutionnels d'Afrique centrale comme entité régionale, en s'intéressant notamment à l'encadrement juridique des contrats de partenariat public-privé dans cet espace. L'évocation de la Directive du 25 février 2025 portant cadre juridique et institutionnel des partenariats public-privé en zone CEMAC lui permet d'élargir la perspective à l'échelle sous-régionale. On sait que cette réglementation communautaire entraînera, dans les prochains mois, d'importantes actualisations des cadres légaux et réglementaires des États membres.

Le champ est vaste, et le mérite de l'auteur est d'avoir commencé son labour au Cameroun. La récolte s'annonce prometteuse. Je la souhaite abondante pour ce jeune enseignant-chercheur plein de talent, d'audace et de volonté.

Ses étudiants disposent ici d'un outil didactique leur permettant une compréhension rapide des éléments juridico-administratifs qui structurent l'activité économique au Cameroun. Ils tireront un grand profit de cet ouvrage, dans lequel l'auteur applique de manière concrète le droit public économique au contexte camerounais. Plus généralement, les chercheurs y trouveront une source précieuse pour amorcer ou approfondir leurs travaux sur le sujet.

Professeur Dieudonné BONDOMA YOKONO

Professeur titulaire, Université de Yaoundé 2
Président du Conseil d'appui à la réalisation des contrats de partenariat (CARPA)
Analyste et politique économique au sein de diverses institutions universitaires

INTRODUCTION GÉNÉRALE

La référence au droit public économique suscite immédiatement des interrogations sur l'existence même d'une telle discipline académique, son champ de compétence ou la manière de l'aborder.

Bien qu'étant considéré comme un système traditionnellement mixte[1], le droit camerounais est très influencé par le système juridique français, qui conserve encore la grande distinction entre le droit public et le droit privé. Ainsi, a contrario des systèmes dits de *common law* où cette division (ou « *summa divisio* ») est nettement moins marquée, le système juridique camerounais considère encore cette fameuse distinction comme étant fondamentale, à tel point qu'elle sert de base à l'ensemble de son système juridique. Elle constitue même la pierre angulaire du système juridique camerounais et de nombreux systèmes juridiques francophones. En effet, le droit public régit l'organisation de l'État, ses institutions et ses relations avec les citoyens, tandis que le droit privé régit les relations entre les individus et les organisations privées.

Pourtant, le droit public économique tend à remettre en question la fameuse distinction entre le droit public et le

---

[1] Blaise Alfred NGANDO, *Genèse de l'État et du droit au Cameroun (1472-1961) Les racines d'une Nation en construction*, L'Harmattan, Coll. Mémoire du droit en Afrique, 17/03/2020, 357 pages. De par son passé culturel assez riche et diversifiée, le système juridique camerounais est composé : des coutumes et usages, une common law implantée, un droit français pénétré de droit romain, des ordonnances royales et de la volonté napoléonienne.

droit privé. Avec humour Guy BRAIBANT avait dit un jour : « *Connaître le droit public sans connaître le droit privé, c'est un peu comme savoir ce qu'est un homme sans savoir ce qu'est une femme* »[2]. Cette division existe dans la formation juridique, dans la spécialisation des avocats, pourtant « le meilleur défenseur est celui qui discerne l'ensemble des qualifications juridiques possibles et qui maîtrise toute la palette des actions en justice »[3]. Publicistes et privatistes partagent une grammaire commune du droit et doivent souvent répondre à des questions similaires.

On pourrait, à première vue, assimiler le droit public économique à une facette d'un droit économique autonome ayant pour mission de régir la production, la répartition et les échanges[4]. En d'autres termes, il s'agit de toute règle portant sur la production, la distribution, le transport des biens rares. Distinct des autres matières juridiques, il engloberait les règles de droit public ou de droit privé relatives aux questions économiques.

Cette confusion entre le droit public et le droit privé dans le domaine économique est en germe dans la pensée physiocrate du XVIIIe siècle lorsque Nicolas Baudeau estime qu'une « législation économique »[5] doit contribuer à réguler la société, en former la constitution économique. Au XIXe siècle, Karl Marx accorde la prééminence aux rapports de production dans la société et Pierre-Joseph Proudhon propose une nouvelle organisation sociale fondée sur des accords économiques entre des groupes transnationaux pour

---

[2] Yann AGUILA, « Droit public et droit privé : la nécessité de regards croisés », *AJDA*, 2009, p. 905.

[3] *Idem.*

[4] Jean-Paul VALETTE, *Droit public économique*, Hachette livre, 2015, p.8.

[5] Nicolas BAUDEAU, *Première introduction à la philosophie économique, ou Analyse des États policés reproduction de l'édition de 1771*, Paris, Librairie Paul Geuthner, 1910, p.185 et s.

dépasser les contradictions sociales et assurer la conciliation universelle ; ils œuvrent ainsi, consciemment ou non, dans le même sens. Il faut pourtant attendre le début du XXe siècle pour voir Max Weber argumenter la différence radicale entre l'ordre juridique – normatif, logique et systématique – et l'ordre économique qui concrétise la disposition des biens et services, puis les années 1930, afin que François de KIRALY revendique l'autonomie du droit économique au sein de la science juridique.

L'État du Cameroun a connu une évolution dans ses rapports avec le secteur économique. Pour mieux comprendre, comment le droit public économique est apparu au Cameroun, il est nécessaire d'étudier l'histoire de la réglementation de l'activité publique dans l'économie et sa réflexion en droit. Avec certitude, il a connu des fluctuations significatives depuis l'indépendance, passant d'une économie fortement dirigée (**A**) à une ouverture plus libérale, tout en maintenant un rôle étatique notable (**B**).

A. L'État interventionniste

Le terme interventionnisme couvre en réalité toute une série d'expressions telles que : économie dirigée, contrôlée ou organisée, capitalisme réglementé ou planifié, néo-capitalisme, néo-mercantilisme, réformisme social, étatisme, corporatisme, etc.[6]. La dernière conception semble pour le moins résumer admirablement l'exclusivisme que comporte la nouvelle formule, s'il est vrai, comme l'a prétendu Mussolini en définissant le corporatisme, qu'il s'agit de bannir et le capitalisme et le socialisme. Mais contrairement à cette formule négative, le mot interventionnisme semble impliquer un fait positif, une

[6] Henry LAUFENBURGER, *L'intervention de l'État en matière économique*, LGDJ, 1939, p.7.

action constructive de l'État[7]. Cette action positive étatique naît surtout à partir de la Seconde Guerre mondiale, car, l'État se voit investi d'une responsabilité accrue dans le domaine économique. Il devient le gardien des grands équilibres économiques (croissance, inflation, chômage, balance des paiements) et le garant de la solidarité nationale (protection contre les risques sociaux, mise en œuvre de la solidarité nationale). Bref, l'interventionnisme économique se manifeste alors par l'extension considérable du secteur public marchand, par la mise en œuvre d'une police des prix et par le recours à la planification. Il s'agit d'une manifestation claire de l'État d'avoir une souveraineté économique.

Cette vision de l'État a beaucoup inspiré les pays postcoloniaux au cours des années 1960, à l'instar du Cameroun. En effet, ce pays a entamé une recherche de sa souveraineté économique, mais cette quête s'est avérée difficile. Après l'accession à l'indépendance de cet État en 1960, l'idée dominante était de favoriser le renforcement des structures de l'État. La centralisation politique recherchait deux buts : briser des féodalités qui peuvent compromettre l'autorité de l'État et intégrer à l'intérêt général qu'il entend promouvoir des forces qui pourraient facilement devenir centrifuges[8]. En effet, l'État a adopté une politique économique interventionniste, caractérisée par une planification étatique et un contrôle de divers secteurs économiques. Les politiques économiques de développement ont été élaborées sous la houlette d'Ahmadou Ahidjo, Premier Président de la République du Cameroun.

---

[7] *Idem.*

[8] Pierre-François GONIDEC, *l'État africain, Évolution - Fédéralisme - Centralisation et Décentralisation - Panafricanisme*, Bibl. africaine et malgache, Droit et sociologie politique, t. VIIILGDJ, 1970, p.21 et s.

De janvier 1960 au milieu des années 1980, l'État du Cameroun, d'une croissance modérée et équilibrée, élabore une politique économique interventionniste qui se décline sous fonds de plans quinquennaux. Il opte alors pour une politique de développement privilégiant l'émergence d'un secteur industriel constitué essentiellement d'entreprises publiques et parapubliques, au détriment des unités industrielles assises sur la productivité locale[9]. L'objectif déclaré d'indépendance économique prolongeant l'indépendance politique, conduit à l'exaltation du rôle du chef de l'État comme acteur privilégié de la politique dirigiste-volontariste tant à l'extérieur qu'à l'intérieur[10]. Une telle orientation politique légitimera la mise en place d'un secteur public fort nécessitant le rôle actif de l'État dans l'économie appuyé sur une administration, des entreprises publiques puissantes et un appareil réglementaire complexe[11].

Pour mettre en œuvre cette politique économique souverainiste, le Président de la République promulgue la loi n° 63/25 du 19 juin 1963, qui ouvre la possibilité à l'État de constituer un portefeuille d'actifs industriels et prévoit la création de la Société nationale d'investissement (SNI) pour en assurer la gestion[12]. C'est ainsi que l'État a été omniprésent dans tous les aspects du fonctionnement de l'économie à travers 1°) la prise en charge des secteurs stratégiques (hydrocarbures, transports, énergie, etc.), 2°) le contrôle de la plupart des circuits commerciaux, souvent à

[9] Gérard AMOUGOU, « Esquisse d'histoire des politiques de développement au Cameroun : Un regard contextuel », *Workin Paper "Developmental State Strikes Back? »*, 2/2018, p.14.
[10] *Idem.*
[11] *Idem.*
[12] Conférence des Nations Unies sur le Commerce et le Développement (CENUCED), *La Concurrence dans l'économie du Cameroun*, Nations Unies, New York et Genève, 2014, p.12.

travers des offices de commercialisation (café, cacao, bananes, etc.), et 3°) le contrôle du niveau des prix par la fixation administrative à tous les stades des prix et des marges bénéficiaires[13]. Le décret N° 64/DF/486 du 16 décembre 1964 reconnaît la SNI comme un établissement public à caractère financier avec pour but de promouvoir les joint-ventures avec les investisseurs privés étrangers, mais aussi de prendre en charge la gestion et la rentabilisation du portefeuille de l'État. Elle a pour mission de mobiliser et d'orienter l'épargne nationale et les ressources financières vers des investissements d'intérêt économique et social. Cette société jouera un rôle clé dans la mise en œuvre des plans quinquennaux du pays, notamment le premier plan quinquennal (1960-1965). Dans sa politique d'investissement, la SNI représentera à peu près 16 % du Produit Intérieur Brut. Elle disposait alors d'un portefeuille de 80 sociétés avec 37 milliards de francs CFA de participation et 15,5 milliards de prêts. Elle jouera donc un rôle majeur dans le financement (national) du développement, constituant un des organismes privilégiés de soutien de l'État[14].

Grâce à l'appui de la coopération française, six plans quinquennaux furent ainsi élaborés.

[13] *Idem.*

[14] Mathias Éric OWONA NGUINI, « l'État et les milieux d'affaires au Cameroun : autoritarisme, ajustement au marché et démocratie (1986 - 1996) », *CEAN - IEP DE BORDEAUX ET GRAP*, November 1996, pp.5-6, disponible à l'adresse : https://www.researchgate.net/publication/329253828_L%27Etat_et_les_milieux_d%27affaires_au_Cameroun_autoritarisme_ajustement_au_marche_et_democratie, (consulté le 18.09.2022).

Premier plan quinquennal 1960-1965

La loi portant approbation du premier Plan quinquennal de développement économique et social du 16 décembre 1960 avait considéré le premier plan comme un plan « préparatoire ». Il fut calqué sur le modèle des deux plans du Fonds d'Investissement respectifs pour le Développement Économique et Social des Territoires d'Outre –Mer (FIDES) mis en place par la France coloniale en 1945 et 1953. À travers ce plan, l'État cherchait à doubler le revenu national par habitant d'ici 1980[15]. Son objectif général était de doubler le revenu national par habitant, c'est-à-dire de 21 500 en 1959 à 43 000 en 1980 ; soit un taux de progression de 4,6 par an (aspects sociaux et coopératives, revoir les disparités, relever l'agriculture, santé et école, nutrition, etc.). Il s'inspirait des plans FIDES (Fonds d'Investissement pour le Développement Économique et Social) mis en place par la France coloniale. Les priorités portent sur le développement des infrastructures (45 % des investissements) et le développement rural (18,8 %). Chapeautée par l'idéologie politique de la réunification, une propagande accrue est mobilisée dans l'encadrement du monde rural et l'investissement humain. Ce premier plan se serait soldé par un « échec » du fait de l'absence de technique de contrôle, de l'avènement d'une réunification tronquée, des objectifs irréalistes et d'une croissance démographique au-delà de la

---

[15] Esther OLEMBE, « Les Archives au Cameroun dans les Politiques Publiques de Développement : des Plans Quinquennaux a la Stratégie nationale Développement : des Plans Quinquennaux a la Stratégie nationale de Développement SND 2020–2030de Développement SND 2020–2030 », *Journal of African Policy Studies Journal of African Policy Studies*, volume 30 number 1, 2024, p.26.

prévision (2 % vs 1,1 %), et des abus répétés des cadres et structures d'encadrement[16].

Deuxième plan quinquennal 1966-1971

Le deuxième plan quinquennal a mis un accent particulier sur l'amélioration du niveau de vie de la population des zones rurales. L'ambition principale du deuxième plan quinquennal est d'augmenter la production des cultures agricoles d'exportation (la mise en œuvre de ce plan permet de créer des zones d'actions prioritaires (ZAPI) (Yabassi-Bafang et les Zapi de l'Est) dédiées à l'agriculture d'exportation, avec pour but la lutte contre l'exode rural[17]. Au cours de cette période, des secteurs identifiés prioritaires seront développés à l'instar de l'énergie (le démarrage des travaux du barrage-réservoir de Mbakaou), l'industrie agroalimentaire (transformation de la canne à sucre, SOSUCAM, chocolaterie industrielle CHOCOCAM), le textile (laminoir SOCATRAL d'Edéa) et le transport ferroviaire (chemin de fer Yaoundé-Ngaoundéré). Le volume des investissements prévus est de 165,176 milliards, dont 18,58 % vont au secteur rural, et 23,86 % aux infrastructures.

Cependant, le deuxième plan n'a pas, lui non plus, atteint ses objectifs. Une reconduction des priorités du deuxième plan va être reversée dans le troisième plan.

Troisième plan quinquennal 1972-1976

Ce plan quinquennal a été adopté par la loi N° 71/LF/7 du 06 septembre 1971 portant approbation du Troisième

---

[16] Gérard AMOUGOU, « Esquisse d'histoire des politiques de développement au Cameroun : Un regard contextuel », *op.cit.*, p.16.

[17] Esther OLEMBE, « Les Archives au Cameroun dans les Politiques Publiques de Développement : des Plans Quinquennaux a la Stratégie nationale Développement : des Plans Quinquennaux a la Stratégie nationale de Développement SND 2020–2030de Développement SND 2020–2030 », *op.cit.*, p.26.

Plan Quinquennal de Développement Economique, Social et Culturel. L'article 1er de ce texte dispose que : « *le Troisième Plan Quinquennal de Développement Economique, Social et Culturel, annexé à la présente loi, est approuvé comme cadre des programmes d'investissement pour la période allant du 1er juillet 1971 au 30 juin 1976, et comme instrument d'orientation de l'expansion économique et du progrès social et culturel* ». En réalité, ce plan symbolise le passage aux objectifs de la planification unitaire. Il préserve les mêmes objectifs que les précédents, en innovant dans le cadre des priorités accordées aux investissements directement productifs (25,1 % consacré à l'industrie, énergie et mines) et aux investissements d'infrastructure (20,5 % du volume total des investissements)[18]. Le secteur primaire serait ainsi le point focal (production vivrière, production d'exportation, bref agriculture élevage, pêche et forêt). La réalisation de ce plan va connaître de grandes difficultés dues à la conjoncture internationale défavorable, dont les conséquences sur les économies jeunes, comme celles du Cameroun, ont été très néfastes.

Quatrième plan quinquennal 1976-1981

L'État du Cameroun a adopté le quatrième plan quinquennal à travers la loi N° 76/20 du 9 septembre 1976 portant approbation du IVe Plan de développement économique, social et culturel. L'article premier de ce texte juridique dispose que : « *le IVe Plan de développement économique, social et culturel, annexé à la présente loi, est approuvé comme instrument d'orientation de la croissance économique et du développement social et culturel ainsi*

[18] Gérard AMOUGOU, « Esquisse d'histoire des politiques de développement au Cameroun : Un regard contextuel », *op.cit.*, pp.16-17.

que des programmes d'investissements pour la période 1976/1981 ».

Selon les instructions du président de la République, le quatrième plan quinquennal devait « permettre la réalisation effective de l'unité nationale et du développement autocentré », en visant un taux de croissance réel du PIB par habitant d'au moins 5 % (Touna Mama, 2008 : 200). On évoque l'évolution des secteurs rural, industriel et tertiaire, mais avec une préférence pour l'économie rurale. En plus du vœu pieux d'augmenter le revenu de l'exploitant familial, l'amélioration de la balance des paiements, l'approvisionnement urbain et la limitation des importations alimentaires font également partie des objectifs fixés (Courade, 1984). Comme le troisième plan, celui-ci est mis en difficulté par la conjoncture internationale défavorable – toujours selon le discours officiel. Le Président AHIDJO reconnaît d'ailleurs cette situation difficile dans une communication officielle devant l'Assemblée nationale du Cameroun : « *Notre économie a connu une conjoncture difficile provoquée principalement par la stagnation de la production agricole due aux conditions climatiques défavorables et par la forte poussée démographique que notre pays a connue pendant cette période. À cette conjoncture, sont venus s'ajouter les désordres de l'économie mondiale et les effets de l'inflation qui en ont résulté* »[19]. L'économie camerounaise a donc subi une inflation généralisée qui a secoué le monde entier, en particulier les pays du Tiers-monde.

---

[19] République du Cameroun, *IVe Plan quinquennal de développement économique, social et culturel (1976-1981)*, ministère de l'économie et du plan, Les Presses d'Agracam au Cameroun en décembre 1977, p.4.

Cinquième plan quinquennal 1981–1986

Au-delà des secteurs prioritaires définis dans les quatre premiers plans, les politiques publiques du cinquième plan quinquennal serviront également de base à des plans sectoriels à long terme, s'articulant en objectifs multidimensionnels, et prenant en considération les variables démographiques[20]. C'est ce qui a d'ailleurs été prévu dans l'article premier de la loi N° 81-12 du 27 novembre 1981, qui dispose que « *le Ve Plan quinquennal de Développement Economique, Social et Culturel, annexé à la présente loi, est approuvé comme instrument d'orientation de la croissance économique et du développement social et culturel ainsi que des programmes d'investissement pour la période 1981-1986* »[21]. Au cours de cette période, l'État s'intéressera à la planification du secteur social (éducation, santé, culture, sport, etc.). Cependant, ce plan quinquennal a commencé à montrer ses limites, notamment pour ce qui est du financement des projets planifiés. Aussi, bien qu'élaboré, le sixième plan quinquennal n'a pas été réalisé du fait de la crise économique survenue en 1987 au Cameroun et le début en 1988 de l'exécution des plans d'ajustements structurels

---

[20] Extrait du discours de l'allocution de son excellence Ahmadou Ahidjo à l'occasion de la présentation du V Plan à l'Assemblée nationale, Yaoundé, le 4 novembre 1981, *In* République du Cameroun, *IVe Plan quinquennal de développement économique, social et culturel (1981-1986)*, ministère de l'Économie et du Plan, Presses de l'Imprimerie Nationale, Yaoundé, le 4 novembre 198l, p. XXXI.

[21] Cf. la loi N° 81-12 du 27 novembre 1981 approuvant le Ve Plan quinquennal de Développement Economique, Social et Culturel du Cameroun.

imposés par la Banque Mondiale et le Fonds Monétaire International[22].

En conclusion, les politiques interventionnistes permettront à l'État africain d'affirmer son rôle de promoteur du développement économique et social. Cet État est encore appelé « État providence ». Jean-François MEDARD appelle encore l'État providence « big man »[23]. En effet, le « big man », contrôle l'accès aux ressources matérielles dans le but de pouvoir redistribuer, et accumuler grâce au patronage, un capital symbolique de nature politique. Les entrepreneurs politiques mettent l'État à leur service et, par l'usage conjugué de la coercition et de la redistribution, ils créent les conditions nécessaires à leur survie politique[24].

Ces politiques interventionnistes ont fait en sorte que le Cameroun soit présenté comme un modèle de succès économique et social de l'Afrique subsaharienne. Après son accession à l'indépendance en 1960, le pays a connu une croissance économique soutenue. Le produit intérieur brut (PIB) par habitant est passé de 160 $ US en 1961, à 980 $ US en 1986, un des plus élevés d'Afrique francophone[25]. Comme ce fut le cas pour plusieurs pays africains, le développement industriel au Cameroun a d'abord été financé à l'aide des surplus générés par le secteur agricole. Ces surplus étaient obtenus par le biais de taxes à l'exportation et de retenues de commercialisation mises en

---

[22] Gérard AMOUGOU, « Esquisse d'histoire des politiques de développement au Cameroun : Un regard contextuel », *op.cit.*, p. 27.

[23] Jean-François MÉDARD, « L'État patrimonialisé », *Politique africaine*, n° 39, septembre 1990, p. 31.

[24] Abdoulaye NIANDOU SOULEY, « Ajustement structurel et effondrement des modèles idéologiques : Crise et renouveau de l'État africain », *Études internationales*, Volume 22, numéro 2, 1991, p.256.

[25] Bernard GAUTHIER, « La dynamique du secteur manufacturier africain en période d'ajustement structurel : le cas du Cameroun », *Revue Région & Développement n° 3*-1996, p.2.

place par l'Office nationale de Commercialisation des Produits de Base (ONCPB) ainsi que le versement de prix aux producteurs nettement plus bas que les prix mondiaux. Dans les années 70, la production agricole s'orienta vers les produits destinés à l'exportation (cacao, café, coton) pour lesquels le Cameroun possède de forts avantages comparatifs naturels. La stratégie industrielle qui visait à la substitution des importations fut implantée par le biais de mesures protectionnistes diverses et s'accompagna d'une forte intervention publique directe et indirecte dans l'économie. Celle-ci prit la forme d'un contrôle des prix et des salaires, de crédits et de subventions directes et d'avantages fiscaux divers. Vue sous l'angle de l'industrialisation, cette stratégie a connu un certain succès. La croissance annuelle moyenne du secteur industriel fut de 9,7 % entre 1961 et 1979.

La période 1986-1987 fut marquée par une série de chocs exogènes majeurs – la chute brutale des cours mondiaux du pétrole et des produits agricoles de base, un déclin de la production pétrolière nationale et une forte instabilité du dollar génératrice de lourdes pertes de change. Ces chocs conjoncturels ont précipité une crise profonde des finances publiques. Leur caractère durable a fini par induire des ruptures structurelles, mettant ainsi un terme définitif à la dynamique de croissance soutenue observée sur la période 1975-1986, laquelle affichait jusqu'alors un taux annuel moyen de 6 à 7 % en termes réels[26]. Ces chocs

[26] Mathias Éric OWONA NGUINI, « l'État et les milieux d'affaires au Cameroun : autoritarisme, ajustement au marché et démocratie (1986 - 1996) », *CEAN - IEP DE BORDEAUX ET GRAP*, November 1996, p.1, disponible à l'adresse : https://www.researchgate.net/publication/329253828_L%27Etat_et_les_milieux_d%27affaires_au_Cameroun_autoritarisme_ajustement_au_marche_et_democratie, (consulté le 18.09.2022).

économiques de 1986-1987 intervenaient après les chocs politiques de 1982-1984 liés à la crise de succession présidentielle dont les deux protagonistes centraux furent MM. Ahidjo (chef de l'État sortant et démissionnaire) et Biya (chef de l'État entrant)[27]. Ainsi, l'État va faire face à une désillusion! La crise économique de 1986-1987 ébranla la formule patrimoniale de « régulation politique » s'appuyant sur un « complexe politico-économique » dominé par l'État. Le « rôle moteur de l'intervention publique » allait être remis en cause avec la récession. C'est dans ce contexte qu'allaient s'opérer la formulation et la mise en œuvre des politiques d'ajustement structurel entre juillet 1987 et novembre 1989.

B. Échec des politiques interventionnistes et l'avènement de l'État néo-libéral

La conjoncture internationale a eu raison sur les politiques économiques souverainistes mises en place par les États en voie de développement. Les politiques d'ajustements structurels s'appliqueront à ces États (1), ce qui les obligera nécessairement à l'adoption d'une économique libérale sous le contrôle des institutions économiques internationales et les pays occidentaux (2).

1. Échec des politiques interventionnistes

Dès le milieu des années 1980, le Cameroun, comme la plupart des pays d'Afrique subsaharienne, a fait face à la plus importante crise économique de son histoire en tant que pays indépendant. La planification quinquennale n'était donc plus possible non pas parce qu'elle était dépassée, mais parce qu'il était difficile de l'opérationnaliser. Pour venir à bout de ladite crise, le gouvernement du Cameroun

---

[27] *Idem.*

s'est engagé dans une politique d'ajustement structurel à compter de l'année budgétaire 1988/1989 avec l'aide des institutions financières internationales[28]. L'une des mesures les plus spectaculaires de cette politique d'ajustement structurel fut sans doute la dévaluation du franc CFA, monnaie partagée par treize pays d'Afrique francophone, survenue en janvier 1994. En raison de cette situation, le Cameroun ne pouvait plus définir son agenda de développement.

Partout dans les pays du Tiers-Monde, les Politiques de réformes économiques mises en place par les institutions de Bretton Woods (FMI et Banque mondiale) avaient pour objectifs de permettre aux pays pauvres de sortir de la crise économique engendrée par le fardeau de la dette après les deux premiers chocs pétroliers (1973 et 1979) et la baisse du prix des matières premières. Celles-ci étaient matérialisées par des programmes d'aide assortis de conditionnalités : politique d'austérité, privatisation du secteur public, lutte contre la corruption, le clientélisme et surtout libéralisation de l'économie.

Les programmes d'ajustements structurels se définissent, en quelque sorte, comme un ensemble de réformes économiques élaborées par les institutions de Bretton Woods, la Banque Mondiale et le Fonds Monétaire international (FMI) pour permettre aux pays en difficulté de sortir de la crise économique. Afin d'obtenir l'aide de la Banque Mondiale ou du Fonds Monétaire International, une application des conditions structurelles et organisationnelles, notamment la mise en place des réformes libérales qui vont jusqu'à l'effacement de l'État-providence avec la marchandisation du bien commun

[28] Gérard AMOUGOU, « Esquisse d'histoire des politiques de développement au Cameroun : Un regard contextuel », *op.cit.*, pp.27-28.

(privatisation des secteurs clés, tels l'eau et l'électricité), devait être scrupuleusement respectée[29]. Les objectifs annoncés par l'adoption de ces Programmes d'Ajustements Structurels étaient de rétablir les équilibres internes et externes, en vue d'une croissance durable et équitablement répartie[30].

Les mécanismes complexes d'évaluations de la réussite des Programmes d'Ajustements Structurels devaient aboutir à l'éligibilité à l'Initiative Pays pauvres très endettés (IPPTE), initiative lancée en 1996 par la Banque mondiale et le Fonds monétaire international visant à identifier, classer et assister les pays les plus pauvres selon le vocabulaire des Institutions de Bretton Woods en rendant leur dette internationale soutenable. Selon la Banque africaine de Développement (BAD), pour atteindre le point de décision à l'éligibilité à l'IPPTE, le gouvernement du Cameroun avait eu à remplir six conditions essentielles à savoir : 1) la mise en œuvre satisfaisante pendant un an au moins d'un document de stratégie de réduction de la pauvreté ; 2) le maintien d'un cadre macroéconomique stable ; 3) l'utilisation satisfaisante des économies dégagées par l'allégement intérimaire ; 4) la mise en œuvre et la conclusion satisfaisante des réformes structurelles appuyées par le Troisième crédit d'ajustement structurel ; 5) la mise en œuvre satisfaisante de mesures de bonne gouvernance et de lutte contre la corruption et enfin 6), la mise en œuvre satisfaisante de réformes sociales essentielles, notamment la lutte contre VIH/sida[31].

---

[29] Gérard AMOUGOU, « Esquisse d'histoire des politiques de développement au Cameroun : Un regard contextuel », *op.cit.*, p. 27.
[30] *Idem.*
[31] Cf. La Lettre d'information trimestrielle du Groupe de la Banque mondiale au Maghreb - Mai 2006 - N° 2.

Au-delà des aspects de politiques économiques, les programmes d'ajustements structurels ont entraîné beaucoup de transformations sur les droits publics africains, comme la désétatisation, par exemple. L'une des implications sera évidemment l'enclenchement du processus de démocratisation, qui aura des répercussions sur le droit camerounais, qui s'est enrichi des principes libéraux[32]. Au regard de ces mutations, la vision autoritaire du droit public va laisser la place à un droit négocié qui est, en réalité, un droit soumis à la libéralisation à l'instar du droit de la privatisation, du droit des investissements, les partenariats publics et privés, etc. Avec l'arrivée du droit communautaire, le droit de concurrence et l'arbitrage vont prendre un essor important dans le droit public économique !

Cette désertisation exprime bel et bien le passage de l'État providence dit « État dépensier » à un État néolibéral.

2. Naissance d'un État néo-libéral

La philosophie néolibérale apparaît comme une philosophie de réduction de l'appareil gouvernemental, principalement au profit à la fois du secteur privé, mais aussi du secteur communautaire[33]. La pensée néolibérale amène deux types de délégation, une intentionnelle et bien

---

[32] Magloire ONDOA, « Le droit public des États africains sous ajustement structurel : le cas du Cameroun », *dans* Bruno Bekolo Ebee, Touna Mama et Séraphin-Magloire Fouda (dir.), *Mondialisation, exclusion et développement africain : stratégies des acteurs publics et privés*, Yaoundé, AFREDIT, « Économies d'Afrique », 2006, t. II, p. 377 ; Magloire ONDOA, « Ajustement Structurel et réforme du fondement théorique des Droits africains postcoloniaux : l'exemple camerounais », *RASJ*, Yaoundé, vol 2 N° 1, 2001, pp. 75-118.

[33] Nathalie DES ROSIERS, « L'État néolibéral, son environnement juridique et les cultures de transparence et d'imputabilité : une étude de l'écosystème canadien », *Revue générale de droit*, Volume 36, numéro 4, 2006, pp.556-557.

connue des marchés (partenariat public-privé, privatisation de certains services, contrats de consultant, embauche de gens à contrat plutôt que de façon permanente). L'autre délégation se fait vers la collectivité et s'opère davantage par défaut. L'état néolibéral ne désire pas avoir le monopole du développement du bien commun et croit aussi que le secteur à but non lucratif est un « partenaire » important de la réalisation du bien commun. Dans le cadre de l'État néo-libéral, le droit public économique a connu quatre évolutions.

De prime abord, ce droit conteste la légitimité des modalités classiques de l'action de la puissance publique dans le domaine de l'économie. Cette forme d'interventionnisme de la puissance publique était condamnée à disparaître au profit des principes d'égalité, de concurrence et de liberté, qui rendaient alors impossible le monopole des pouvoirs publics dans le secteur de l'économie. En effet, l'étude du droit public économique a connu une évolution rapide au cours de ce dernier siècle, que ce soit dans le monde en général ou au Cameroun en particulier. D'une manière générale, la libéralisation des économies a considérablement fait évoluer le droit public économique, traditionnellement considéré comme l'ensemble des règles à travers lesquelles la puissance publique manifeste, directement ou indirectement, sa présence dans le domaine économique[34]. Le développement de la libre concurrence entre les acteurs économiques a freiné le monopole des pouvoirs publics dans le domaine de l'économie.

La deuxième évolution concerne la nature du droit applicable aux activités économiques qui demeurent sous

---

[34]Jean-Philippe COLSON, Pascale IDOUX, *Droit public économique*, Entreprise, économie & droit, Lgdj, 8e édition Manuel 4 Octobre 2016, p.21.

influence publique, que celle-ci se manifeste sous la forme traditionnelle des entreprises publiques ou par tout autre moyen de contrôle. Dans un premier temps, il est tout à fait clair aujourd'hui que les activités économiques des personnes publiques ne pourraient, pour l'essentiel, se soustraire aux règles de la concurrence. Dans un second temps, la libéralisation de l'économie a entraîné une déréglementation des domaines d'activités relevant du contrôle de l'État. Se profile ainsi, soit l'éviction pure et simple du droit public économique pour le contrôle des activités publiques à caractère économique, soit sa banalisation sous la poussée du droit privé[35]. Dans un cas ou dans l'autre, c'est l'avenir du droit public économique qui s'avère sérieusement menacé.

Parlant du Cameroun, on pourrait se poser la question de savoir si la distinction - droit public et droit privé reste toujours d'actualité aujourd'hui ? Cette question reste pertinente, étant donné que les multiples réformes intervenues dans le secteur ont été principalement orientées vers les problématiques de rentabilité et d'efficacité économique. Ces réformes visent notamment la recherche de la performance, la promotion d'une saine gouvernance, la transparence, la réédition des comptes encore appelée l'*accountability*, l'efficience, l'innovation, la croissance, la durabilité, le dialogue entre secteur public et secteur privé, etc. Cette quête de l'efficacité est perceptible au sein de l'entreprise publique, qui a toujours occupé une place prépondérante dans les mécanismes juridiques mis en place par le législateur pour atteindre les objectifs de développement économique du Cameroun. Les législateurs OHADA et camerounais n'ont ménagé aucun effort pour

[35] Sébastien BERNARD, *La recherche de la rentabilité des activités publiques et le droit administratif*, LGDJ, Coll. Thèses, 08/06/2001.

soumettre l'entreprise publique à l'AUSC et GIE[36]. L'on aboutit alors ici à une dualité textuelle pour répondre aux exigences de l'entreprise publique commerciale avec comme repère et socle l'AUSC et GIE ; la loi n° 2017/011 du 12 juillet 2017 portant statut général des entreprises publiques au Cameroun ne jouant qu'un rôle complémentaire et subsidiaire. Cela implique d'ailleurs une interdépendance entre les règles de droit privé et de droit public dans le droit public économique camerounais.

La troisième évolution reste intimement liée à l'émersion de l'État régulateur, actionnaire ou partenaire. Cela suscite d'ailleurs quelques interrogations quant aux contours de la discipline et à la teneur des règles applicables à l'initiative, aux modalités et au contrôle d'une action publique volontiers diffuse, souvent négociée et supposée ajustable[37].

Les différentes grandes crises économiques qui se sont succédé au cours des dernières décennies ont entraîné une mutation de cette discipline.

De nos jours, l'on s'aperçoit que la réglementation par l'État cède de plus en plus la place à la globalisation de l'encadrement public d'activités et d'acteurs.

Pour autant, il est important de rappeler que ces quatre grandes évolutions ne conduisent pas inéluctablement à la fin de la présence étatique dans le domaine économique ni, par voie de conséquence, à celle du droit public économique. Bien au contraire, ces évolutions placent la discipline du droit public économique au cœur des

---

[36] Salifou BOUKARI, *L'Application des textes de l'OHADA aux entreprises publiques : l'exemple de l'AUSC et GIE*, Thèse, Maastricht, 2015, p.XI ; article 10 de la loi n° 2017/011 du 12 juillet 2017 portant statut général des entreprises publiques au Cameroun.

[37] Jean-Philippe COLSON, Pascale IDOUX, *Droit public économique*, *op.cit.*, p.21.

réflexions sur l'adaptation de l'action publique à un nouveau contexte globalisé.

Cette matière a connu depuis plusieurs années un bouleversement considérable sous l'effet de plusieurs facteurs : influence de la jurisprudence constitutionnelle, du droit international et communautaire, évolutions des conceptions économiques, changements politiques à la tête de l'État, décentralisation et déconcentration des décisions et des compétences publiques, irruption des partenaires économiques dans la sphère administrative. Les techniques juridiques ont aussi connu des mutations importantes qui nécessitent de faire le point (rôle des contrats, portée des décisions…).

L'État libéral connait aujourd'hui diverses mutations dans l'environnement juridique camerounais. Il s'agit de l'émergence de l'État régulateur (a) et d'une mutation de l'État actionnaire à l'État partenaire (b).

a. Une émergence de l'État régulateur

Par « État régulateur », on peut entendre en effet un État conçu, tantôt comme principe de cohésion sociale (signification la plus proche du sens originaire du terme de régulation), tantôt comme la clef de voûte du développement social (l'État régulateur apparaissant dans cette perspective comme l'autre nom de l'État-providence), tantôt comme arbitre du jeu économique (l'État « régulateur » rompant avec la conception d'un État « producteur » de biens et services), tantôt encore comme l'expression d'un nouveau modèle étatique (la logique de la régulation contaminant de proche en proche toutes les facettes de l'État)[38]. Autrement dit, l'état régulateur est un état qui ne se contente pas de produire ou de gérer

[38] Jacques Chevallier, « L'état régulateur », *Dans Revue française d'administration publique* 2004/3 n° 111, p.474.

directement l'économie, mais qui organise, encadre et contrôle le fonctionnement des marchés et des institutions afin d'assurer la stabilité économique, la cohésion sociale et la protection des citoyens. L'État camerounais post 1990 poursuit tous ces objectifs de la régulation. Cependant, une chose est claire, c'est que l'État cherche plus à organiser, à encadrer et à contrôler le secteur économique qu'à investir lui-même.

Pour l'essentiel, la figure de l'État entrepreneur, confortée par les nationalisations et qui détient un vaste secteur public économique, s'estompe rapidement[39]. Les politiques de privatisations qui ont accompagné la libéralisation des économies conduisent à la quasi-disparition du secteur public industriel[40].

La réalité décrite ci-dessus est observable depuis plusieurs décennies partout dans le monde et au Cameroun en particulier.

Le changement de paradigme de l'État entrepreneur vers l'État régulateur n'est pas seulement propre aux États libéraux, mais aussi aux États non libéraux. Plusieurs pays vont libéraliser leurs économies à travers la mise en place des politiques de privatisation. Quelques chiffres permettent de donner un aperçu de l'ampleur du phénomène. En effet, une récente étude sur l'investissement étranger dans des transactions de privatisation dénombre 2 600 transactions de plus de 50 000 dollars américains à travers le monde (hors Allemagne) entre 1988 et 1993, générant des revenus de près de 270 milliards de dollars. Une somme largement supérieure aux 150 milliards de dollars qu'avait rapportée l'ensemble des privatisations de ce type effectuées dans le monde jusque-là. Sur ces

---

[39] Sébastien BERNARD, *La recherche de la rentabilité des activités publiques et le droit administratif*, *op.cit.*, p.22.
[40] *Idem.*

2600 privatisations avec participation étrangère, 900 transactions ont été réalisées en 1993, contre une soixantaine seulement en 1988, la croissance provenant dans une large mesure de pays en développement et en transition. En Allemagne, quelque 13 700 entreprises de l'Est ont été vendues depuis 1990 pour un total de plus de 30 milliards de dollars, les acheteurs s'engageant par ailleurs à investir plus de 110 milliards de dollars dans ces entreprises[41].

Au Cameroun, l'État va également changer sa politique économique au regard de multiples contraintes intérieures et extérieures. Il y avait une sorte de monopolisation du secteur économique par la puissance publique à travers une prééminence des politiques de planification du développement. En fait, après le 1er janvier 1960, le Cameroun accède à la souveraineté politique avec une structure économique conçue pour les besoins exclusifs de la puissance coloniale[42]. Cela va mettre ce pays dans une position fragile au regard de sa forte dépendance vis-à-vis de l'économie extérieure. Pour faire face à ce dilemme, le jeune État indépendant va chercher à bâtir lui-même sa propre économie. Il opte alors pour une politique de développement privilégiant l'émergence d'un secteur industriel constitué essentiellement d'entreprises publiques

---

[41] Pierre GUISLAIN, *Les privatisations : un défi juridique et stratégique*, éd. Nouveaux Horizons, 1996,
p. 17 ; cité par Pascal NGUIHE KANTE, « les contraintes de la privatisation des entreprises publiques et parapubliques au Cameroun », *Association internationale de droit économique* | *« Revue internationale de droit économique »* 2002/4 t. XVI, 4 | p.604.

[42] Gérard AMOUGOU, *Esquisse d'histoire des politiques de développement au Cameroun : Un regard contextuel*, Fonds Nation Suisse de la Recherche scientifique, Working Paper « Developmental State Strikes Back ? » 2/2018, p.13.

et parapubliques, au détriment des unités industrielles assises sur la productivité locale[43].

L'objectif déclaré d'indépendance économique, qui prolonge l'indépendance politique, entraîne une exaltation du rôle du chef de l'État comme acteur privilégié de la politique dirigiste-volontariste, tant à l'extérieur qu'à l'intérieur. Une telle orientation politique va légitimer la création d'un État entrepreneur à travers l'instauration d'un secteur public fort appuyé sur une administration, des entreprises publiques puissantes et un appareil réglementaire complexe.

La mise en œuvre de cette politique va pousser à la création de la Société Nationale d'Investissement (SNI) en 1963, avec pour but de « *promouvoir les joint-ventures avec les investisseurs privés étrangers, mais aussi de prendre en charge la gestion et la rentabilisation du portefeuille de l'État* »[44].

La priorité accordée aux entreprises publiques traduit ainsi une certaine exaltation des pouvoirs publics dans le développement économique, tout en laissant percevoir les traces d'un legs colonial traduisant une tradition d'interventionnisme étatique requérant une implication directe de l'État dans le circuit de production des biens et services.

Cette politique économique dirigiste va être menée au Cameroun entre 1960-1991. Il sera adopté au total six plans quinquennaux. La mise en place desdits plans quinquennaux laisse percevoir une volonté politique d'emprise interne sur le développement économique.

---

[43] *Idem.*

[44] Gérard AMOUGOU, *Esquisse d'histoire des politiques de développement au Cameroun : Un regard contextuel*, *op.cit.*, pp.14-15.

Malheureusement, le Cameroun, comme beaucoup de pays africains, va subir les lourdes conséquences de la crise économique des années 1980. En fait, il va y avoir une chute brutale du cours mondial des matières premières, à l'instar du pétrole et des cours des principaux produits agricoles d'exportation au milieu des années 1980. Cela va faire entrer le Cameroun dans une « crise économique profonde » qui voit son PIB chuter continuellement avec un taux de croissance moyen de -4,1 % l'an entre 1987 et 1994[45].

Incapable de rééquilibrer alors sa balance de paiement, l'État camerounais, à l'instar des autres pays d'Afrique subsaharienne, est contraint d'accepter les politiques d'ajustements structurels. Les nouvelles politiques économiques mises en place par les institutions de Bretton Woods imposent, à l'État, la libéralisation de son secteur économique. Autrement dit, il s'agit d'une perte ou d'un abandon par l'État d'un pan de sa souveraineté économique. Ce nouveau paradigme va donc transformer l'État, qui était autrefois entrepreneur à un État régulateur, car la puissance publique se désengage petit à petit du secteur économique à travers des politiques de privatisations[46] et de déréglementation.

---

[45] *Ibidem.*, p.23.

[46] Le concept de privatisation peut être défini de deux manières. À un premier niveau, il désigne la privatisation d'entreprises. Au sens strict, elle vise le transfert à titre définitif d'entreprises du secteur public ou parapublic au secteur privé, sous la forme d'une cession de titres ou d'actifs, ou d'une cession de contrôle. Mais dans un sens plus large, la privatisation peut inclure toute mesure qui opère le transfert temporaire au secteur privé d'activités qui jusque-là avaient été exercées par un organisme public ou parapublic.
À un deuxième niveau, on peut parler de la privatisation d'un secteur, qui implique à titre principal l'ouverture dudit secteur à l'initiative privée à travers l'abolition du monopole public et l'octroi de nouvelles

De son côté, l'État régulateur évoque, à première vue, la vision nouvelle de l'État consécutive au déclin de l'État providence : à un État omniprésent dans la vie sociale aurait succédé un État « modeste », dont la fonction serait avant tout d'assurer la préservation des grands équilibres économiques et sociaux dans un monde où l'incertitude domine ; l'État régulateur romprait ainsi avec l'interventionnisme et le dirigisme, qui ont été la marque de l'État-providence[47]. Le rôle de la régulation n'est pas uniquement d'assurer le respect de la concurrence, il consiste à créer, globalement, les conditions d'une conciliation de l'intérêt général avec d'autres finalités animant le marché, voire d'une substitution à celui-ci lorsqu'il est défaillant ou court-termiste – ainsi que l'a rappelé l'épisode récent de crise financière et économique, qui a vu se réactiver momentanément des techniques d'intervention publique directe que l'on pouvait croire tombées en désuétude[48].

Le libéralisme a marginalisé l'État entrepreneur ; il justifie aujourd'hui l'émergence de l'État régulateur et partenaire.

b. De l'État actionnaire à l'État partenaire

Si l'État réglemente et exploite directement moins qu'autrefois pour se consacrer à son nouveau rôle de régulateur, il revêt cependant aussi un autre visage, celui

---

licences à d'autres exploitants. Cette ouverture est souvent, mais pas toujours, accompagnée de l'introduction d'une réelle concurrence entre opérateurs.

[47] Jacques CHEVALLIER, « l'État régulateur », In : *Revue française d'administration publique*, n° 111, 2004, p. 473.

[48] Jean-Philippe COLSON, Pascale IDOUX, *Droit public économique*, *op.cit.*, p.24.

d'un actionnaire[49]. L'État camerounais va être contraint d'abandonner son ancien rôle d'État entrepreneur, car la crise économique de 1986-1987 ébranla la formule patrimoniale de « régulation politique » s'appuyant sur un « complexe politico-économique » dominé par l'État[50]. Le « rôle moteur de l'intervention publique » allait être remis en cause avec la récession[51]. Les politiques de privatisation, mais aussi d'ouverture du capital des entreprises publiques, ont fait de l'État le premier actionnaire du Cameroun. Bien que ceci ne soit pas totalement nouveau, ce rôle d'actionnariat a revêtu désormais une ampleur jusque-là inégalée au Cameroun. Ainsi, l'État a mis en place une vaste politique de privatisations depuis les années 1990 tout en restant le partenaire d'une large majorité des entreprises publiques et parapubliques.

L'État actionnaire constitue une configuration particulière de l'intervention publique, dans laquelle l'État détient des participations capitales au sein de l'entreprise qu'il contrôle entièrement ou partiellement. Jusqu'ici l'État a privilégié plusieurs types d'actionnariat public. Il peut être actionnaire unique, majoritaire, minoritaire, mais prépondérant, détenteur de la minorité de blocage, etc. Tantôt, il arrive qu'il soit actionnaire d'une entreprise qui demeure publique et donc sous sa tutelle, mais qui peut s'ouvrir à des actionnaires privés. Dans ce contexte précis, il devient essentiel que les fonctions de tutelle de l'État soient distinguées clairement, ce qui n'est pas encore le cas

---

[49] *Idem.*

[50] Mathias Eric OWONA NGUINI, « l'État et les milieux d'affaires au Cameroun : autoritarisme, ajustement au marché et démocratie (1986 - 1996) », *CEAN - IEP DE BORDEAUX ET GRAP*, November 1996, https://www.researchgate.net/publication/329253828_L%27Etat_et_les_milieux_d%27affaires_au_Cameroun_autoritarisme_ajustement_au_marche_et_democratie, (consulté le 18.09.2022).

[51] *Idem.*

au Cameroun. Tantôt, il arrive si souvent que l'État participe avec d'autres partenaires privés au capital d'une société sortie du secteur public. Ainsi, l'État n'est plus tuteur, mais peut demeurer influent. Dans les deux cas ci-dessus, se pose tout de suite la question de la transposition aux entreprises publiques ou à participation publique des règles de gouvernement d'entreprise.

Aux termes de cette analyse introductive, il faut dire qu'il y a un très grand risque de banalisation du droit public économique aujourd'hui. Cette banalisation est due au fait que ce droit connait une très grande mutation dans un contexte où le monopole de l'État semble être remis en cause. En effet, la mondialisation entraîne l'application croissante de règles provenant du droit privé, en particulier du commerce et des affaires, à l'égard des activités économiques menées par des entités publiques. Le domaine public s'ouvre à la constitution de droits réels, nonobstant sa traditionnelle inaliénabilité protectrice. De plus, les activités économiques des personnes publiques n'échappent guère aux règles imposées par le droit de la concurrence. Enfin, la gestion des entreprises publiques et parapubliques emprunte globalement aux règles appliquées aux entreprises privées.

Le droit public économique semble aujourd'hui être au cœur d'une tension entre la tendance à une banalisation, favorable à l'application pure et simple du droit privé aux activités économiques publiques ou influencées par la puissance publique et le maintien de règles propres au secteur public, dont certaines sont anciennes, tandis que d'autres s'adaptent aux exigences contemporaines des cas d'activités publiques[52].

---

[52] Jean-Philippe COLSON, Pascale IDOUX, *Droit public économique*, *op.cit.*, p.30.

CHAPITRE 1 :

NOTION DE DROIT PUBLIC ÉCONOMIQUE ET SES GRANDES ÉVOLUTIONS

Il est nécessaire de procéder à la définition même du droit public économique, car cette notion prête encore à plusieurs confusions aujourd'hui.

Les définitions, doctrinales, du droit public économique font l'objet de différents critères d'identification de la part des auteurs. Jean-Philippe COLSON définit cette notion comme la présence publique (contrôle et influence) dans le champ de l'action économique[53]. Cette présence peut se manifester d'une double manière. D'une part, elle vise à circonscrire l'action publique en matière économique : protection du droit de propriété (y compris quant à la propriété publique), liberté d'entreprendre, liberté de la concurrence, spécialité de la compétence des personnes morales, égalité[54]. D'autre part, elle favorise plutôt le développement de cette action publique : démocratisation de l'entreprise par la participation des travailleurs, nationalisation des services publics nationaux et

---

[53] Jean-Philippe COLSON, *Droit public économique*, 3e éd., Paris, LGDJ, 2001, p.9.

[54] Pierre ISSALYS, (2001), « Compte rendu de [JEAN-PHILIPPE COLSON, *Droit public économique*, 3e éd., Paris, LGDJ, 2001, 551 pages », *Les Cahiers de droit*, 42(4), p.1167, disponible à l'adresse : https://www.erudit.org/fr/revues/cd1/2001-v42-n4-cd3828/043692ar, (consulté le 19.05.2025).

des monopoles de fait, continuité et adaptation du service public, autonomie de gestion des entreprises publiques[55].

Didier TRUCHET pense quant à lui que le « droit économique public comprend l'ensemble des règles applicables aux relations entre personnes de droit, prises en tant qu'unités économiques, dès lors que la puissance publique intervient dans ces relations »[56]. L'auteur sous-entend ici la référence à des procédés exorbitants du droit commun. Cette tentative de définition semble être intéressante, mais la notion d'« unité économique » telle qu'évoquée par l'auteur ne pourrait-elle pas avoir une faible connotation juridique ? Il est vrai que cette objection peut être parée par la considération des personnes de droit auxquelles correspondent les unités économiques[57]. Il reste à définir l'unité économique, ce que l'auteur fait par renvoi à la comptabilité nationale, qui considère essentiellement l'activité économique exercée de manière homogène par un centre de production et de consommation. Cette observation amène à constater que les unités économiques ne sont pas nécessairement des personnes juridiques et inversement. Dans la mesure où, à juste titre, l'auteur pense qu'un droit ne peut se définir que par rapport à des sujets de droit, il a raison de s'attacher aux personnes juridiques. Envisager celles-ci comme « unités économiques » ne fait pas beaucoup avancer le fait qu'elles soient des entités juridiques, et on pourrait même soutenir que cela diminue la clarté du concept. En réalité, ce qui est visé, c'est moins l'unité économique constituée par les personnes juridiques, que l'activité économique qu'elles poursuivent : c'est dans la mesure où les

---

[55] *Idem.*
[56] Didier TRUCHET, « Réflexions sur le droit économique public », *RDP*, 1980, p. 1026.
[57] Pierre DELVOLVE, *Droit public de l'économie*, Dalloz, 2e édition, 20/01/2021, p.6.

personnes juridiques réalisent une activité de production, d'échange et de consommation des richesses[58].

Pour Hubert-Gérald HUBRECHT, le droit public n'est en réalité rien d'autre que la connaissance des mécanismes juridiques par lesquels les personnes publiques tentent de modifier le comportement naturel des agents économiques[59]. D'après Jean-Yves CHÉROT, le droit public économique est le droit « de la politique économique »[60]. Selon J. KERNINON, le droit public économique est autonome et vise à « régir les interventions des personnes publiques dans l'économie » et à agir « sur les différents agents économiques, publics ou privés ». Il précise « qu'il est aussi l'expression d'une volonté de canaliser le jeu du marché, le droit public économique a un caractère incitatif, une dimension prospective ».

Pour A.-S. MESCHERIAKOFF, dans une conception restrictive, le droit public économique correspond à la « volonté de modifier le jeu normal de la relation économique » : c'est son objet qui identifie le droit[61]. Selon Didier LINOTTE et Alexandre GRABOY-GROBESCO, le droit public économique consiste en « la mise en œuvre, par les voies de droit, de la politique économique des personnes administratives »[62]. Cette définition identifie les trois éléments centraux de la matière : le centrage sur l'aspect

---

[58] Pierre DELVOLVE, *Droit public de l'économie*, Dalloz, 2e édition, 20/01/2021, p.6.

[59] Hubert-Gérald HUBRECHT, *Droit public économique*, – 1re éd., - cours, Dalloz, 03 Novembre 1997.

[60] Jean-Yves CHÉROT, *Droit public économique*, Paris, Economica, 2002, 712 pages.

[61] https://www.mcours.net/cours/pdf/hasclic2/hassclic862.pdf, (consulté le 22.05.2025).

[62] Didier LINOTTE, Alexandre GRABOY-GROBESCO, *Droit public économique*, Dalloz, 01/02/2001, 290 pages.

juridique, la référence à la politique menée, et le critère organique. Robert SAVY rattache le droit public économique à la définition du droit économique, dans une conception finaliste, comme « l'ensemble des règles tendant à assurer, à un moment et dans une société donnée, un équilibre entre les intérêts particuliers des agents économiques privés ou publics et l'intérêt économique général »[63].

Enfin, Pierre DELVOLVE, préfère à l'intitulé « droit public économique » celui de « droit public de l'économie ». Celui-ci pourrait être sommairement défini comme la partie du droit public (droit qui régit les personnes publiques : État, collectivités locales, établissements publics et personnes publiques *sui generis*), qui porte sur le domaine économique[64]. Le droit public de l'économie peut donc être considéré comme un droit plutôt tourné vers le droit public, car il est considéré comme un droit applicable aux interventions des personnes publiques dans l'économie et aux organes de ces interventions, ou encore, pour faire court, le droit de l'intervention publique en matière économique[65].

Que retenir alors de la définition du droit public économique camerounais ? Au terme des différentes définitions précédentes, il est fort de constater que, les approches valorisent soit les fins, soit les moyens. Une tentative de synthèse, regroupant et adaptant certains éléments et critères mis en avant par la doctrine, est envisageable. Il est alors possible de définir le droit public économique comme le droit de l'action économique des

---

[63] Robert SAVY, *Droit public économique*, Mémento Dalloz, 1972.
[64] Pierre DELVOLVE, *Droit public de l'économie*, Dalloz, 1998, p.1.
[65] *Ibidem.*

personnes chargées de missions d'intérêt général[66]. En d'autres termes, le droit public économique régit l'ensemble des activités économiques manifestant une présence de la puissance publique. Ce droit constitue la mise en forme juridique de la politique économique de l'État. Le droit public économique est la manifestation du lien fondamental existant entre l'État et l'économie.

Il couvre des aspects tels que la planification économique, la régulation des secteurs clés, la gestion du patrimoine public, et le partenariat public-privé. Toutes ces multiples définitions font du droit public économique une discipline complexe. De nos jours, le concept même de droit public économique semble être controversé (**Section 1re**), concurrencé (**Section 2**), ce qui explique nombre de ses caractères (**Section 3**).

Section 1 : Une notion controversée

L'appellation même de la discipline porte à controverse. L'interrogation habituelle du droit public économique par rapport aux disciplines juridiques classiques renvoie à des controverses dont la présentation juridique (**Paragraphe 1er**) ne doit pas faire oublier le caractère souvent très politique (**Paragraphe 2**).

Paragraphe 1 : Une controverse apparemment juridique

A. Origines du Droit public économique

Les premières réflexions doctrinales qui sont à l'origine du droit public économique ont porté sur les conditions dans

---

[66] Télesphore ONDO, *Cours de droit public économique*, Université Internationale de Libreville, année : 2018/2019, pp.2-3.

lesquelles certains secteurs de l'économie pouvaient être incorporés dans l'ordre juridique[67]. Ainsi, le droit civil et le droit commercial comportent nombre de dispositions relatives à l'exercice de certaines activités à caractère économiques ou ayant des incidences économiques marquées : concurrence, droit de propriété, relations du travail, exercice d'une activité professionnelle, etc. Cette prise en considération juridique des problématiques d'ordre économique manifeste un incontestable élargissement de la sphère juridique, ou, comme on dit aujourd'hui, de l'État de droit.

Elle a conduit à l'instauration d'un droit appliqué à l'économie, ou droit économique. Ce dernier trouve non seulement ses racines, mais développe également ses principales manifestations contemporaines, dans le droit civil, le droit du travail, le droit commercial, voire le droit pénal. À cet égard, le droit des affaires, qu'il soit national ou international, contribue aussi de nos jours très largement à la construction du droit public économique.

Les juristes ne peuvent plus ignorer l'influence croissante des considérations économiques dans le droit et le droit public en particulier. La question qui se pose alors immédiatement est de déterminer si le monde du droit doit s'ouvrir à l'économie et, dans l'affirmative, dans quelle mesure et à quel type d'économie[68] ?

---

[67] Jean-Philippe COLSON, Pascale IDOUX, *Droit public économique*, *op.cit.*, p.33.

[68] Thierry KIRAT, Laurent VIDAL, « le droit et l'économie : étude critique des relations entre les deux disciplines et ébauches de perspectives renouvelées », *Annales de l'Institut André TUNC – Université de Paris I Panthéon-Sorbonne*, 2005, p.1.

B. Origines de la controverse

L'incorporation du droit public économique dans le domaine juridique prête à controverse pour deux principales raisons.

D'une part, l'apparition de nouvelles règles soulève l'inévitable question de leur degré d'autonomie par rapport aux disciplines existantes. L'interrogation est classique et le droit public économique n'y échappe pas.

D'autre part, la discipline du droit public économique a une forte empreinte idéologique. Aussi, elle n'est pas neutre, tant par les solutions qu'elle propose pour la promotion, l'encadrement ou la limitation des actions publiques, qu'en raison de son existence. La controverse semble revêtir une expression juridique née du rapprochement de ces deux aspects.

À la question de l'éventuelle autonomie de ce droit, les libéraux commencent par concéder que si ce droit existe, il ne saurait être que limité, puisqu'il régit l'immixtion de l'État hors de son champ naturel[69].

À l'opposé, les adeptes ou les adjuvants de l'interventionnisme mettent en évidence tout ce qui contribue à la promotion de la notion parmi les disciplines juridiques établies. À la limite, le fait de considérer ce droit comme une discipline autonome est parfois interprété comme l'annonce d'une prise de position sur la légitimité ou l'opportunité des phénomènes politiques qui sont à son origine. Roland CHARNIER résume cette controverse au plan juridique en ces termes : « *La notion et l'Expression Droit public économique, après avoir risqué d'être entendue comme celle d'un droit qui normalement ne*

[69] Jean-Philippe COLSON, Pascale IDOUX, *Droit public économique*, *op.cit.*, p.35.

devrait pas exister, risque de se voir attribuer plus d'importance excessive, comme celle d'un droit tout à fait à part »[70].

Paragraphe 2 : Une controverse discrètement politique

Le droit public économique a suivi les politiques interventionnistes nationales et locales qui se sont développées depuis la fin du XIXe siècle et qui connaissent un certain reflux depuis les années 1990 avec le développement du libéralisme politique, la globalisation des économies, la généralisation de l'aspiration à moins d'États, les différentes formes d'engagement public et la déréglementation dont ces orientations s'accompagnent.

Selon la doctrine libérale élaborée aux 18e et 19e siècles, le rôle de l'État était le maintien de l'ordre public et la réalisation des missions régaliennes[71]. C'est la conception de l'Etat-Gendarme. Ainsi, le Budget de l'État avait pour mission de financer la force publique, la justice, la diplomatie.

Toute autre mission de l'État dans le domaine économique pouvait être alors considérée comme une intrusion. Cette intrusion pouvait avoir une double conséquence.

Au plan économique, toute autre dépense publique en dehors de ses missions régaliennes, surtout dans le secteur

---

[70] Jacques BIAKAN, *Cours de droit publique économique interne*, Licence en droit public, Université de Yaoundé 2-Soa, année académique 2009-2010, p.2.

[71] Paulin IBANDA KABAKA. « L'intervention de l'État dans l'économie : du laisser-faire à la régulation ». 2016. *hal-01287474*, p.2.

économique et social, ne répondait pas, selon les classiques, au rôle de l'État et portait atteinte à la liberté individuelle, à l'initiative privée et aux lois naturelles de l'économie du marché[72].

Sur le plan politique, toute intervention de la puissance publique dans le domaine économique est présentée comme une intervention hors de la sphère naturelle de sa compétence. Une telle intervention est susceptible de concurrence parfois dangereuse pour le bon déroulement des activités économiques[73].

Toutes les difficultés telles que présentées ci-dessus sont le signe de la particularité qui sera le trait commun de la matière. Le droit public économique, appelé dans un premier temps « droit économique », se veut pour certains un droit autonome, alors que, pour d'autres, il ne constitue que la réunion d'éléments épars de matières préexistantes, simplement appliqués, avec quelques adaptations, à l'économie.

Section 2 : Une notion concurrencée

La notion de droit public économique est concurrencée par plusieurs disciplines aujourd'hui, que ce soit le droit public des affaires, le droit public de régulation économique ou le droit public de l'économie.

Paragraphe 1 : Droit public économique et Droit public des affaires

Le droit public des affaires existe incontestablement aujourd'hui, mais cela ne remet pas en question l'existence du droit public économique. À propos du champ

---

[72] *Idem.*

[73] Jacques BIAKAN, *Cours de droit publique économique interne, op.cit.*, p.2.

d'application de ces disciplines, le droit public des affaires inclut, selon ses multiples définitions, soit le droit des relations entre l'administration et les opérateurs économiques ; soit, au sens large, l'ensemble des règles du droit public intéressant les opérateurs économiques ou interférant avec la vie des affaires, y compris celles qui ne sont pas conçues comme des instruments d'action publique sur l'économie.

En revanche, le droit public économique englobe le droit public des affaires, mais va au-delà. Le périmètre du droit public économique inclut des éléments étrangers au droit public des affaires, et ce, dans deux hypothèses : d'une part, lorsqu'une règle encadrant l'action publique dans l'économie n'intéresse pas directement les opérateurs économiques (il en va ainsi, dans une large mesure, des règles d'organisation administrative et règles de répartition des compétences entre autorités publiques, surtout lorsqu'il s'agit des dispositions de concertation ou de régulation interétatiques, au niveau international : décisifs en droit public économique, ces aspects intéressent moins directement le droit public des affaires) [74] ; d'autre part, et surtout, chaque fois qu'une règle ou un instrument de droit privé est conçu (e) pour être l'instrument d'une action publique sur l'économie relevant, elle, du droit public[75].

En dehors de la distinction faite ci-dessus, un autre élément de distinction peut être pris en compte entre le droit public économique et le droit public des affaires.

Sur la différence de centre de gravité, le droit public économique est focalisé sur l'intervention de la puissance publique, tandis que le droit public des affaires est focalisé sur les acteurs économiques. On a donc au fond une

---

[74] Jean-Philippe COLSON, Pascale IDOUX, *Droit public économique*, *op.cit.*, p.37.
[75] *Idem.*

différence d'idéologie : le droit public économique est parfois vu comme un droit de l'intervention publique dans l'économie, tandis que le droit public des affaires serait un droit plus libéral.

Comme le suggère cette dernière définition ci-dessus, au-delà de leurs différences de périmètres, les deux disciplines méritent probablement de continuer d'être distinguées, surtout par la perspective dans laquelle elles appréhendent, chacune, leur objet.

Paragraphe 2 : Droit public économique et Droit public de la régulation économique

L'apparition du droit public de la régulation de l'économie conduit impérativement à s'interroger sur les rapports que cette discipline entretient avec le droit public économique. En réalité, le champ d'application du droit public économique semble être large : aujourd'hui, les deux disciplines semblent converger compte tenu de l'orientation régulatrice générale censée animer l'action publique dans son ensemble, par-delà l'allure hétéroclite de ses instruments et l'apparente autonomie de ses diverses facettes.

Toutefois, un glissement terminologique du droit public économique vers le droit public de la régulation serait sans doute prématuré. En effet, la terminologie française distingue régulation et réglementation. Le terme « régulation » ne désigne pas la réglementation économique, régulation, mais aux *regulatory systems* qui représentent l'ensemble des dispositifs et institutions chargés d'exprimer cette nouvelle forme de politiques publiques[76]. On est tenté d'y voir un effet de mode, un

---

[76] Marie-Arme FRISON-ROCHE, « Le droit de la régulation », *RECUEIL DALLOZ*, 2004, n° 2, p.129.

procédé d'annonce pour une loi sur « les nouvelles régulations économiques », une astuce d'image pour masquer la misère d'un fourre-tout. C'est donc une notion susceptible de définitions variées et qui génère encore trop de malentendus. Le droit de la régulation constitue une branche du droit regroupant l'ensemble des règles affectées à la régulation de secteurs qui ne peuvent engendrer leurs équilibres par eux-mêmes, comme le droit de la régulation financière, le droit de la régulation énergétique, le droit du secteur audiovisuel et des télécommunications, etc. C'est alors le droit qui prend en charge la construction, la surveillance et le maintien de force de ces grands équilibres[77].

On peut donc subodorer que le droit de la régulation vise l'encadrement concurrentiel des rapports de force de certains secteurs économiques. Il se fonde alors sur le principe de concurrence ou d'équilibre des pouvoirs et de reconstruction entre les acteurs du marché de l'économie. Or, la notion de droit public économique est appréhendée comme la réglementation des activités économiques par les personnes publiques.

Paragraphe 3 : Droit public économique et droit public de l'économie

Le droit public économique se distingue du droit public de l'économie. Tout d'abord, le droit public de l'économie renvoie aux règles gouvernant l'action publique en matière d'économie[78]. Il a pour objet l'étude des instruments juridiques permettant à la puissance publique d'agir sur les échanges et les opérateurs économiques. Dans une

[77] Marie-Arme FRISON-ROCHE, « Le droit de la régulation », *LE DALLOZ,* 2001, n° 7, p.610.
[78] Stéphane BRACONNIER, *Droit public de l'économie*, PUF, Coll. Thémis, 27/01/2021.

économie libérale, en effet, l'État a notamment pour mission de s'assurer que les opérateurs économiques agissent, vis-à-vis des consommateurs et de leurs concurrents, dans des conditions conformes aux règles du droit économique, en particulier aux grandes libertés économiques et au droit de la concurrence. En outre, le droit public de l'économie ne se limite pas aux interventions économiques des gouvernements. Il englobe le droit des entreprises nationales et locales, les privatisations, le droit de la concurrence qui prend en compte l'intervention des personnes publiques et l'impact de ces interventions, une part du droit de l'environnement et le droit de la commande publique, ainsi que le droit des contrats publics d'affaires. C'est donc une discipline très vaste.

Reprenant une distinction utilisée par Pierre DELVOVE, il est possible d'estimer alors que le droit public économique concerne avant tout l'encadrement des actions publiques sur l'économie (c'est-à-dire pour l'orienter) ; le droit public de l'économie peut s'étendre aux actions publiques dans l'économie, ce qui pourrait logiquement conduire à y intégrer l'ensemble des interférences entre droit public et économie : par exemple, les interférences entre la protection de l'ensemble des droits de l'homme (et particulièrement de la mise en œuvre de l'ensemble des obligations positives de l'État, de source constitutionnelle, européenne ou internationale), et les activités économiques[79].

[79] Pierre DELVOLVE, *Droit public de l'économie*, Dalloz, Coll. Précis, 1996, n° 17, p.18.

Section 3 : Caractères du droit public économique

Confronté aux situations économiques qu'il est censé régir, le droit public économique ne semble pas avoir pris l'exactitude de la mesure des exigences qui en découlent. C'est la raison pour laquelle ce droit apparaît quelques fois comme un droit inachevé. Ainsi, il y a lieu de questionner l'originalité ou la spécificité de cette branche du droit d'une part (**Paragraphe 1er**) et, d'autre part, l'évolution du droit public économique confronté à la banalisation à laquelle il tente d'échapper (**Paragraphe 2**).

Paragraphe 1 : Débat classique : spécificité ou originalité du droit public économique ?

Le droit public économique recherche sa spécificité (**A**) et affirme également son originalité (**B**).

A. À la recherche de la spécificité

L'ignorance persistante de la notion d'entreprise publique, les ambiguïtés relatives à la nature juridique des plans, l'ambivalence des directives, la difficile émergence des principes constitutionnels propres au droit public économique, tout cela illustre bien le refus d'une spécificité sans laquelle beaucoup hésitent à voir dans le droit public économique une discipline à part entière. Ni le législateur, ni le juge, ni la doctrine ne paraissent souhaiter une spécificité. C'est le principe de l'unité du droit public qui prévaut sur le domaine économique. La portée de la spécificité doit donc être exactement appréciée. Rapportée à la question de l'autonomie, son éventuelle absence est généralement interprétée comme le signe de l'inexistence d'un véritable droit public économique jetant la suspicion sur ses origines et son avenir.

B. Affirmation de l'originalité

Les faits économiques ne se laissent pas aisément circonscrire par le droit. Ils peuvent être parfois changeants, imprévisibles, aléatoires, et ne respectent pas nécessairement la distinction classique établie entre un intérêt général et les intérêts particuliers, à preuve, notamment, l'essor de l'économie mixte et plus généralement aujourd'hui celui des partenariats publics privés. Tout cela permet de percevoir le caractère ou le droit particulier de cette discipline.

Le droit public économique constitue un droit transversal, entre droit public et droit privé, et économie. On peut, symétriquement, considérer qu'il n'existe pas de « droit privé économique » dans la mesure où ce sont les réglementations publiques qui expliquent l'existence du droit public économique, et dans la mesure où les relations économiques entre personnes privées sont traitées par différentes branches traditionnelles du droit (droit commercial, droit civil...).

La frontière droit public – droit privé est reconfigurée par le droit public économique. Le droit public est le droit qui régit les personnes publiques (État, collectivités locales, établissements publics, groupements d'intérêt public) : leur organisation, leur fonctionnement, les relations qu'elles entretiennent entre elles ainsi qu'avec les particuliers. Il se caractérise en principe par l'emploi de prérogatives de puissance publique. L'ensemble du droit public est concerné par les questions économiques, il est normal que chacune de ses branches recèle des dispositions applicables à ce domaine. Par ailleurs, le droit public semble plus adapté à la compréhension des questions macroéconomiques que le droit privé (qui s'intéresse sans doute préférentiellement aux aspects microéconomiques).

Paragraphe 2 : Banalisation ou adaptation du droit public économique ?

Façonné par des décennies d'intervention publique et la formation d'un secteur public important, le droit public économique semble aujourd'hui à la croisée des chemins. D'une part, il s'est considérablement accru par des dispositions qui revêtent plus volontiers qu'autrefois une valeur législative, voire constitutionnelle. Toutefois, une question se pose aujourd'hui quant à l'application du droit privé (droit des affaires et de la concurrence notamment) aux opérateurs du secteur public. En effet, le principe d'égalité tend à les assimiler à des acteurs privés.

A. Développement du droit public économique

Il existe aujourd'hui de plus en plus de textes qui concernent l'action du droit public en matière d'économie. Au Cameroun, depuis le lancement des opérations de privatisation par le gouvernement, au moins une demi-douzaine de textes sur la question a été adoptée[80]. On peut

---

[80] Les textes essentiels relatifs au processus de privatisation au Cameroun sont :
– le Décret n° 86/656 du 3 juin 1986 portant création d'une Mission de réhabilitation du secteur public et parapublic ;
– le Décret n° 89/010 du 4 janvier 1989 portant élargissement de la Mission de réhabilitation des entreprises du secteur public et parapublic ;
– La Loi n° 89/030 du 29 décembre 1989 autorisant le Président de la République à définir par ordonnance un régime de la privatisation des entreprises du secteur public et parapublic ;
– l'Ordonnance n° 90/004 du 22 juin 1990 relative à la privatisation des entreprises publiques et parapubliques et les différents décrets d'application ;

également citer les textes portant codification du droit des entreprises publiques au Cameroun, à l'instar de la loi n° 2017/011 du 12 juillet 2017 portant statut général des entreprises publiques. Ces instruments juridiques contribuent à la constitution d'un corps de règles régissant l'action publique, qu'il s'agisse de définir une politique d'intervention ou les moyens de s'en dégager. En réalité, toutes ces règles participent à l'émergence d'un droit de l'action publique en matière économique qui se démarque par définition du droit privé, mais sans pour autant se couler systématiquement dans les catégories classiques du droit public.

B. Dépérissement du droit public économique

Le droit public économique est souvent remis en question (1) et suscite des questionnements (2).

1. Remise en cause

Cette remise en cause touche préalablement les acteurs de l'intervention qui, progressivement, rentrent dans le

---

– le Décret n° 90/1423 du 3 octobre 1990 portant privatisation de certaines entreprises du secteur public et parapublic ;
– le Décret n° 94/125 du 14 juillet 1994 portant admission de certaines entreprises du secteur public et parapublic à la procédure de privatisation ;
– le Décret n° 94/138 du 21 juillet 1994 portant création d'un ministère de l'Économie et des Finances, attribution du ministre des Finances et organisation de ses services ;
– le Décret n° 94/139 du 21 juillet 1994 modifiant et complétant certaines dispositions du décret du 26 novembre 1992 portant organisation du gouvernement ;
– le Décret n° 95/056 du 29 mars 1995 portant réorganisation de la Mission de réhabilitation des entreprises du secteur public et parapublic ;
– la Déclaration de Politique générale du Gouvernement relative aux entreprises du secteur public et parapublic. (cf. Pascal NGUIHE KANTE, « les contraintes de la privatisation des entreprises publiques et parapubliques au Cameroun », *op.cit.*, p.608.

rang. Les traits les plus exorbitants de leur statut font désormais place au droit commun. La société succède à l'entreprise publique, la convention collective au statut réglementaire.

L'administration classique s'efface devant l'autorité administrative indépendante, le client remplace l'usager. Cette remise en question concerne également les actions publiques qui évoluent rapidement vers de nouvelles formes. Le contrat tend à remplacer l'acte unilatéral. La gestion privée remplace les régimes administratifs, la concurrence, les monopoles. Alors, si certaines interventions traditionnelles demeurent, les actions publiques tendent à se banaliser dans les conditions qui pourraient préluder à leur disparition. La régulation remplace la réglementation autoritaire, la décentralisation l'action centralisée, etc.

2. Deux questions

La première question a trait au contenu des règles que le droit public doit désormais comporter. S'agit-il d'une transposition pure et simple du droit privé, assimilant directement les opérateurs publics et privés ? Faut-il soumettre les acteurs du secteur public aux règles du droit des affaires ? Faut-il exiger que l'État actionnaire se comporte comme un actionnaire et tirer la conséquence de ce que, ne le pouvant pas, à l'évidence, il ne doit plus jouer ce rôle ? Ou bien faut-il au contraire considérer que la nécessaire ouverture du droit public économique à certaines règles du droit privé ne saurait être absolue et doit se voir assigner des limites, comme le soulignait voici plus d'un siècle le Tribunal des Conflits dans l'arrêt Blanco, à propos de la responsabilité de la puissance publique[81].

---

[81] Jean-Philippe COLSON, Pascale IDOUX, *Droit public économique*, *op.cit.*, pp.45-46.

La seconde question intéresse les conditions d'application de ces règles. L'application du droit commun au sein du secteur public n'implique-t-elle pas, à son tour, une remise en question de la compétence traditionnelle de l'administration et du juge administratif ? Quel peut être à cet égard le rôle de l'administration dans les domaines que la déréglementation tend à soustraire à son influence au profit des acteurs indépendants ? Va-t-on assister à un repli du droit public économique sur les seules questions manifestant soit la puissance publique, soit la régulation d'un vaste marché, laissant au droit commun la gestion de ce qui reste encore des services publics ?

CHAPITRE 2 :

SOURCES DU DROIT PUBLIC ÉCONOMIQUE

Le droit public économique a des sources de deux espèces : internationales (**Section 1re**) et nationales (**Section 2**).

Section 1 : Sources internationales

Sur le plan international, le droit public économique est composé de sources universelles (**Paragraphe 1er**) et communautaires (**Paragraphe 2**).

Paragraphe 1 : Sources universelles

Au plan universel, le droit public économique, aussi connu sous le nom de « droit international économique », provient d'une multitude de sources, telles que des traités bilatéraux ou multilatéraux, des décisions unilatérales d'organes des institutions internationales, la jurisprudence et parfois la coutume. « *Ce droit ne s'applique en principe qu'aux États (et le cas échéant aux organisations internationales), seuls sujets du droit international et ne les oblige en principe que sous réserve de réciprocité* ».

Le principal lieu de formation des règles de ce droit est l'organisation mondiale du commerce (OMC), qui a succédé au système GATT (General Agreement on Tarifs and Trade)[82] à la suite des accords de Marrakech du 15 avril 1994. Le domaine d'activité de l'OMC s'étend désormais non seulement au commerce des marchandises (sur la base de l'Accord général sur les tarifs douaniers et le commerce – le GATT), mais aussi à celui des services – l'AGCS[83]) et aux questions de propriété intellectuelle (sur la base de l'Accord sur les Aspects des droits de propriété intellectuelle qui touchent au commerce – l'ADPIC[84]).

---

[82] Le GATT est l'acronyme de l'Accord général sur les tarifs douaniers et le commerce, conclu en 1947 et en vigueur jusqu'en 1994. Il s'agit du volet commercial supposé compléter la refonte de l'ordre économique international avec les accords de Bretton Woods, au lendemain de la Seconde Guerre mondiale. Conçu comme un arrangement provisoire, l'accord réglait initialement les échanges commerciaux internationaux dans l'attente de la ratification de la charte de La Havane, qui prévoyait la création d'une Organisation internationale du commerce intégrée à l'ONU. Si cette charte n'est jamais entrée en vigueur, plusieurs des dispositions commerciales qu'elle contenait ont été appliquées dans le cadre du GATT. L'objectif du GATT est d'empêcher le retour au protectionnisme, responsable de l'aggravation de la crise des années 1930, en réduisant les entraves aux échanges, notamment les droits de douane. Pour ce faire, il soutient le multilatéralisme dans les relations commerciales et prône la fin des discriminations en matière de commerce, notamment par le principe de la clause de la nation la plus favorisée.

[83] L'Accord général sur le commerce des services (AGCS). La conclusion de l'AGCS constitue l'une des principales réalisations du Cycle d'Uruguay, dont les résultats sont entrés en vigueur en janvier 1995. L'AGCS répond à des objectifs semblables, pour l'essentiel, à ceux de l'instrument qui lui fait pendant pour le commerce des marchandises, l'Accord général sur les tarifs douaniers et le commerce (GATT) : établir un système crédible et fiable de règles pour le commerce international, assurer à tous les participants un traitement juste et équitable (principe de non-discrimination), stimuler l'activité économique grâce à des consolidations garanties et promouvoir le commerce et le développement par le biais d'une libéralisation progressive.

[84] L'Accord sur les aspects des droits de propriété intellectuelle qui touchent au commerce en abrégé (l'ADPIC) est l'accord multilatéral le

Il y a trois observations sur la dynamique libéralisatrice de l'OMC. D'abord, l'OMC a jusqu'ici davantage déréglementé qu'organiser les échanges internationaux. Ensuite, la politique économique des États membres se trouve nécessairement assujettie au respect de ces règles. Le droit public économique national et africain ne saurait par conséquent se détourner totalement de l'étude des contraintes qui en résultent. Enfin, l'élargissement du champ d'activité de l'OMC entraîne inévitablement un accroissement des risques de conflits de normes supranationales entre elles, que ce soit pour comparer les règles édictées dans le cadre de l'OMC avec celles qui le sont dans le giron d'organisations internationales sectorielles. Ceci explique, par exemple, l'existence d'un accord entre la communauté européenne et l'OMC en matière de marchés publics.

En effet, le système des sources se complique de plus en plus, ce qui explique l'aspiration naturelle à la hiérarchie. « Le droit de l'OMC souffre cependant de deux « faiblesses » : l'absence de production d'un droit dérivé comparable à celui de l'Union européenne et le caractère controversé de l'hypothèse d'un effet direct des stipulations des traités ».

Paragraphe 2 : Sources communautaires

Plusieurs communautés économiques régionales et sous-régionales africaines sont nées dans le contexte africain après les indépendances qui ont eu lieu en 1960 pour la plupart des

plus complet concernant la propriété intellectuelle. Il joue un rôle central pour faciliter le commerce dans le domaine de la connaissance et de la créativité, pour résoudre les différends commerciaux relatifs à la propriété intellectuelle, et pour assurer aux Membres de l'OMC la marge de manœuvre nécessaire afin d'atteindre leurs objectifs de politique intérieure.

États. L'on peut citer entre autres l'OHADA[85], la CIMA[86], l'OAPI[87], l'UEMOA[88], la CEMAC[89], la CEDAO[90], la

[85] L'Organisation pour l'Harmonisation en Afrique du Droit des Affaires (OHADA) est créée par le Traité de Port-Louis du 17 octobre 1993 (révisé le 17 octobre 2008 à Québec - Canada). L'OHADA regroupe aujourd'hui 17 États et compte à son actif dix Actes uniformes déjà entrés en vigueur dans les États-membres. Les langues de travail de l'OHADA sont le français, l'anglais, l'espagnol et le portugais. L'objectif de l'OHADA est la facilitation des échanges et des investissements, la garantie de la sécurité juridique et judiciaire des activités des entreprises. Le droit issu de l'OHADA est ainsi utilisé pour propulser le développement économique et créer un vaste marché intégré afin de faire de l'Afrique un « pôle de développement ».

[86] Il s'agit de la Conférence Interafricaine des Marchés d'Assurance (CIMA). Tout est parti de la Conférence Internationale des Contrôles d'Assurances (CICA) qui est née en 1962. Elle était soucieuse de préserver le bon fonctionnement des sociétés et agences d'assurances implantées dans les anciennes colonies françaises d'Afrique Occidentale, Centrale et à Madagascar. Ainsi, le 27 juillet 1962, une Convention est signée entre treize États africains qui sont : Bénin, Burkina, Cameroun, Centrafrique, Congo, Côte d'Ivoire, Gabon, Mali, Niger, Sénégal, Tchad, Togo, Madagascar et France.

[87] L'Organisation africaine de la propriété intellectuelle, en abrégée l'OAPI, est créée en mars 1977. C'est une organisation intergouvernementale qui assure la protection des droits de propriété industrielle de 17 États membres et contribue au développement de ceux-ci. Les États membres de l'OAPI sont : le Benin, le Burkina Faso, le Cameroun, la Centrafrique, le Comores, le Congo, la Côte d'Ivoire, le Gabon, la Guinée, la Guinée Bissau, la Guinée équatoriale, le Mali, la Mauritanie, le Niger, le Sénégal, le Tchad, le Togo.

[88] Créée le 10 janvier 1994 à Dakar, l'Union économique et monétaire Ouest Africaine (UEMOA) a pour objectif essentiel, l'édification, en Afrique de l'Ouest, d'un espace économique harmonisé et intégré, au sein duquel est assurée une totale liberté de circulation des personnes, des capitaux, des biens, des services et des facteurs de production, ainsi que la jouissance effective du droit d'exercice et d'établissement pour les professions libérales, de résidence pour les citoyens sur l'ensemble du territoire communautaire.

[89] La Communauté économique et monétaire de l'Afrique centrale (CEMAC) a été créée en 1994 pour promouvoir l'intégration

COMESA[91], la SADC, etc. Ces organisations s'inspirent du modèle européen d'intégration. Elles secrètent un ordre juridique empruntant un certain nombre de caractéristiques tout en manifestant certaines spécificités qui sont plus ou moins communes à beaucoup d'organisations internationales africaines.

La présente réflexion va uniquement s'appesantir sur les cas CEMAC et OHADA[92]. Les institutions communautaires adoptent des actes juridiques, selon une procédure reflétant l'équilibre institutionnel, produisant leurs effets à l'intérieur des États membres, créant des droits et des obligations à l'endroit des particuliers, lesquels peuvent s'en prévaloir aussi bien devant le for national que celui institué par ces

---

économique de six pays partageant une monnaie commune, le franc CFA : le Cameroun, la république centrafricaine, la république du Congo, le Gabon, la Guinée Équatoriale et le Tchad.

[90] CEDEAO (ECOWAS en anglais) est l'acronyme de Communauté économique des États de l'Afrique de l'Ouest. Créé en 1975, la CEDEAO est un regroupement régional de quinze pays d'Afrique dont la mission est de promouvoir l'intégration économique (notamment l'industrie, les transports, les télécommunications, l'énergie, l'agriculture, les ressources naturelles, le commerce, les questions monétaires et financières, les questions sociales et culturelles...).

[91] OMESA (Common Market for Eastern and Southern Africa) : Marché commun de l'Afrique de l'Est et de l'Afrique australe. Créé en 1993, cet accord régional est une union douanière. Cette organisation internationale à vocation régionale de l'Est africain a pour objectif de créer une union douanière entre ses vingt pays membres et notamment renforcer un accord de libre-échange en place depuis 1981.

[92] Il ne faut surtout pas confondre la Cemac et l'OHADA. Contrairement à la Cemac, l'OHADA reste considérée comme une organisation internationale africaine reposant plus sur l'intégration juridique qu'économique.

organisations internationales africaines (OIA) lorsqu'ils (les droits) sont dotés d'effet direct[93].

A. Communauté économique et monétaire de l'Afrique centrale (CEMAC)

La Communauté économique et monétaire d'Afrique centrale (CEMAC) tire ses origines de son Traité constitutif du 16 mars 1994, révisé le 30 janvier 2009. Ce texte assigne à la CEMAC la mission essentielle « *de promouvoir un développement harmonieux des États membres dans le cadre de l'institution de deux unions : une union économique et une union monétaire* ». La même disposition précise que « *dans chacun de ces deux domaines, les États membres entendent passer d'une situation de coopération, qui existe déjà entre eux, à une situation susceptible de parachever le processus d'intégration économique et monétaire* »[94]. Cette mission devrait être réalisée à travers l'harmonisation des politiques économique et monétaire, l'établissement d'un cadre juridique et fiscal communautaire et la réalisation d'un marché commun (union douanière, libre circulation des facteurs de production, politiques sectorielles communes)[95].

Pour y parvenir, cette mission impose aux États membres une nouvelle approche de l'intégration fondée sur

---

[93] Joseph KAZADI MPIANA, « La problématique de l'existence du droit communautaire africain. *L'option entre mimétisme et spécificité* », *Revue libre de Droit*, 2014, p.46.

[94] Article 2 du Traité constitutif de la CEMAC du 16 mars 1994. Cette disposition fait l'objet de l'article 2 du Traité révisé du le 30 janvier 2009.

[95] Emmanuel KAGISYE. " Environnement juridique et institutionnel des affaires en Afrique : cas de la Communauté économique et monétaire de l'Afrique centrale (CEMAC) ". 2017. *hal-01496562*, pp.3-4.

quelques principes de base, dont la convergence et la cohérence des politiques économiques, la stabilité de la monnaie, la participation renforcée des acteurs privés et un développement harmonieux et partagé entre les États membres[96].

Le droit communautaire CEMAC a diverses sources (1) et caractéristiques (2).

1. Diverses sources

Parmi les sources du droit communautaire de la CEMAC, il convient de distinguer les sources du droit primaire (a) et les sources de droit dérivé (b).

a. Sources du droit primaire

Le droit communautaire primaire ou originaire qui délimite le cadre institutionnel de la Communauté est constitué du Traité de la CEMAC et des Conventions régissant l'Union économique de l'Afrique centrale, l'Union monétaire de l'Afrique centrale, le Parlement communautaire, la Cour de justice ainsi que les actes additionnels.

Les Conventions régissant les quatre institutions de la Communauté sont dès leur ratification annexées au Traité CEMAC et en font intégralement partie. La Conférence des Chefs d'État peut, à l'unanimité, adopter un projet de modification du Traité ou des Conventions régissant les quatre institutions. Elle peut être saisie à cet effet soit par un État membre, soit par le Conseil des Ministres ou le Comité Ministériel, sur proposition de la Commission, du Gouverneur de la BEAC ou d'un dirigeant de tout autre organe spécialisé de la Communauté. Les modifications n'entrent en vigueur

---

[96] *Idem.*

qu'après avoir été ratifiées par tous les États membres, ce qui n'est pas le cas du droit dérivé.

b. Sources du droit dérivé

Le droit dérivé de la CEMAC est constitué par des actes obligatoires et des actes non obligatoires. Les actes obligatoires sont, les règlements-cadres, les règlements d'exécution, les directives et les décisions. Les actes non obligatoires sont les avis et les recommandations. Les actes obligatoires du Conseil des Ministres, du Comité ministériel, de la Commission et du Gouverneur de la BEAC doivent être motivés, mais leur régime juridique varie d'un instrument à l'autre.

Le Règlement est la principale source du droit dérivé de la CEMAC, qu'il s'agisse des règlements-cadres ou des règlements d'application. Les règlements-cadres sont adoptés directement sur fondement d'une disposition du Traité CEMAC ou de l'une des conventions régissant les institutions de la Communauté. Les règlements d'application sont pris pour l'exécution des règlements-cadres, les seconds ne pouvant pas déroger aux premiers. Actes de portée générale, les règlements et les règlements-cadres s'appliquent à des catégories envisagées abstraitement dans leur ensemble et non à « des destinataires limités, désignés et identifiables ». Ils ont un effet erga omnes, à l'instar des lois nationales, bien que ne constituant pas la « loi » communautaire stricto sensu.

La Directive est le second instrument d'harmonisation des législations des États membres de la CEMAC. Ayant pour vocation d'intervenir dans les domaines où il existe des contradictions ou des différences substantielles entre les législations nationales, la directive a été l'instrument privilégié de la réalisation du marché commun[97]. D'après l'article 41, alinéa 3 du Traité révisé, les directives lient « tout État membre destinataire quant au résultat à atteindre, tout en laissant aux instances nationales leur compétence en ce qui concerne la forme et les moyens ». Elle doit donc faire l'objet de mesures nationales de transposition consistant à la mettre en œuvre et à l'issue de laquelle le droit interne doit être en conformité avec ses prescriptions. La pratique distingue les directives de base adoptées directement sur le fondement d'une disposition du Traité, ou des Conventions annexes, des directives d'exécution adoptées pour l'application des directives de base.

Contrairement au règlement, la décision n'a pas de portée générale. Elle n'oblige que ses destinataires, qui peuvent être des États, des entreprises ou des particuliers.

Enfin viennent les actes non obligatoires que sont les avis et les recommandations. Ces actes peuvent être adoptés par le Conseil des Ministres, le Comité ministériel ainsi que les premiers responsables des institutions, organes et institutions spécialisées de la Communauté[98]. Selon l'article 41, les avis et les recommandations ne lient pas[99]. Cette disposition ne fait pas cependant de distinction entre différentes sortes d'avis. Si le caractère non obligatoire d'un avis simple semble incontestable, il en va autrement

---

[97] Emmanuel KAGISYE. " Environnement juridique et institutionnel des affaires en Afrique : cas de la
Communauté économique et monétaire de l'Afrique centrale (CEMAC) ", *op.cit.*, p.17.

[98] *Idem.*

[99] A titre d'illustration, l'Avis de la Cour de justice de la CEMAC du 9 avril 2003 n'a pas été suivi par les autorités communautaires, v. Règlement 02/03 CEMAC/UMAC/CM du 1erjuil. 2004 relatif aux systèmes, moyens et
incidents de paiement dans les États membres de la CEMAC (B.O. de CEMAC, nov. 2004, p. 27 et s.).

de l'avis conforme du Comité ministériel prévu à l'article 13 du Traité de l'Union monétaire de l'Afrique centrale (UMAC).

2. Caractéristiques du droit communautaire CEMAC

D'après l'article 44 du Traité de la CEMAC, « les actes adoptés par les institutions, organes et institutions spécialisées de la Communauté pour la réalisation des objectifs du Traité sont appliqués dans chaque État membre nonobstant toute législation nationale contraire, antérieure ou postérieure ». De nos jours, cette disposition paraît énoncer une évidence dans un système communautaire. La Cour de justice de la CEMAC n'a même pas eu à donner une interprétation à cette disposition[100]. On en tire volontiers le principe de l'applicabilité directe du droit de la CEMAC (a) ainsi que sa primauté sur le droit interne des États membres (b).

a. Principe de l'applicabilité directe en droit CEMAC

Une norme communautaire est d'applicabilité directe, lorsqu'elle s'intègre automatiquement dans l'ordre juridique interne de l'État membre, sans le secours d'une norme nationale d'introduction. Elle prend sa place dans l'ordre juridique interne en tant que droit communautaire et les juges nationaux ont l'obligation de l'appliquer[101]. L'analyse du régime juridique des actes de la CEMAC ne

---

[100] Emmanuel KAGISYE. " Environnement juridique et institutionnel des affaires en Afrique : cas de la
Communauté économique et monétaire de l'Afrique centrale (CEMAC) ", *op.cit.*, p.19.

[101] Samuel-Jacques PRISO ESSAWE, « Le juge national et le droit communautaire en Afrique centrale », *Penant* n° 856, janv. – avril 1998, p.47.

révèle pas une consécration systématique du principe de l'applicabilité directe pour chaque acte de la Communauté. Seul le Règlement semblerait jouir de cette qualité aux termes de l'article 41 al. 2 du Traité CEMAC. Cette disposition stipule en effet que « *les règlements sont obligatoires dans tous leurs éléments et directement applicables dans tout État membre* ». Par la suite, elle ajoute que « *les règlements-cadres ne sont directement applicables que pour certains de leurs éléments* ». Cependant, cela ne signifie pas pour autant que les autres actes communautaires ne déploient pas la plénitude de leurs effets d'une manière automatique dans tous les États membres à partir de leur entrée en vigueur. L'article 44 vient combler cette lacune de l'article 41 et l'on doit considérer que tous les actes communautaires doivent être d'application immédiate. Par ailleurs, étant donné que l'applicabilité directe est un « caractère consubstantiel à la nature même de la Communauté », il est d'usage que les normes de la Communauté s'intègrent directement dans les ordres juridiques des États membres et produisent des effets à l'égard des particuliers.

b. Principe de la primauté du droit de la CEMAC

Le principe de la primauté du droit de la CEMAC sur le droit interne des États membres est clairement exprimé par l'article 44 du Traité de la CEMAC. Le droit communautaire s'applique « nonobstant toute législation nationale contraire, antérieure ou postérieure ». Cela signifie qu'en cas de conflit entre une norme de la CEMAC et une norme de droit interne, l'application de la seconde soit écartée au profit de la première. La norme communautaire a pour effet de rendre inapplicable de plein droit toute disposition contraire de la législation nationale antérieure ou postérieure. Dans un arrêt récent, rendu dans l'affaire Banque Atlantique contre Amity Bank PLC[102], la Cour de justice de la CEMAC a réaffirmé la primauté du droit communautaire sur la norme nationale. Elle a relevé notamment que la primauté « est une condition existentielle » du droit communautaire qui ne saurait exister en tant que droit qu'à la condition de ne pas pouvoir être mis en échec par les droits des États membres. La primauté ne lui vient pas d'une hiérarchie entre les autorités nationales et communautaires, mais se fonde sur ce que la règle communautaire doit prévaloir sous peine de cesser d'être commune et d'exister. À cet effet, la Communauté produit non seulement ses propres normes, mais encore elle est couronnée par des juridictions chargées d'assurer le respect du droit communautaire.

B. Le droit communautaire OHADA

L'Organisation pour l'Harmonisation en Afrique du Droit des Affaires (OHADA) est une organisation communautaire destinée à harmoniser le droit des affaires en Afrique et garantir la sécurité juridique et judiciaire. À la création de cette auguste organisation, l'Afrique faisait face à de nombreux défis. Ainsi, le regretté juge Keba M'Baye, disait à la veille de l'harmonisation du droit des affaires OHADA : « *le droit des affaires se présente dans les pays africains de la zone franc en habit d'arlequin fait de pièce et de morceau. Entre cette diversité de textes, l'on note également leur inadaptation au contexte économique actuel* »[103]. Cette « balkanisation juridique et judiciaire » était, a priori, source potentielle

[102] Cour de justice de la CEMAC, 31 mars 2011, arrêt Banque Atlantique contre Amity Bank PLC.

[103] Boubacar S. DIARRAH, « LES COOPARATIVES EN AFRIQUE : CAS DE L'ESPACE OHADA », OHADA, p.6, disponible à l'adresse : https://uncitral.un.org/sites/uncitral.un.org/files/media-documents/EN/Colloquia/diarrah_20190326.pdf, (consulté le 17.10.2022).

d'incertitude et d'insécurité et n'était pas de nature à favoriser la création d'entreprises, les investissements, les échanges commerciaux, voire le développement économique.

Le droit communautaire OHADA comprend, d'une part, les sources constitutives (1) et, d'autre part, le droit dérivé des Actes uniformes (2).

1. Sources constitutives

Les sources constitutives de l'OHADA sont le Traité OHADA (a) et les Règlements (b).

a. Traité OHADA

L'OHADA est né du Traité de l'harmonisation du droit des Affaires en Afrique, qui a été signé à Port-Louis (Iles Maurice) le 17 octobre 1993 et révisé à Québec (Canada) le 17 octobre 2008. L'objectif ultime poursuivi par les initiateurs du Traité de l'OHADA est de promouvoir le développement économique de l'Afrique. Le droit OHADA a une influence considérable sur le droit public économique des États membres. Ainsi, l'OHADA est une organisation internationale dotée de la personnalité juridique et de différents organes chargés de mettre en œuvre les objectifs qui lui sont assignés[104]. En outre, la structure organisationnelle, fonctionnelle et juridictionnelle de l'OHADA est la résultante de véritables abandons de souveraineté législative, réglementaire et judiciaire consentis par les seize (16) États membres dans le cadre de la ratification du Traité. Au-delà de la primauté et de la

---

[104] Didier LOUKAKOU, « de la diversité des sources du droit et de quelques implications sur le processus d'intégration juridique dans l'espace Ohada », journal-ledroit.net, février 2013, p.821, disponible à l'adresse :
https://www.journal-ledroit.net/images/pdfs/article_didier.pdf, (consulté le 17.10.2022).

supranationalité ainsi reconnues au Traité, l'on a pu voir dans ces abandons de souveraineté une véritable « substitution du droit communautaire au droit national » sans commune mesure avec d'autres organisations africaines d'intégration.

b. Règlements

L'article 4 du Traité OHADA modifié par le traité de Québec dispose que « des règlements pour l'application du présent Traité et des décisions seront pris, chaque fois que de besoin, par le Conseil des Ministres, à la majorité absolue ».

Les règlements ont un caractère obligatoire dans leur globalité. Ils sont aussi impératifs et d'application directe. Leur objet diffère selon qu'il s'agit des différents domaines d'application. Les prescriptions des règlements sont générales et impersonnelles. Il existe plusieurs règlements d'application du traité de l'OHADA. Il s'agit entre autres du règlement de procédure de la CCJA, règlement d'arbitrage de la CCJA, règlement financier des institutions de l'OHADA, règlement portant statut des fonctionnaires et régime applicable au personnel de l'OHADA.

2. Droit dérivé des Actes uniformes

Les actes uniformes sont des actes pris pour l'adoption de règles communes à tous les Etats-Parties au traité relatif à l'harmonisation en Afrique du droit des affaires[105]. Leur valeur juridique découle du Traité, lequel tire la sienne des Constitutions des États parties, de sorte qu'ils doivent être en tout point conformes à ces textes[106]. L'article 1er de ce

---

[105] Mavi Fortin Ismael MAYELA MIYOUNA, « le régime juridique des actes uniformes de l'OHADA ». 2019, *hal-02358484,* p.2.
[106] *Idem.*

traité dispose que : « *Le présent Traité a pour objet l'harmonisation du droit des affaires dans les Etats-Parties par l'élaboration et l'adoption de règles communes simples, modernes et adaptées à la situation de leurs économies, par la mise en œuvre de procédures judiciaires appropriées, et par l'encouragement au recours à l'arbitrage pour le règlement des différends contractuels* ». Les actes uniformes sont préparés par le Secrétariat Permanent en concertation avec les gouvernements des Etats-Parties. Ils sont délibérés et adoptés par le Conseil des Ministres après avis de la Cour Commune de Justice et d'Arbitrage. Ainsi, la préparation d'Actes uniformes fait intervenir pratiquement tous les organes de l'OHADA : le Secrétariat permanent, le Conseil des ministres et la CCJA. Notons que l'élaboration des Actes uniformes se fait en deux phases à savoir, la préparation qui est la phase initiale et l'adoption par le Conseil des ministres[107].

Section 2 : Sources nationales

Les sources nationales du droit public économique sont la Constitution, les lois, les ordonnances, qui constituent des actes réglementaires, et les décrets, qui sont pris soit en exécution d'une loi, soit indépendamment d'une loi. S'ajoutent à ces sources les règlements que différentes autorités administratives peuvent le cas échéant être habilitées à prendre (ministres, préfets, organes décentralisés, autorités indépendantes).

[107] William BALUME KAVEBWA BARAKA, *Etude des effets juridiques du traité de l'OHADA sur l'ordre juridique congolais : la sociéte unipersonnelle*, Université de Lubumbashi - Licencié en Droit 2011.

Paragraphe 1 : Sources constitutionnelles

Dans la hiérarchie des sources nationales, la place supérieure est occupée par la Constitution[108]. Elle fixe les bases de toutes les branches du droit, elle a la force juridique supérieure. Puisque n'importe quel système économique a besoin de l'exposé d'une base juridique, c'est la Constitution qui fixe cette base[109]. En France, on dit plutôt du bloc de la constitutionnalité qui comprend la Constitution du 4 octobre 1958, la Déclaration des droits de l'homme et du citoyen de 1789 et le Préambule de la Constitution de 1946, auxquels s'ajoute un nombre croissant de règles jurisprudentielles dégagées principalement par le Conseil constitutionnel[110].

Le Préambule de 1946 comprend plusieurs dispositions essentielles au droit public économique, dont, par exemple, son alinéa 9 prévoyant la nationalisation des services publics nationaux et des monopoles de fait. Des principes concernent le droit public économique, ce sont plutôt des droits sociaux, par exemple :

- le droit au travail (CC, Décision 83-156 DC du 28 mai 1983) ;
- la participation de tout travailleur à la gestion des entreprises (CC, Décision 77-79 DC du 5 juillet 1977, Décision 2003-486 DC du 11 décembre 2003) ;

---

[108] Elvira TALAPINA, *Contribution à la théorie du droit public économique par l'analyse comparative du droit français et du droit russe*, Thèse pour le doctorat en droit public, Université de la Réunion, 2011, p.86.
[109] *Idem.*
[110] *Ibidem.*, p.87.

- le droit de grève et le droit syndical (CC, Décision 82-144 DC du 22 octobre 1981, Décision 2007-556 DC du 16 août 2007)[111].

Au Cameroun, plusieurs articles de la loi n° 96/06 du 18 janvier 1996 révisant la Constitution du 2 juin 1972, modifiée et complétée par la loi n° 2008/001 du 14 avril 2008, s'appliquent dans le domaine économique. Le Préambule de cette Constitution renvoie à la Déclaration des Droits de l'Homme et du Citoyen (DDHC), et à la Charte des Nations Unies. Ce préambule a été intégré dans le corpus constitutionnel à la faveur de l'article 65 de la Constitution qui le reconnait comme faisant partie intégrante de la Constitution. La Déclaration des Droits de l'Homme et du Citoyen du 26 août 1789 consacre largement l'idée d'État gendarme, à travers la liberté d'entreprendre, la propriété privée, le principe d'égalité, le droit de communication, le principe de responsabilité des agents publics.

Paragraphe 2 : Sources infra constitutionnelles

Le droit public économique est très influencé par des sources législatives (A) et réglementaires (B).

A. Sources législatives

Au plan législatif, la Constitution camerounaise reconnait au Parlement des pouvoirs pour légiférer les activités économiques et sociales. La lecture de l'article 26 al.2 de la Constitution camerounaise devrait nous en convaincre. Outre le vote des lois de finances, le parlement camerounais fixe les règles concernant la

---

[111] Elvira TALAPINA. *Contribution à la théorie du droit public économique par l'analyse comparative du droit français et du droit russe*, *op.cit.*, p.87.

fiscalité, l'émission de la monnaie, la création de la catégorie des établissements publics, les nationalisations et les privatisations. Ce pouvoir détermine aussi les principes fondamentaux de la libre administration des collectivités locales, qui interviennent de plus en plus dans ces domaines, du régime de la propriété, du droit du travail, du droit syndical et de la Sécurité sociale, qui constituent des objets classiques de l'intervention publique. Les questions liées à l'assiette, le taux et les modalités de recouvrement des impositions de toutes natures, se rattachent directement à celle du financement des interventions.

L'intervention législative peut aussi être plus sectorielle. Elle n'en apporte pas moins une contribution essentielle au développement du droit public économique dans les secteurs intéressés : transports, poste et télécommunications, économie mixte, financement des entreprises du secteur public, contrôle des grandes surfaces de distribution commerciale, énergie, jeux en ligne, etc.

B. Sources réglementaires

Les sources administratives réglementaires impactent le droit public économique. Cette discipline est terre d'élection du règlement, en particulier pour régir le fonctionnement interne de l'administration. L'ensemble du droit des marchés publics, et la transposition des directives communautaires sont presque exclusivement de nature réglementaire. Il y a donc une prééminence des règles de l'exécutif dans le développement du droit économique. Il existe deux types de règlements en droit public économique : les règlements autonomes et les règlements d'application de la loi. Les règlements d'application des lois » précisent les conditions de mise en œuvre d'une loi ; tandis que les règlements autonomes (décrets, arrêtés) créent des règles dans tous les domaines non réservés à la loi (art. 27 de la loi n° 96/06 du 18 janvier 1996 portant révision de la Constitution du 02 juin 1972, modifiée et complétée par la loi n° 2008/001 du 14 avril 2008).

On peut identifier plusieurs catégories d'actes administratifs économiques :

- Les règlements de l'exécutif : décrets du Président de la République ou Premier ministre.

À ce sujet, il convient d'indiquer que le Président de la République dispose d'un pouvoir réglementaire général en vertu des articles 8 et 9 (al.1 et 2) de la Constitution. Quant au Premier ministre, il dispose à la fois d'un pouvoir réglementaire général, d'un pouvoir réglementaire d'exécution des lois et d'un pouvoir réglementaire réservé (article 12 al.3 de la Constitution). Ces règlements peuvent réglementer l'activité économique privée, en application d'une loi ; ils peuvent également réglementer l'activité économique publique ; en matière financière, le gouvernement peut instituer des prélèvements autres que ceux qui constituent des « impositions de toutes natures », par exemple certaines taxes parafiscales ;

- Les ordonnances de l'article 28 de la Constitution, prises sur habilitation du législateur ;
- Les règlements ministériels et préfectoraux : ces autorités administratives ont un pouvoir réglementaire en tant que chef de service, ou en vertu d'une habilitation législative ou réglementaire ;
- Les règlements émis par les autorités administratives indépendantes, qui peuvent bénéficier de ce pouvoir à condition que cette habilitation ne concerne que des mesures de portée limitée tant dans leur champ d'application que par leur contenu ;
- Les règlements émis par certains établissements publics (Fonds national de l'Emploi), certains organismes privés professionnels à l'instar du Barreau du

Cameroun, le Groupement inter patronal du Cameroun (Gicam) ;

Au-delà des sources règlementaires, il y a aussi des sources non règlementaires. Ces sources incluent diverses circulaires, instructions et notes de service, ainsi que des décisions administratives individuelles et des accords (des accords d'intervention conclus avec des organismes professionnels, des « lettres d'agrément » exigées pour l'attribution de crédits à des entreprises opérant sur un marché donné, des accords du plan).

Parmi ces sources non réglementaires, l'administration a tendance à plutôt faire recours aux actes administratifs unilatéraux et aux contrats administratifs.

Le recours aux actes administratifs unilatéraux par l'administration est une pratique très ancienne en droit public économique. Nombre d'interventions administratives prennent la forme d'actes individuels que les directives ont précisément pour mission d'encadrer. Le recours à l'acte unilatéral, très développé pendant les périodes de dirigisme économique, permet tout à la fois d'exercer un contrôle sur les agents économiques et, le cas échéant, d'effectuer les inévitables discriminations que ce genre d'intervention requiert. Le régime de déclaration préalable permet l'exercice du contrôle administratif. *A fortiori*, il en va de même des autorisations, dérogations ou décisions d'agrément entraînant l'octroi d'un avantage juridique ou financier déterminé. Des pans entiers du droit public économique ont comporté et conservent encore souvent le recours à de tels régimes : délivrance de licences pour les agents de voyages ou pour l'ouverture des pharmacies, ouverture de grandes surfaces commerciales, autorisations d'occupation temporaire du domaine public, etc.

Les pouvoirs publics font également recours aux contrats dans leurs relations avec le secteur privé. Il peut s'agir des contrats d'intervention conclus avec des organismes professionnels, des lettres d'agrément conditionnant l'octroi de crédits à des entreprises agissant sur un marché déterminé, des contrats de projets, des conventions de subventionnement ou des conventions d'exploitation et de tarification d'équipements hospitaliers lourds. Il suffit d'observer que, même limités à un effet relatif, ces contrats constituent, désormais, une source importante du droit public économique. Cela témoigne de l'influence du libéralisme économique et du libre jeu du marché sur l'action des personnes publiques. Cet engouement pour le procédé conventionnel s'explique aisément par sa très grande souplesse, mais annonce en même temps d'importants bouleversements de la théorie classique du contrat administratif. Certains de ces contrats relèvent du droit privé, mais doivent être considérés comme administratifs en application de la jurisprudence, en dépit d'un régime juridique qui ne comporte plus tous les traits exorbitants du contrat administratif.

C. Sources jurisprudentielles

Selon la conception classique du droit formel, « l'activité du juge est une application stricte de la loi au fait concret par les méthodes formelles déductives. Mais puis la conception réaliste de l'activité judiciaire a pris de la force : ayant reçu le droit de combler des lacunes, le juge a reçu le droit de créer les normes »[112].

En France, une opinion connue est que « *la source principale du droit public est en effet la jurisprudence du Conseil d'État* »[113]. Le Conseil d'État a créé par voie

[112] Elvira TALAPINA. *Contribution à la théorie du droit public économique par l'analyse comparative du droit français et du droit russe*, *op.cit.*, p.93.
[113] *Idem.*

prétorienne de nombreuses notions du droit public économique, comme le service public, la liberté du commerce et de l'industrie, la police administrative ; ou en dégageant la notion de contrat administratif, soumis à un régime dérogatoire du droit commun. Le Conseil constitutionnel a grandement contribué à la modernisation des règles de fonctionnement de l'économie. Il a notamment dégagé le caractère constitutionnel de la liberté d'entreprendre, ou modernisé la notion de droit de propriété.

La juridiction judiciaire est traditionnellement la juridiction du secteur privé économique. « Elle a un rôle important dans la détermination du régime juridique applicable aux sociétés commerciales régies par la loi de 1966, ou encore du droit de la concurrence, appliqué même aux organismes publics »[114]. Le Tribunal des conflits a adopté les décisions Blanco et Bac d'Eloka.

Au Cameroun, l'État a mis en place un système judiciaire inspiré du droit français et de la Common law. Ce système judiciaire est basé sur la loi n° 2006/015 du 29 décembre 2006 portant organisation judiciaire modifiée et complétée par la loi n° 2011/027 du 14 décembre 2011. L'article 3 (nouveau) de ce texte dispose que : l'organisation judiciaire comprend : « *la Cour suprême, les cours d'appel, le tribunal criminel spécial, les juridictions inférieures en matière de contentieux administratif ; les juridictions inférieures des comptes ; les tribunaux militaires ; les tribunaux de grande instance, les tribunaux de première instance ; les juridictions de droit traditionnel* ». Hormis des tribunaux militaires qui restent considérés comme des tribunaux spéciaux en temps normal

[114] *Idem.*

et d'exception en période de crise, les autres juridictions interviennent sur le champ du droit public économique.

Par ailleurs, il est intéressant de relever quand même l'influence du droit OHADA à travers son entreprise d'uniformisation du droit des affaires. L'on observe de plus en plus que le juge communautaire encore appelé « Juge OHADA » se substitue au juge national dans de nombreux domaines du droit public économique. Par « juge du droit OHADA », il faut entendre tout juge habilité à connaitre des questions relatives au droit OHADA. Dans cette perspective, il faut relever que la création d'un ordre juridique communautaire, comme tel est le cas de l'OHADA, donne généralement droit à l'institution d'une juridiction chargée de garantir cet ordre[115]. Et très souvent, l'on procède à la création de juridictions supranationales pour éviter une confusion entre l'ordre judiciaire communautaire et l'ordre judiciaire national des États[116].

Dans le cadre de l'ordre judiciaire OHADA, si la Cour Commune de Justice et d'Arbitrage en abrégée « CCJA » apparaît comme la juridiction de cassation en matière d'interprétation et d'application des Actes Uniformes, les juridictions supérieures des États membres connaissent des pourvois en cassation des décisions appliquant des sanctions pénales, tandis que les juridictions inférieures se chargent de la mise en œuvre du droit OHADA au premier degré. Le législateur a fait du juge l'organe chargé d'assurer l'application effective et efficace des Actes Uniformes et de veiller à la stabilité de l'environnement sociétaire. C'est ce qui ressort notamment des dispositions de l'alinéa 3 de

[115] Lazare N. KAMENI, *Droit Ohada et droit constitutionnel des Etats-parties : contribution à l'analyse sous le prisme de la pratique camerounaise*, Thèse en Doctorat en Droit Public Option Droit Public Economique, Université de Yaoundé II-Soa, 08 Décembre 2015, p.111.
[116] *Idem.*

l'article 14 du Traité : « *Saisie par la voie du recours en cassation, la Cour se prononce sur les décisions rendues par les juridictions d'Appel des États Parties dans toutes les affaires soulevant des questions relatives à l'application des actes uniformes et des règlements prévus au présent Traité à l'exception des décisions appliquant des sanctions pénales* ».

Si, au plan théorique, la justice camerounaise semble être bien structurée et existante, il n'en demeure pas moins qu'elle reste une justice en panne au regard de sa lenteur chronique[117]. Dans le Livre blanc de l'économie camerounaise, le Groupement Inter-Patronal du Cameroun démontre à suffisance le problème du dysfonctionnement du service public de la justice camerounaise vis-à-vis du secteur économique : « *En dépit des efforts du gouvernement pour renforcer le système judiciaire, on constate une aggravation de l'insécurité juridique, favorisée par différentes dérives. Par exemple, la réalisation de certaines sûretés réelles rattachées à des transactions commerciales devient difficilement exécutoire pour les éventuelles bénéficiaires. Les processus de règlement de litiges commerciaux sont très longs, lourds et préjudiciables à la nécessaire fluidité de l'environnement des affaires. L'irrespect des règles et les abus de toutes sortes en matière procédurale, voire le recours à des connivences, deviennent la règle dans les procédures de justice au détriment de l'application des règles de droit. L'insuffisance des infrastructures physiques et technologiques ainsi que la qualité décroissante du personnel judiciaire (formation initiale incomplète, formation continue inadaptée et absence*

[117] Prosper NKOU MVONDO, « Le non-respect des délais de jugement au tribunal criminel spécial du Cameroun », *Dans Les Cahiers de la Justice 2021/3 (N° 3)*, pages 469 à 483.

de sanctions strictes) sont des facteurs d'aggravation des comportements déviants »[118].

À titre illustratif, l'absence d'archivage numérique des dossiers (arrêts, grosses, procès-verbaux, plumitifs, etc.) rend fastidieux et coûteux le travail de recherche de documents, quand bien même l'usager serait prêt à payer pour le service, sans oublier les nombreux dysfonctionnements relevés dans le fonctionnement des greffes. De plus, ces faiblesses du système judiciaire sont actuellement aggravées par un appui insuffisant des forces de l'ordre (police et gendarmerie). Cette carence est aujourd'hui illustrée par le recours, de plus en plus, fréquent, de certains particuliers aux milices privées pour régler des différends, en dehors du système judiciaire. Ces dérives contribuent à l'instauration d'un climat d'insécurité et de méfiance à l'égard du Cameroun, ce qui est dissuasif pour les investissements. Il en découle un affaiblissement considérable du rôle du service public de la justice, en tant que régulateur ultime du vivre ensemble et d'un développement équitable.

Aux faiblesses du système judiciaire s'ajoute le caractère discutable des décisions de justice rendues. L'impression qui se dégage souvent est que les entreprises formelles sont condamnées au seul motif qu'elles sont solvables, créant ainsi une espèce de « délit de solvabilité »[119]. Très fréquemment, il est constaté un non-respect flagrant des textes et des procédures, nombre de décisions rendues sont en outre non motivées.

---

118 Groupement Inter-Patronal du Cameroun, *Le livre blanc de l'économie camerounaise*, Edition bilingue, Février 2020, pp.86-87.
119 *Idem.*

CHAPITRE 3 :

PRINCIPES DU DROIT PUBLIC ÉCONOMIQUE

Les principes du droit public économique ne sont pas différents de ceux qu'on retrouve en droit public en général, car le droit public économique fait partie intégrante du droit public. Tous ces principes n'ont pas la même force juridique. Certains ont une valeur constitutionnelle, à l'instar du droit de propriété ; tandis que d'autres ont une place moins élevée dans l'ordre juridique, comme la liberté du commerce et de l'industrie. Plusieurs principes ont une origine purement jurisprudentielle et sont dans l'attente d'une reconnaissance constitutionnelle, ce qui pourrait être le cas du principe de proportionnalité, par exemple.

L'on abordera les principes fondamentaux classiques et leur application au droit public économique d'une part (**Section 1re**) et d'autre part, les principes d'inspiration interventionniste (**Section 2**).

Section 1 : Principes fondamentaux classiques et leur application au droit public économique

Il n'est pas question de faire la présentation de tous les principes classiques du droit public, mais uniquement ceux qui intéressent l'action des pouvoirs publics dans le domaine économique et social. L'on étudiera tour à tour les principes du droit de propriété (**Paragraphe 1**), principe de la liberté du commerce et de l'industrie (**Paragraphe 2**), principe de la spécialité (**Paragraphe 3**), principe d'égalité (**Paragraphe 4**).

Paragraphe 1 : Protection du droit de propriété

Le Constituant camerounais a reconnu le droit de propriété comme un droit fondamental. Dans un premier temps, le Préambule de la Constitution camerounaise[120] stipule que : « *La propriété est le droit d'user, de jouir et de disposer des biens garantis à chacun par la loi. Nul ne saurait en être privé si ce n'est pour cause d'utilité publique et sous la condition d'une indemnisation dont les modalités sont fixées par la loi* ». Ensuite, la Constitution reconnait également certains instruments internationaux qui reconnaissent le droit de propriété à l'instar de la Déclaration des droits de l'homme et du citoyen. Cette Déclaration fait du droit de propriété un droit inviolable et sacré. Dans l'article 2 de ce texte juridique, la propriété figure parmi les droits naturels et imprescriptibles de l'homme, l'article 17 dispose : « *La propriété étant un droit inviolable et sacré, nul ne peut en être privé, si ce n'est lorsque la nécessité publique, légalement constatée, l'exige évidemment, et sous la condition d'une juste et préalable indemnité* ».

À l'origine, le droit de propriété était d'inspiration individualiste, purement libérale. C'est pour cela qu'il devait accompagner le principe de liberté du commerce et de l'industrie. Mais le droit de propriété n'est pas absolu, la législation camerounaise insiste sur les limites de ce droit. C'est ainsi que dans la Constitution camerounaise, l'on pourrait porter atteinte au droit de propriété pour « *cause*

---

[120] Préambule de la loi n° 96/06 du 18 janvier 1996 portant révision de la Constitution du 02 juin 1972, modifiée et complétée par la loi n° 2008/001 du 14 avril 2008.

d'utilité publique et sous la condition d'une indemnisation dont les modalités sont fixées par la loi ».

Il faut d'ailleurs remarquer que la limitation du droit de propriété est d'inspiration socialiste. « Au début du XXᵉ siècle, sous l'égide des idées solidaristes et socialistes, l'accent fut mis sur la fonction sociale du droit de propriété. Cette conception culminera dans le Préambule de la Constitution de 1946, qui adopte dans son alinéa 9 le principe de la nationalisation des entreprises présentant le caractère d'un service public national ou d'un monopole de fait »[121]. Or, « la signification originaire du droit de propriété était purement individualiste (la propriété étant alors conçue comme le support matériel des libertés individuelles), l'évolution ultérieure du droit de propriété a conduit à consacrer la fonction sociale et collective de ce droit »[122].

« *Le droit de propriété constitue le principal régulateur des politiques successives de nationalisation et de privatisation* »[123]. Le Conseil d'État considère ce droit, qui « a pour corollaire la liberté de disposer d'un bien », comme une liberté fondamentale relevant de la procédure du référé-liberté (CE, 2 juil. 2003, Société Outremer Finance Ltd).

Il existe des limitations législatives ou réglementaires du droit de propriété. « La propriété du sol, qui devrait entraîner celle du sous-sol, n'exclut pas, depuis 1810, le droit pour l'État de la désignation du concessionnaire chargé de

---

[121] COLIN Fréderic, *Droit public économique*, Gualino, coll. Mémentos LMD, 2e édition, 2008, p.133.
[122] HUBRECHT Hubert-Gérard, *Droit public économique*, Paris, Dalloz, coll. Cours, 1997, p.94
[123] *Ibidem.*, pp.100-118.

l'exploitation des ressources minières »[124]. La protection due au droit de propriété consiste pour l'essentiel en une juste et préalable indemnité qui doit être prononcée par le juge judiciaire[125].

Paragraphe 2 : Principe de la liberté du commerce et de l'industrie

La Constitution camerounaise intègre certains instruments internationaux qui reconnaissent le principe de la liberté du commerce et de l'industrie à l'instar de la Déclaration des droits de l'homme et du citoyen. Mais pour mieux comprendre les fondements de la liberté d'entreprendre, il est important de se référer au droit français. La liberté d'entreprendre provient d'une interprétation extensive de la Déclaration des droits de l'homme et du citoyen (DDHC) de 1789[126]. Dans sa décision du 16 janvier 1982 qui censure certaines dispositions de la loi sur les nationalisations du gouvernement de Pierre Mauroy, le Conseil constitutionnel français lui reconnaît une valeur constitutionnelle pour la première fois. Dans cette décision fondatrice, le juge constitutionnel, à partir des articles 2 et 17 de la DDHC – relatifs au droit de propriété – ainsi que de l'article 4 –relatif à la liberté – décide que « *la liberté qui, aux termes de l'article 4 de la Déclaration, consiste à pouvoir faire tout ce qui ne nuit pas à autrui ne saurait elle-même être*

[124] ORSONI Gilbert, *L'administration de l'économie*, Paris, LGDJ, coll. Systèmes, 1995, p.55.

[125] Elvira TALAPINA. *Contribution à la théorie du droit public économique par l'analyse comparative du droit français et du droit russe*, *op.cit.*, p.80.

[126] Victor AUDUBERT, « La liberté d'entreprendre et le Conseil constitutionnel : un principe réellement tout puissant ? », *La Revue des droits de l'homme*, 18 | 2020, p.1.

préservée si des restrictions arbitraires ou abusives étaient apportées à la liberté d'entreprendre ».

Le principe de la liberté du commerce et de l'industrie « a une signification non seulement juridique, mais aussi politique, parce qu'il a une portée différente dans les systèmes libéraux et socialistes »[127]. La liberté d'entreprise est un des postulats de l'économie de marché.

Cependant, la liberté du commerce et de l'industrie est un principe limité. Les limitations normatives de la liberté du commerce et de l'industrie sont nombreuses. « *Il arrive que la loi interdise totalement certaines activités commerciales et industrielles, soit parce qu'elles sont pénalement réprimées (trafic de stupéfiants), soit parce que l'État procure des ressources financières (monopoles fiscaux – tabac, alcools). Mais, le plus souvent, les monopoles publics obéissent à des considérations administratives et stratégiques : assurer la maîtrise et le contrôle de l'État sur certaines activités ou fonctions politiquement décisives. Ainsi en va-t-il des monopoles, en cours d'aménagement, d'émission de la monnaie, de l'électricité, des transports ferroviaires et des télécommunications. Le degré immédiatement décroissant de limitations réside dans l'autorisation préalable à l'exercice de certaines professions. Cette autorisation est ensuite parfois nécessaire, non pas pour l'exercice total d'une activité, mais seulement pour l'accomplissement de certains actes* »[128]. En dernier lieu, la limitation législative de la liberté et de l'industrie prend la forme du régime dit des professions contrôlées[129].

---

[127] Didier LINOTTE, Raphaël ROMI, *Droit public économique*, Paris, Litec, coll. Manuel, 6e édition, 2006, p.81.

[128] *Idem.*, p.85.

[129] *Ibidem.*, p.86.

Paragraphe 3 : Principe de la spécialité

Le principe de spécialité n'a pas encore reçu une consécration constitutionnelle en droit camerounais. Le principe de spécialité est *« un principe d'organisation administrative, qui s'applique de façon constante et incontestée aux établissements publics ; cette spécialité, qui est essentiellement fonctionnelle, mais peut être également territoriale, est déterminée dans les textes constitutifs de l'établissement »*[130]. Selon ce principe, *« toute personne morale voit sa compétence limitée à l'objet qui lui a été assigné au moment de sa création par ses statuts, sauf modification régulière de ces derniers »*[131]. Autrement dit, une association, une société, un établissement public, une commune, une université ne peuvent pas faire n'importe quoi. Cela s'applique aussi à l'État.

Dans la *summa divisio* de la théorie des personnes morales, l'établissement public, comme la société commerciale, sont des personnes morales fondatives, disposant seulement d'une compétence d'attribution, alors que les personnes morales corporatives bénéficient d'une compétence de principe. Mais, alors que la compétence des établissements publics est limitée par un objet statutaire strictement défini, en liaison avec l'intérêt général et le plus souvent un service public, celle d'une société commerciale l'est beaucoup moins, en raison d'une formulation extensive de son objet social sur laquelle ne pèsent pas les contraintes d'intérêt général mentionnées plus haut.

---

[130] Conseil d'État, *Rapport public 2002, Collectivités publiques et concurrence*, La documentation française, 2002, p.253

[131] Jean-Philippe COLSON, Pascale IDOUX, *Droit public économique*, *op.cit.*, p.124.

Le rôle du principe de spécialité n'est pas, cependant, celui d'un principe de non-concurrence et sa violation éventuelle n'est pas au nombre des moyens susceptibles d'être soulevés devant le juge du référé précontractuel. En revanche, il n'cst pas exclu que cette règle s'oppose à l'obtention d'un marché public ou d'un autre contrat de la commande publique par une personne publique, s'agissant en particulier du respect de la spécialité géographique.

Paragraphe 4 : Principe d'égalité

Le principe d'égalité entre les citoyens est affirmé dans la Déclaration des droits de l'Homme et du citoyen de 1789. Il se trouve donc doté d'une consécration constitutionnelle dans le droit positif, puisque le Conseil constitutionnel assure le respect par les lois des principes contenus dans la Déclaration auxquels se réfère le Préambule de la Constitution[132]. L'article 1er alinéa 2 de la Constitution camerounaise affirme lui-même que la République du Cameroun « *assure l'égalité de tous les citoyens devant la loi.* ».

Le principe d'égalité « se concrétise en sous-principes : égalité d'accès des usagers au service public, égalité de traitement, égalité d'accès aux fonctions publiques, égalité devant les charges publiques »[133]. Le Conseil d'État a appliqué le principe d'égalité par rapport à la participation

[132] Elvira TALAPINA. *Contribution à la théorie du droit public économique par l'analyse comparative du droit français et du droit russe*, *op.cit.*, p.67.
[133] Didier LINOTTE, Raphaël ROMI, *Droit public économique*, *op.cit.*, p.74.

des étrangers aux élections professionnelles (CE, 31 mai 2006, Groupe d'information et de soutien des immigrés)[134].

Quant à l'application du principe d'égalité dans l'économie, le plus essentiel est sa diffusion sur les agents économiques et sur tous les aspects de l'activité économique. Les décisions des pouvoirs sont contrôlées de ce point de vue soigneusement. La cohabitation d'actions de la puissance publique et d'initiatives économiques privées intéresse très directement l'application du principe d'égalité. Et cela à double titre. Premièrement, l'action régulatrice de la puissance publique ne doit pas contenir de discrimination entre les opérateurs économiques, que ceux-ci soient publics ou privés, sous peine de contrevenir non seulement au principe d'égalité, mais aussi à celui de la libre et égale concurrence. Ainsi, le droit économique *« est l'occasion de constater que dans ses pratiques discriminatoires, l'administration, lorsqu'elle agit dans le domaine de l'économie, bénéficie d'un large pouvoir discrétionnaire, qu'elle exerce au gré d'innombrables mesures individuelles. Dès lors, le principe d'égalité y acquiert un sens particulier »*[135]. Ce principe s'applique aux personnes morales aussi bien qu'aux personnes physiques « *car, les personnes morales étant des groupements de personnes physiques, la méconnaissance du principe de l'égalité entre celles-ci équivaudrait nécessairement à une méconnaissance de l'égalité entre celles-ci* » (CC, 16 janv. 1982)[136]. D'autre part, et pour les mêmes raisons, les interventions directes de la puissance

---

[134] Elvira TALAPINA. *Contribution à la théorie du droit public économique par l'analyse comparative du droit français et du droit russe*, *op.cit.*, p.68.

[135] Fréderic COLIN, *Droit public économique*, *op.cit.*, p.143.

[136]Pierre DELVOLVE, *Introduction in L'influence du droit européen sur les catégories du droit public*, sous la dir. de Jean-Bernard Auby, Dalloz, 2010, p.190.

publique dans la gestion du secteur économique et social ne peuvent être admises qu'à la condition de respecter le principe d'égalité tel qu'il vient d'être rappelé. Or, bon nombre d'interventions publiques impliquent, par définition, une certaine rupture d'égalité en vue de la réalisation d'objectifs de politique économique ou commerciale. D'autre part, l'application du principe doit aussi tenir compte de la présence éventuelle d'un service public.

Néanmoins, l'égalité requise ne saurait être absolue. En effet, le principe d'égalité « ne fait pas obstacle à ce qu'une loi établisse des règles non identiques à l'égard de catégories de personnes se trouvant dans des situations différentes, mais qu'il ne peut en être ainsi lorsque cette non-identité est justifiée par la différence de situation et n'est pas incompatible avec la finalité poursuivie par la loi »[137]. Ensuite, le principe d'égalité doit céder le pas devant l'intérêt général. Il n'existe aucune jurisprudence en France ou au Cameroun qui détermine avec précision quels motifs d'intérêt général peuvent justifier des différences de traitement admissibles au regard du principe d'égalité. Tout au plus peut-on observer que l'évolution libérale du contexte économique tend à se répercuter sur le contenu de cette notion.

Section 2 : Principes d'inspiration interventionniste

Il existe plusieurs principes d'inspiration interventionniste, certains d'entre eux sont constitutionnels, d'autres non. Ces principes sont la participation, la nationalisation, le service public, la proportionnalité et

[137] Jean-Philippe COLSON, Pascale IDOUX, *Droit public économique*, *op.cit.*, p.129.

l'autonomie de gestion des entreprises publiques. Cependant, l'on se limitera uniquement à deux principes dans le cadre de cette réflexion, à savoir : le principe de participation et le principe de nationalisation.

Paragraphe 1 : Principe de participation

En France, le principe de participation est reconnu par le 8e alinéa du Préambule de la Constitution de 1946 : « Tout travailleur participe par l'intermédiaire de ses délégués à la détermination collective des conditions de travail ainsi qu'à la gestion de l'entreprise ». Au Cameroun, le Code de travail prévoit également les possibilités de participation des travailleurs à la gestion de l'entreprise. La portée de ce principe préalablement doit être examinée (A) avant d'observer les aspects de sa mise en œuvre (B).

A. Portée du principe

Elle est à la fois générale et limitée. Générale, car c'est un principe qui s'applique à la fois aux entreprises publiques et privées. Ses limites sont de deux ordres. Premièrement, par son mécanisme, cette démocratie économique est conçue sur le mode représentatif, par l'intermédiaire de délégués. Ensuite, l'objet de la participation des salariés a seulement trait à la détermination collective des conditions de travail et à la gestion de l'entreprise, et non pas à la direction de celle-ci comme cela a pu être revendiqué à certaines périodes sous le terme d'autogestion. Dans ce cadre, il revient au législateur de déterminer les conditions d'application du principe à travers les principes fondamentaux du droit du travail et du droit syndical.

B. Mise en œuvre du principe

Au Cameroun, le principe de participation existe sur le plan légal, puisque les règles de participation des salariés à la gestion de l'entreprise sont régies par le Code du travail, des textes réglementaires et les conventions collectives.

Le législateur camerounais a fait des délégués du personnel un acteur clé dans la participation des salariés à la gestion de l'entreprise au Cameroun. Selon l'article 122 alinéa 1er de la loi n° 92-007 du 14 août 1992 portant Code du travail : « *les délégués du personnel sont obligatoirement élus dans les établissements installés sur le territoire national, quelle qu'en soit la nature et quel que soit l'employeur, public ou privé, laïc ou religieux, civil ou militaire, où sont habituellement occupés au moins vingt travailleurs relevant du champ d'application de la présente loi* ». Les délégués du personnel sont considérés comme des « porte-parole » des travailleurs au sein de l'entreprise[138]. Il s'agit des salariés élus par leurs collègues de services au sein de l'entreprise ou de l'établissement où ils exercent leurs activités professionnelles sous l'autorité et la direction de l'employeur[139]. Ils représentent l'intérêt collectif des travailleurs de l'entreprise ou de l'établissement. Ils doivent également donner leurs avis avant tout licenciement pour motif économique au sein d'une entreprise. Ainsi, l'article 3 alinéa 1er de l'arrêté N° 021/MPTS/SG/CJ DU 26 MAI 1993 fixant les modalités de licenciement pour motif économique dispose que : « *Conformément à l'alinéa 6 de l'article 40 du Code du Travail, en vue de recueillir leurs suggestions, l'employeur doit communiquer par écrit aux délégués du personnel la liste des travailleurs*

---

[138] Paulin KAMENI WENDJI, *La protection du délégué du personnel en droit du travail camerounais*, Master 2 Recherche en Droit Privé Fondamental, Université de Douala - 2008.
[139] *Idem.*

qu'il se propose de licencier. Les délégués sont tenus de faire parvenir leur réponse à l'employeur dans un délai de huit (08) jours ». Les délégués du personnel sont élus au scrutin de liste majoritaire à deux tours avec représentation proportionnelle.

Au regard de la lourde tâche à eux assignés, le législateur a accordé aux délégués du personnel une protection spéciale. Par exemple, l'article 130 alinéa 1er du Code du travail du 14 août 1992 que « *tout licenciement du délégué du personnel, titulaire ou suppléant, envisagé par l'employeur est subordonné à l'autorisation de l'Inspecteur du travail du ressort* ».

Pour renforcer encore le droit de participation des salariés à la gestion de l'entreprise, le législateur a reconnu le droit de grève. Ce droit est légitime après l'épuisement et l'échec des procédures de conciliation et d'arbitrage. L'article 157 du Code du Travail camerounais dispose que : « *2) Le règlement de tout différend collectif de travail est soumis aux procédures de conciliation et d'arbitrage prévues aux articles 158 à 164 ci-dessous. 3) Sont légitimes la grève ou le lock-out déclenchés après épuisement et échec de ces procédures* ».

Cependant, en pratique, le principe de participation est altéré au Cameroun, car le statut juridique des délégués du personnel est précaire et l'exercice du droit de grève est limité.

Premièrement, en ce qui concerne le statut précaire des délégués du personnel, leur protection ne s'étend pas au-delà de leur mandat. Autrement dit, une fois qu'ils ne sont plus délégués du personnel, ils restent considérés comme tout salarié au sein de leur entreprise. Un tel statut juridique reste alors précaire, puisqu'il risque d'avoir des représailles de la part de leurs employeurs une fois qu'ils ne sont plus délégués du personnel. En sus, leurs conditions de travail sont précaires. Il s'agit notamment de la rémunération, la gestion de carrière au sein de l'entreprise ainsi que la durée du contrat de travail.

Secondement, l'on note quand même une fragilisation du droit de grève par l'imposition des procédures de conciliation et d'arbitrage obligatoires, préalable à tout déclenchement de la grève[140]. Le Comité de la Liberté syndicale de l'OIT considère comme admissible l'obligation de recourir avant de déclencher la grève aux procédures de conciliation, de médiation ou d'arbitrage volontaire, dans la mesure où il s'agit de procédures appropriées, impartiales et rapides, auxquelles les intéressés peuvent participer à toutes les étapes. Or, tel n'est pas toujours le cas au Cameroun. L'examen de la procédure camerounaise de règlement de différends collectifs laisse percevoir une opposition par rapport aux recommandations du Comité de la liberté syndicale. En dehors du fait que les salariés n'ont aucune possibilité de recourir à la grève quand ils le veulent et comme ils le désirent. L'exercice du droit de grève sur le terrain est rendu extrêmement difficile dans le contexte sécuritaire que traverse aujourd'hui le Cameroun.

Paragraphe 2 : Principe de nationalisation

Au Cameroun, la Charte des investissements dispose que : « Nulle expropriation, nationalisation ou réquisition d'une entreprise régulièrement établie ou de ses biens ne peut avoir lieu sans que l'État n'ait engagé au préalable la procédure de déclaration d'utilité publique la justifiant et sans une indemnisation préalable, juste et équitable, fondée

---

[140]Giscard Fidèle KEULEMBA NGANSOP, « Le Recours A La Grève En Droit Positif Camerounais », *International Multilingual Journal of Science and Technology (IMJST)* ISSN: 2528-9810 Vol. 5 Issue 4, April – 2020, p.939.

sur une évaluation adéquate de l'entreprise ou de ses biens, objet d'un tel acte, par un tiers indépendant ».

Le principe de nationalisation comporte deux aspects importants. Il recouvre d'abord l'opération même de nationalisation, c'est-à-dire le transfert de propriété d'un bien ou d'une entreprise du secteur privé vers le secteur public. Cet aspect-là est reconnu par des textes juridiques au Cameroun. En revanche, la politique ne s'arrête pas au transfert de propriété ; elle concerne aussi le régime applicable à la gestion de l'entreprise ou du bien, objet de transfert.

En droit public économique camerounais, la nationalisation est une prérogative de souveraineté étatique, bien que le principe de la souveraineté permanente sur les ressources naturelles soit parfois contrebalancé par des garanties d'investissement. Elle s'inscrit dans un cadre légal permettant le transfert de biens privés vers le patrimoine public, souvent soumis à des conditions strictes et justifié par l'intérêt général.

Basée sur la souveraineté de l'État, la nationalisation est reconnue comme un droit d'expropriation et de nationalisation, conforme à la pratique internationale.

Tout investissement régulièrement établi au Cameroun bénéficie de protections contre les risques non commerciaux, suggérant une limitation du recours à la nationalisation ou une obligation d'indemnisation.

Bien que le principe existe, le Cameroun a connu une tendance à la privatisation et à l'ouverture économique plutôt qu'à de larges nationalisations dans le cadre des politiques d'investissements.

Le droit camerounais cherche à équilibrer la souveraineté sur les ressources avec l'attraction des investissements étrangers.

CHAPITRE 4 :

ACTEURS DE L'INTERVENTION PUBLIQUE ÉCONOMIQUE

Il n'est plus nécessaire de rappeler qu'à partir des années 1990, le Cameroun a changé sa politique économique en mutant d'une politique d'interventionnisme avec une omniprésence de l'État dans l'économie pour une intervention modérée. Cependant, l'État n'a pas totalement cédé son économie aux investisseurs privés, mais il a juste ouvert une grande partie de celle-ci au monde des affaires. Cette ouverture de l'État a fait en sorte qu'il y ait une diversité d'acteurs dans le domaine économique aujourd'hui. En effet, on compte plusieurs entités parmi lesquelles des institutions publiques, des organismes sans but lucratif au service des ménages (syndicats, associations, partis politiques), les ménages eux-mêmes (groupe de personnes partageant un même domicile sans nécessairement être liées par des liens familiaux), des sociétés non financières (entreprises), des sociétés financières (banques, assurances, etc.), ainsi que des administrations publiques (État, collectivités locales, organismes de sécurité sociale, etc.). À cette kyrielle d'institutions, on peut ajouter l'existence d'institutions parapubliques et publiques à caractère plus social qu'économique dont le rôle est d'atténuer le choc brutal créé par l'économie de marché.

Parmi ces nombreux acteurs publics ou privés, on en retiendra seulement deux, à savoir les institutions politico-administratives (**Section 1**) et les entreprises publiques (**Section 2**).

Section 1 : Institutions politico-administratives

Les institutions politico-administratives sont le pilier du système de l'économie en définissant les « règles du jeu », en assurant la stabilité, la confiance et l'équité par des lois, des réglementations et des contrôles. Ces institutions gèrent la redistribution des revenus, stabilisent l'économie face aux chocs, protègent la propriété et stimulent l'innovation, notamment par des mécanismes comme les brevets et le financement de la recherche. Ces acteurs peuvent être regroupés en deux grandes catégories, à savoir les institutions supranationales (**Paragraphe 1**) et nationales (**Paragraphe 2**).

Paragraphe 1 : Institutions supranationales

Les institutions supranationales peuvent être classées en deux catégories, à savoir les institutions internationales (**A**) et institutions communautaires (**B**).

A. Institutions internationales

D'une manière générale, les institutions financières internationales ont joué un rôle majeur dans la transformation de l'État camerounais en favorisant la déréglementation et la libéralisation des marchés et en signifiant un désengagement de l'État du processus d'industrialisation[141]. Ces institutions avaient deux grands objectifs à atteindre vis-à-vis du Cameroun : la stabilisation et les réformes structurelles. De façon détaillée, il s'agissait entre autres de rétablir l'équilibre financier des pays surendettés, de libéraliser l'économie pour favoriser l'investissement et la croissance, et d'instaurer des

---

[141] Bernard GAUTHIER, « La dynamique du secteur manufacturier africain en période d'ajustement structurel : le cas du Cameroun », *op.cit.*, p.2.

politiques de marché conformes à l'orthodoxie libérale, etc. Pour éclairer le rôle des institutions internationales dans la transformation de l'action publique de l'État camerounais dans son économie, il faut d'abord effectuer un bilan économique de la période 1986-1990 (1), puis définir le rôle de ces institutions (2).

1. Diagnostic de l'économie camerounaise entre les années 1986-1990

Les problèmes de crise économique se faisaient déjà ressentir de façon accrue au milieu des années 1980, car, de manière systématique, les symptômes de la crise se manifestaient dans les années 1987/88 à travers une lourde charge budgétaire et une inefficacité de l'action publique.

Premièrement, la lourde charge budgétaire a été constatée à travers des niveaux intolérables de déséquilibre de la balance des paiements et de déficit budgétaire[142]. En effet, au Cameroun comme dans la plupart des pays de la région, l'industrialisation a emprunté jusqu'au milieu des années 80 la voie de la substitution des importations. Cette stratégie fut marquée par une très forte intervention du secteur public et le recours aux capitaux étrangers. Tout cela a donc créé une sorte de dérapage. Celui-ci s'explique par la persistance des faiblesses structurelles de l'assise économique et sociale de l'État camerounais : assiette fiscale très étroite, dépendance trop grande vis-à-vis de l'évolution des cours de quelques matières premières, hypertrophie de l'appareil d'État et échec de la stratégie de substitution des importations menée par les entreprises publiques et parapubliques fortement protégées de la

[142] Gérard AMOUGOU, « Esquisse d'histoire des politiques de développement au Cameroun : Un regard contextuel », *op.cit.*, p.28.

concurrence internationale et subventionnées par le gouvernement[143].

Secondement, il était reproché à l'État camerounais de mener une action publique inefficace entre 1960-1986. En d'autres termes, cette intervention publique se manifestait par l'instauration de mesures protectionnistes variées et s'accompagnait souvent d'une intervention publique active et passive dans l'économie. Malheureusement, elle avait une finalité plus sociale qu'économique. L'action publique en Afrique dans les années 1960-1980 visait une finalité sociale, comme la construction de l'État-nation, l'éducation, la santé et la réduction des inégalités héritées de la colonisation. Elle s'est ensuite progressivement tournée vers des politiques plus axées sur le développement économique et l'intégration régionale. Tout ceci a entraîné une dette abyssale.

Les problèmes de soutenabilité de la dette publique du Cameroun se sont accrus avec une forte augmentation des déséquilibres budgétaires, une dette externe importante et une mauvaise gestion des ressources. Cette crise a été aggravée par les chocs pétroliers des années 1970, l'effondrement du système de Bretton Woods et la libéralisation de la finance internationale, qui ont rendu l'économie camerounaise, dépendante des matières premières, très vulnérable. Il y a eu un grand déséquilibre au plan macroéconomique. À la suite d'une crise financière provoquée par la chute des prix de ses principales exportations (pétrole, cacao, café, coton) et la dépréciation du dollar US dans lequel sont libellés ces biens, le gouvernement a introduit en 1988 un programme de stabilisation soutenu par le FMI puis, l'année suivante, un

[143] Javier HERRER, « La nature de la crise financière camerounaise et les mesures prises pour la combattre : faut-il ajuster le programme d'ajustement structurel ? », *IRD*, 1992, pp.42 et s.

Programme d'ajustement structurel (PAS) appuyé par la Banque Mondiale. Le PAS mena à des changements radicaux de l'environnement économique, puisque depuis 1989, la plupart des éléments du cadre réglementaire et administratif ont été libéralisés[144].

2. Rôles des institutions internationales

Avant d'analyser en profondeur les différents rôles des institutions internationales en matière économique, il convient de relever ici que le droit international économique n'est pas un droit neutre. Il s'agit d'un instrument de coopération économique qui permet de fixer dans un cadre contraignant les intérêts stratégiques des parties qui légifèrent. Une analyse profonde du rôle des institutions internationales appelées à jouer un rôle crucial dans l'action publique de l'économie conduit à mettre en évidence le Fonds monétaire international (**a**), la Banque mondiale (**b**) et l'Organisation mondiale du Commerce (**c**).

a. Fonds monétaire international

Selon ses statuts[145], le Fonds Monétaire international (FMI) a la charge de promouvoir la prospérité nationale et

---

[144] Bernard GAUTHIER, « La dynamique du secteur manufacturier africain en période d'ajustement structurel : le cas du Cameroun », *op.cit.*, p.2.

[145] Statuts du Fonds Monétaire International ont été adoptés à la Conférence monétaire et financière des Nations Unies à Bretton Woods (New Hampshire) le 22 juillet 1944 et entrés en vigueur le 27 décembre 1945. Les modifications approuvées par le Conseil des gouverneurs dans sa résolution n° 23-5 du 31 mai 1968 ont pris effet le 28 juillet 1969. Les modifications approuvées par le Conseil des gouverneurs dans sa résolution n° 31-4 du 30 avril 1976 ont pris effet le 1er avril 1978. Les modifications approuvées par le Conseil des gouverneurs dans sa résolution n° 45-3 du 28 juin 1990 ont pris effet le 11 novembre 1992. Les modifications approuvées par le Conseil des gouverneurs

internationale. Au niveau international, il doit « promouvoir l'expansion et l'accroissement harmonieux du commerce international » et, au niveau national, « contribuer à l'instauration et au maintien de niveaux élevés d'emploi et de revenu réel et au développement des ressources productives de tous les États membres »[146]. Il limite la souveraineté monétaire de ses États membres en leur imposant un code de bonne conduite. Les objectifs impartis au FMI en la matière consistent à « promouvoir la stabilité des changes », « maintenir entre les États membres des dispositions de changes ordonnées » et « éviter les dépréciations de changes inspirées par un esprit de rivalité » ainsi que les restrictions de changes qui entravent le commerce mondial. Pour atteindre ces objectifs, le Fonds monétaire international possède des pouvoirs de surveillance et de pénalisation, ainsi que des incitations sous forme de conditionnalité. Il lie son appui financier à une nation à l'adoption par celle-ci de mesures d'ajustement favorisant, à long terme, l'accomplissement de ces objectifs. Des régimes d'exception sont néanmoins prévus, soit à titre transitoire, soit, notamment, en cas de crise, afin de permettre la suspension ou l'adaptation momentanée de certaines règles.

Le Fonds monétaire International est encore investi d'une mission d'aide conjoncturelle et structurelle des États en

---

dans sa résolution n° 52-4 du 23 septembre 1997 ont pris effet le 10 août 2009. Les modifications approuvées par le Conseil des gouverneurs dans sa résolution n° 63-3 du 5 mai 2008 ont pris effet le 18 février 2011. Les modifications approuvées par le Conseil des gouverneurs dans sa résolution n° 63-2 du 28 avril 2008 ont pris effet le 3 mars 2011. Les modifications approuvées par le Conseil des gouverneurs dans sa résolution n° 66–2 du 15 décembre 2010 ont pris effet le 26 janvier 2016.

[146] Jean-Philippe COLSON, Pascale IDOUX, *Droit public économique*, *op.cit.*, p.573.

difficulté. À titre d'illustration, on peut citer les programmes d'ajustement structurel. L'État du Cameroun a reçu plusieurs accords de confirmation[147]. Ces accords ont permis, entre autres, de rétablir les grands équilibres macroéconomiques et de retrouver le chemin de la croissance. Pour y parvenir, il a fallu passer par la réduction des aides publiques de l'État aux entreprises publiques, la restructuration et/ou les privatisations desdites entreprises publiques. En réalité, le constat est qu'au milieu des années 1980, la quasi-totalité de ces entreprises n'ont pas donné les résultats qu'on attendait d'elles. Elles ont fait face à de nombreuses difficultés tant sur les plans économique, financier, technique et commercial : difficultés de trésorerie, mauvais choix technologiques, surdimensionnement des investissements, non-respect des règles de gestion, absence de contrôle, pléthore des effectifs, marché exigu, corruption, népotisme, etc. Les mauvaises performances de ces entreprises ont eu des conséquences négatives sur l'économie camerounaise. Leurs pertes financières ont impliqué des transferts massifs (subventions, dotations en capital, emprunts) de l'État du Cameroun vers ces entreprises qui ne pouvaient plus assumer les tâches de développement économique et social qui leur étaient dévolues.

Sous l'impulsion du Fonds Monétaire International, le Président de la République du Cameroun prit l'ordonnance n° 90/004 du 22 juin 1990 relative à la privatisation des entreprises publiques et parapubliques. Ce texte juridique définit le concept de privatisation comme étant :

---

[147] L'accord de confirmation (AC) apporte une aide financière à court terme aux pays connaissant des problèmes de balance des paiements. Historiquement, l'accord de confirmation est l'instrument de prêt du FMI le plus utilisé par les pays avancés et les pays émergents. Au fil des années, il a été amélioré pour devenir plus souple et mieux répondre aux besoins des pays.

« *l'opération par laquelle l'État ou un Organisme public ou parapublic se désengage totalement ou partiellement au profit du secteur privé des entreprises, quelles que soient leurs formes juridiques (établissement public, société d'État, société d'économie mixte ou autre), dans lesquelles il détient tout ou partie du capital* »[148]. Cette définition est conforme à la vision libérale du FMI qui a pour objectif principal de réduire le rôle de l'État dans l'économie. Vue des institutions internationales à l'instar du FMI, la privatisation se définit comme la cession totale ou partielle au secteur privé, contre paiement, du contrôle d'actifs appartenant à la collectivité publique[149]. Elle englobe toutes les ventes directes de biens publics à des investisseurs privés par voie d'offre publique ou de placement privé. Elle inclut également la sous-traitance de services publics dans le cadre d'accords de concessions ou de licences d'exploitation.

Selon le FMI, le libre marché est considéré comme un pilier essentiel de la coopération économique internationale, car, le libre-échange favorise la croissance économique et la prospérité. La privatisation cherchait à résoudre un problème ponctuel qui consistait à sortir le pays de son marasme économique en attirant à tout prix les investissements directs étrangers. Les privatisations des entreprises publiques et parapubliques n'étaient pas uniquement l'apanage du Cameroun, elles étaient appliquées à cette même période un peu partout en Afrique,

---

[148] Cf. article 1er de l'ordonnance n° 90/004 du 22 juin 1990 relative à la privatisation des entreprises publiques et parapubliques au Cameroun.

[149] Frank SADER, *La privatisation des entreprises publiques et l'investissement etranger dans les pays en developpement, 1988-93*, Service-conseil pour l'investissement étranger service commun de la Société financière internationale et de la Banque mondiale, décembre 1995, p2.

en Asie, en Europe centrale et en Amérique latine. L'intérêt des investisseurs étrangers pour les programmes de privatisation des pays en développement n'a cessé de se renforcer, surtout parmi les sociétés des États-Unis et d'Europe occidentale. Malgré une légère baisse du total des recettes de privatisation en 1993, le montant de la participation étrangère a continué d'augmenter, atteignant un niveau record de 11 milliards de dollars et une proportion de 44 % du total des recettes de privatisation[150].

Les politiques de privatisation imposées par le FMI n'ont, néanmoins, pas permis à l'État camerounais de garantir sa stabilité économique et sociale. Elles n'ont pas été suffisamment pensées en interne. Pascal NGUIHE KANTE affirme que « *Toutes les décisions en matière économique, administrative et politique reposent presque entièrement sur la volonté et le programme du seul Président de la République. Les autres institutions, tant sur le plan législatif que sur le plan judiciaire, jouent leur rôle de façon totalement imparfaite* »[151]. Les administrations techniques ont été peu associées au plan stratégique.

Cette faible participation des organes techniques à la conception des politiques de privatisation a fait en sorte que le cadre juridique soit mal conçu. En fait, ce cadre ne répond pas aux réalités sociales et économiques du pays, et ce, malgré l'adoption d'une panoplie de textes sur la privatisation des entreprises publiques et parapubliques au Cameroun[152]. Cette situation a eu pour conséquence directe

---

[150] *Idem.*

[151] Pascal NGUIHE KANTE, « Les contraintes de la privatisation des entreprises publiques et parapubliques au Cameroun », *Dans Revue internationale de droit économique* 2002/4 t. XVI, 4, p.609, Éditions Association internationale de droit économique.

[152] Les textes essentiels relatifs au processus de privatisation au Cameroun sont :

de rendre l'environnement des affaires en général et juridique en particulier fort incertain. Cette incertitude s'observe particulièrement au niveau de l'application et du respect des contrats, de la protection par l'État du droit et des biens, et enfin de la garantie d'une stabilité en matière de conditions de déroulement des activités économiques. On a pu constater entre autres une absence de protection des actifs en cas de privatisation-liquidation et une incitation fiscale insuffisante en faveur des entreprises à privatiser. Enfin, le cadre juridique des privatisations est caractérisé par l'absence d'une législation d'exception applicable aux

---

– le Décret n° 86/656 du 3 juin 1986 portant création d'une Mission de réhabilitation du secteur public et parapublic ;
– le Décret n° 89/010 du 4 janvier 1989 portant élargissement de la Mission de réhabilitation des entreprises du secteur public et parapublic ;
– La Loi n° 89/030 du 29 décembre 1989 autorisant le Président de la République à définir par ordonnance un régime de la privatisation des entreprises du secteur public et parapublic ;
– l'Ordonnance n° 90/004 du 22 juin 1990 relative à la privatisation des entreprises publiques et parapubliques et les différents décrets d'application ;
– le Décret n° 90/1423 du 3 octobre 1990 portant privatisation de certaines entreprises du secteur public et parapublic ;
– le Décret n° 94/125 du 14 juillet 1994 portant admission de certaines entreprises du secteur public et parapublic à la procédure de privatisation ;
– le Décret n° 94/138 du 21 juillet 1994 portant création d'un ministère de l'Économie et des Finances, attribution du ministre des Finances et organisation de ses services ;
– le Décret n° 94/139 du 21 juillet 1994 modifiant et complétant certaines dispositions du décret du 26 novembre 1992 portant organisation du gouvernement ;
– le Décret n° 95/056 du 29 mars 1995 portant réorganisation de la Mission de réhabilitation des entreprises du secteur public et parapublic ;
– la Déclaration de Politique générale du Gouvernement relative aux entreprises du secteur public et parapublic

ruptures des contrats de travail résultant des privatisations-liquidations, et une omission des sanctions en cas de violation des dispositions en vigueur quant à la mise en œuvre de ce programme.

En conclusion, ces privatisations ont permis un rétablissement des grands équilibres macroéconomiques, une croissance du PIB et une maîtrise de l'inflation. Cependant, elles ont aussi entraîné une difficulté d'accès à l'éducation, une baisse drastique des salaires, une compression des effectifs dans la fonction publique, une restructuration d'entreprises publiques qui n'a pas toujours été couronnée de succès, et ont exigé des réformes structurelles continues pour améliorer la gouvernance et la lutte contre la pauvreté.

b. Banque mondiale

La Banque mondiale est un ensemble d'institutions qui se sont progressivement adossées à la première d'entre elles, la banque internationale pour la reconstruction et le développement (BIRD), créée par les accords de Bretton Woods en 1944 pour être le deuxième pilier, avec le FMI, du système monétaire et financier international. Trois autres institutions font partie de la Banque mondiale[153]. Il s'agit de la société financière internationale, le Centre International de règlement des différends et l'Agence internationale de garantie des investissements. Cependant, la présente réflexion est focalisée sur le rôle de la Banque internationale pour la reconstruction et le développement.

La Banque internationale pour la reconstruction et le développement, dénommée BIRD, a été créée pour soutenir et promouvoir la reconstruction des pays d'Europe et le

[153] Jean-Philippe COLSON, Pascale IDOUX, *Droit public économique*, *op.cit.*, p.574.

développement des pays membres. Ses objectifs sont de développer les investissements privés à l'étranger au moyen de garanties ou de participations et de promouvoir l'expansion harmonieuse des échanges internationaux à long terme et l'équilibre des balances de paiements, en encourageant les investissements internationaux. Les États reçoivent maintenant un soutien économique plus important, et participent davantage à la création d'infrastructures. De plus, d'autres projets sont orientés plus globalement vers l'ensemble des dimensions du développement durable et de la lutte contre la pauvreté, qui est devenu son objectif essentiel.

La Banque mondiale a joué un rôle majeur dans la relance économique du Cameroun. Elle a influencé l'élaboration et la mise en œuvre de ses stratégies économiques, que ce soit le document de stratégie de réduction de la pauvreté, le Document stratégique pour la croissance et l'emploi, ou encore la Stratégie nationale de développement 2020-2030 du Cameroun, dénommée SND30.

Effectivement, pour aider à lutter contre la pauvreté de sa population, exacerbée par la crise économique des années 1980, le Cameroun a été jugé éligible à l'initiative des Pays Pauvres Très Endettés de la Banque mondiale et du Fonds monétaire international. Il a ensuite accompli toutes les étapes nécessaires pour atteindre le point d'achèvement, qui marque la dernière étape du processus. Il a bénéficié de ce fait d'une remise de dette par ses créanciers bilatéraux et multilatéraux. L'une des conditions déterminantes de ce processus était la rédaction et la mise en œuvre de façon satisfaisante d'un Document de Stratégie de Réduction de la Pauvreté[154]. En 2003, le Cameroun a finalisé son premier DSRP, qui se composait des stratégies sectorielles et ministérielles, déclinaisons des sept axes stratégiques de ce document. Il s'accompagnait du Cadre de Dépenses à Moyen Terme, instrument de programmation sur une base pluriannuelle et cadre de mise en cohérence des politiques et programmes de développement et des crédits budgétaires.

Hélas le DSRP n'a pas atteint ses objectifs dans sa mise en œuvre parce qu'il n'a pas pu relever le niveau de vie des populations en général et particulièrement des peuples indigènes et tribaux[155]. C'est pour corriger les erreurs du DSRP que le Document Stratégique pour la Croissance et l'Emploi a été élaboré par l'État.

Le Document de stratégie pour la croissance et l'emploi du Cameroun (DSCE) a été impulsé par la Banque mondiale juste au lendemain de l'atteinte du point d'achèvement[156] par l'État du Cameroun. Le DSCE a porté sur la période de 2009 à 2019 et s'est inscrit dans le plan à plus long terme du Gouvernement du Cameroun intitulé Vision 2035.

---

[154] Belmond TCHOUMBA, *DSRP au Cameroun : États des lieux et portes d'entrée pour la prise en compte des préoccupations des Peuples indigènes et tribaux*, Rapport final, Bureau international du Travail, 2008, p.8.

[155] *Idem.*

[156] L'atteinte du point d'achèvement fait référence à la fin d'un processus dans le cadre de l'Initiative en faveur des Pays Pauvres Très Endettés (PPTE). Ce point est atteint lorsqu'un pays répond à des conditions strictes, notamment en mettant en œuvre de manière satisfaisante des politiques économiques et des réformes structurelles pendant une période donnée. Cela lui permet ensuite de bénéficier de l'allègement total de sa dette extérieure promise par les institutions financières internationales, comme le FMI, la Banque mondiale et la Banque africaine de développement.

Grâce à un appui multiforme du groupe de la Banque mondiale, l'État du Cameroun a poursuivi la réalisation des Objectifs du Millénaire pour le Développement (OMD) dans leur ensemble. Et c'est dans le cadre de la réalisation des OMD que le Cameroun a adopté et mis en œuvre le Document stratégique pour la Croissance et l'Emploi (DSCE). Au début des années 2000, les États membres de l'ONU se sont fixé huit objectifs de développement : éliminer l'extrême pauvreté et la faim ; assurer l'éducation primaire pour tous ; promouvoir l'égalité des sexes et l'autonomisation des femmes ; réduire la mortalité infantile ; améliorer la santé maternelle ; combattre le VIH/sida, le paludisme et d'autres maladies ; préserver l'environnement et mettre en place un partenariat mondial pour le développement.

Pour atteindre ces objectifs ambitieux, l'État du Cameroun a mis en place une politique stratégique de relance de sa croissance dans le cadre du DSCE. Ce document a été élaboré dans un contexte caractérisé par le renchérissement du coût de la vie au niveau national, par la crise financière internationale, par la crise alimentaire et la crise énergétique au niveau mondial. Il est l'expression empirique d'un cadre intégré de développement humain durable à moyen terme pour le Cameroun et propose un cheminement progressif du pays vers les OMD et la Vision 2035. Son élaboration a nécessité la réalisation de nombreux travaux d'envergure, notamment : la formulation d'une vision de développement économique à l'horizon 2035, la revue des stratégies sectorielles, les consultations participatives, la revue des enquêtes et études statistiques pour la période 2001 à 2008, la réalisation avec l'appui de certains partenaires de la troisième enquête camerounaise auprès des ménages (ECAM III), le reporting et le costing des OMD, le cadrage macroéconomique et budgétaire qui a permis de préparer un cadre budgétaire à moyen terme en cohérence avec les estimations de croissance à l'horizon de la stratégie[157].

On peut mettre à l'actif du Document Stratégique de la Croissance et l'Emploi plusieurs réformes dans la gouvernance de l'État. Des avancées majeures ont été enregistrées au plan institutionnel. En effet, le Sénat, chambre haute du parlement, a été mis en place et est pleinement fonctionnel. Il en est de même du Conseil constitutionnel. En outre, plusieurs textes ont été promulgués, notamment la loi n° 2016/007 du 12 juillet 2016 portant Code pénal, et la loi n° 2019/024 du 24 décembre 2019 portant code général des collectivités territoriales décentralisées. En matière de gouvernance locale, les premières compétences ont été transférées aux communes par l'État central en 2010. Conformément au principe de progressivité, en 2018, 63 compétences ont été transférées par 21 ministères. En ce qui concerne les atteintes à la fortune publique, le dispositif a été renforcé avec la création du Tribunal Criminel Spécial (TCS) par la loi N° 2011/028 du 14 décembre 2011, qui est opérationnel depuis 2012[158].

Dans le domaine des finances publiques, il est possible de citer aussi quelques évolutions majeures. Parmi celles-ci, on peut citer : l'introduction de la budgétisation par programme ; la mise sur pied d'un cadre juridique et institutionnel visant à améliorer la qualité de la dépense et

---

157 Cameroun, *Document Stratégique pour la Croissance et l'Emploi (DSCE)*, ministère de l'Économie, de la Planification et de l'Aménagement du Territoire, p.8, disponible à l'adresse : https://minepat.gov.cm/wp-content/uploads/2022/01/DSCE-Version-finale.pdf, (consulté le 11.10.2025).
158 République du Cameroun, *Stratégie nationale de développement 2020-2030 : pour la participation structurelle et le développement inclusif*, ©ministère de l'Économie, de la Planification et de l'Aménagement du Territoire, 1re édition, 2020, pp. 2-3.

à renforcer le contrôle de la gestion des deniers publics, à travers la promulgation des lois relatives au code de transparence et de bonne gouvernance dans la gestion des finances publiques au Cameroun et au régime financier de l'État et des autres entités publiques. Ainsi, un Débat d'Orientation Budgétaire (DOB) a été introduit dans le processus de préparation du budget de l'État à travers la signature du décret N° 2019/281 du 31 mai 2019 fixant le calendrier budgétaire. On relève aussi l'amélioration de l'accessibilité aux informations sur les procédures administratives individuelles et l'assainissement du fichier du personnel de l'État.

Malheureusement, le DSCE a eu des résultats mitigés. Son élaboration et sa mise en œuvre ont été marquées par une hypercentralisation. Les projets de grande envergure ont été directement pilotés par les institutions centrales (Présidence de la République, Premier ministère, comités interministériels, comités de pilotage, organismes ad hoc, ministères clés, etc.) sans une réelle participation des administrations sectorielles, du secteur privé, de la société civile ou encore des populations à la base. Cette faible inclusion a laissé transparaitre des faiblesses dans la conception de certains projets ou dans la réalisation d'autres. Bref, l'on constate qu'il y a un impact mitigé des réalisations des grands projets structurants du DSCE sur l'amélioration des conditions de vie des populations. On peut encore parler de l'évaluation de la stratégie de l'emploi contenu dans le DSCE. Le Gouvernement comptait réduire la portion du secteur informel dans l'activité économique nationale et générer, dans le secteur formel, des dizaines de milliers d'emplois par an. Mais le déploiement de tous ces efforts n'aura pas permis d'enregistrer une amélioration globale de la situation de l'emploi. Le taux de sous-emploi s'est plutôt aggravé, passant de 75,8 % en 2005 à 77 % en 2014. De plus, la part des emplois créés par le secteur privé formel est en baisse, elle est passée de 4,8 % en 2005 à 3,8 % en 2010. En outre, s'agissant de la pauvreté, on note une légère baisse du taux de pauvreté qui a reculé de 2,4 points en se situant à 37,5 % en 2014 contre 39,9 % en 2007. Toutefois, cette performance est en deçà des attentes du DSCE, qui prévoyait un taux de pauvreté de 28,7 % en 2020. La mise en œuvre du DSCE a été mise à l'épreuve par les problèmes liés à la mauvaise gouvernance, la corruption, et le népotisme[159]. Ces difficultés peuvent entraver la contribution au succès de la politique d'émergence du Cameroun à l'horizon 2035.

Après les résultats mitigés du DSCE, l'État a élaboré la Stratégie nationale de Développement 2020-2030 (SND30), un nouveau cadre de référence pour son action de développement au cours de la prochaine décennie. L'élaboration de cette stratégie a été influencée par la banque mondiale à travers son rapport sur l'impact économique du Covid-19 sur l'économie camerounaise. Elle constitue, le nouveau cadre de référence pour la période 2020-2030. Le contexte de son élaboration est marqué, par la mise en œuvre d'un programme économique et financier avec le FMI au titre de la Facilité élargie de Crédit (FEC), consécutivement à la fluctuation défavorable des cours des matières premières, dont le pétrole. Le pays est aussi marqué par la crise sécuritaire dans les régions du Nord-Ouest et du Sud-Ouest à la suite de problèmes socio-politiques, d'une part, et dans la région de l'Extrême-Nord, victime des exactions de la secte terroriste Boko-Haram.[160].

---

159 Steve TAMETONG, « La lutte contre la corruption et actes apparentés dans la snd30 au Cameroun », ©*Nkafu Policy Institute*, Yaoundé-Cameroun, Octobre 2022, pp.1-4.

160 République du Cameroun, *Stratégie nationale de développement 2020-2030 : pour la participation structurelle et le*

Le Gouvernement a tenu compte des erreurs observées dans l'élaboration et la mise en œuvre du DSCE lors de la conception de la SND 30. Aussi, la méthodologie de la nouvelle stratégie a permis d'inclure cette fois-ci une forte participation des administrations sectorielles, le secteur privé, les universitaires, les chercheurs, les populations à la base, les partenaires techniques et financiers, etc.

Pour maintenir le cap d'émergence à l'horizon 2035, la SND30 ambitionne de procéder à la transformation structurelle de l'économie en opérant des changements fondamentaux dans les structures économiques et sociales afin de favoriser un développement endogène, inclusif tout en préservant les chances des générations futures. Le cap étant de faire du pays, un Nouveau Pays Industrialisé. À cet effet, les efforts seront articulés autour de la stratégie d'industrialisation, qui constitue donc le centre d'intérêt de la présente stratégie nationale. Les objectifs globaux poursuivis par la SND30 sont : (i) mettre en place les conditions favorables à la croissance économique et l'accumulation de la richesse nationale et veiller à obtenir les modifications structurelles indispensables pour l'industrialisation du pays ; (ii) améliorer les conditions de vie des populations et leur accès aux services sociaux de base en assurant une réduction significative de la pauvreté et du sous-emploi ; (iii) renforcer les mesures d'adaptation et d'atténuation des effets des changements climatiques et la gestion environnementale pour garantir une croissance économique et un développement social durable et inclusif ; et (iv) améliorer la gouvernance pour renforcer la performance de l'action publique en vue de l'atteinte des objectifs de développement. Aussi, l'action publique camerounaise reposera sur quatre piliers, à savoir

---

développement inclusif, ©ministère de l'Économie, de la Planification et de l'Aménagement du Territoire, 1re édition, 2020, p. 1.

la gouvernance, décentralisation et gestion stratégique de l'État. Le Cameroun compte sur ces quatre piliers pour accéder au rang des pays émergents en 2035.

c. Organisation mondiale du Commerce (OMC)

L'organisation mondiale du commerce a vu le jour en 1995 (voir supra). Elle a vocation à promouvoir les échanges commerciaux internationaux. Néanmoins, son domaine d'activité a progressivement élargi. Il s'étend désormais non seulement au commerce des marchandises sur la base de l'Accord général sur les tarifs douaniers et le commerce-le GATT), mais aussi à celui des services (sur la base de l'Accord général sur le commerce des services – l'AGCS) et aux questions de propriété intellectuelle (sur la base de l'Accord sur les aspects des droits de propriété intellectuelle qui touchent au commerce-ADPIC)[161].

Au plan légal, ayant constaté que le système GATT était devenu totalement obsolète et inadapté, les États ont lancé le cycle de l'Uruguay Round en septembre 1986. Les 13 et 14 avril 1994, à Marrakech, les 124 États parties contractantes et la CEE signent la Charte de Marrakech qui va consigner l'ensemble des résultats des négociations. C'est un ensemble de textes, très dense, très complexe. Les règles seront dès lors plus précises, plus nombreuses, plus contraignantes que celles du GATT de 1947[162]. Le 1er texte et ses annexes forment l'intégralité du tout premier accord : la création de l'OMC. Les annexes sont des traités, ce sont des textes tout aussi obligatoires. Elles ont donc, toutes, la même valeur juridique. Les déclarations ne sont en

---

161 Jean-Philippe COLSON, Pascale IDOUX, *Droit public économique*, *op.cit.*, p.576.

162 Jean Didier BOUKONGOU, *Cours de droit international économique*, Faculté de Sciences juridiques et politiques de l'Université Catholique d'Afrique Centrale, année académique 2023-2024, Yaoundé, p.41.

revanche pas contraignantes. Il y a une différence marquée entre les Accords — les dispositions de type institutionnelles — et les dispositions de fond sur les règles et principes régissant le commerce.

Le reste de l'Accord 1 concerne les échanges et établit des règles concrètes. L'Annexe 4 regroupe quatre accords ou traités. Deux d'entre eux ne sont plus en vigueur depuis 1998. Ce qui distingue ces traités de l'Annexe 4, c'est qu'ils sont plurilatéraux et non multilatéraux. On a là les deux seuls traités optionnels. Ils ne rassemblent pas tous les membres de l'OMC, n'y adhèrent que les États qui les acceptent. L'Annexe 1 est le cœur des règles matérielles concernant le commerce des marchandises (secteur traditionnel), le commerce des services, et les droits de propriété intellectuels (les deux volets nouveaux). Dans l'annexe traditionnelle 1A, le traité de base continue à être le GATT, mais révisé en 1994, “ le GATT de 1994 ”. Il est complété par des mémorandums qui développent le régime juridique d'une clause, d'une disposition du GATT de 1994. Ainsi, pour les dispositions stratégiques, on a défini plus précisément le régime juridique, le rendant dès lors plus contraignant.

Ces textes sont soumis à un principe : la force contraignante pour chaque membre (Article 2 § 2 de l'Accord créant l'OMC). Cet article a introduit une révolution par rapport à toute la pratique antérieure.

Tous les accords multilatéraux font partie intégrante de l'accord créant l'OMC (Accord n° 1) et ils sont contraignants pour tous les membres. C'est le principe du single undertaking, de l'engagement unique, ou principe “ du paquet ”. Cet accord met fin à la pratique du pick and choose, il met fin à la possibilité pour les membres de n'adhérer qu'aux accords conformes aux intérêts de l'État en écartant les textes qui ne le seraient pas. On prend tout lorsqu'on est membre de l'OMC.

Au plan institutionnel, l'OMC constitue une véritable organisation mondiale dotée de la personnalité juridique propre et d'une véritable structure institutionnelle, contrairement au GATT auquel elle succède. Comme la plupart des organisations internationales, elle est animée par une conférence ministérielle non permanente, qui rassemble deux fois par an les représentants de ses États membres, sur la base du principe d'égalité des États, ainsi que des entités non étatiques membres de l'OMC – par exemple l'Union européenne. L'OMC comporte également trois organes permanents, dont les membres sont parfois communs en vertu de la pratique du dédoublement fonctionnel : le conseil général, organe également interétatique, mais permanent, ainsi que deux organes « techniques » : l'organe d'examen des pratiques commerciales, et l'organe de règlement de différends.

L'État camerounais est un partenaire de longue date avec l'organisation mondiale du commerce, puisqu'il est membre de cette organisation depuis le 13 décembre 1995 et Membre du GATT depuis le 3 mai 1963. Le Cameroun a ouvert son économie au marché en choisissant la voie du multilatéralisme économique telle que prônée par l'OMC. Cette organisation a influencé la politique de régulation économique camerounaise en améliorant, par exemple, sa gouvernance économique.

En effet, grâce à l'influence de l'OMC, l'engagement des autorités camerounaises en matière d'amélioration de la gouvernance économique s'est renforcé dans le champ de la réglementation des investissements[163]. Si, dès 1984, le Code des investissements a été modifié afin de prendre en considération les besoins spécifiques de l'artisanat et des

---

[163] Conférence des Nations unies sur le Commerce et le Développement (CENUCED), *La Concurrence dans l'économie du Cameroun*, Nations unies, New York et Genève, 2014, p.15.

PME[164], cette logique d'adaptation prendra un tournant décisif en 2002 avec la promulgation de la loi portant Charte des investissements (loi n° 2002-004 du 19 avril 2002) qui connaîtra des aménagements deux ans plus tard (loi no 2004-20 du 22 juillet 2004). En particulier, l'article 2 du titre préliminaire de cette loi[165] réaffirme le « choix de l'économie de marché comme mode d'organisation économique privilégié » et « la préoccupation à établir un cadre institutionnel et réglementaire approprié, garantissant la sécurité des investissements, l'appui aux investisseurs et le règlement équitable et rapide des différends sur les investissements et les activités commerciales et industrielles ». Le Cameroun a conforté la mise en place des institutions de marché par la définition et l'entrée en fonction d'institutions de « contrôle » du marché, à savoir les autorités administratives indépendantes (AAI). Ces autorités exercent une fonction de réglementation afin de pallier les échecs de marché dans la fourniture de signaux efficaces aux agents économiques. Le législateur camerounais a mis en place une nouvelle législation sur la concurrence, consacrée par la loi no 98/013 du 14 juillet 1998 qui établit une Commission nationale de la concurrence, et créé plusieurs agences de régulation depuis l'engagement de l'économie camerounaise dans la voie de la libéralisation. On peut citer, sans être exhaustif, la création des agences de régulation dans de nombreux secteurs de l'économie : télécommunications, électricité, marchés financiers,

---

[164] Bernadette DIA KAMGNIA et Mama TOUNA, « Le comportement d'investissement privé au Cameroun : un resserrement de la contrainte financière ? », *Les cahiers du SISERA [Secrétariat d'appui institutionnel à la recherche en économie en Afrique]*, 2002/1, p. 7

[165] www.droit-afrique.com/images/textes/Cameroun/Cameroun - Chartedesinvestissements.pdf

technologies de l'information et de la communication, port, et marchés publics.

B. Institutions communautaires

Les institutions communautaires en Afrique centrale incluent la Communauté Économique des États de l'Afrique Centrale (CEEAC) et la Communauté Économique et monétaire de l'Afrique Centrale (CEMAC).

1. Communauté économique des États de l'Afrique centrale (CEEAC)

Avant d'analyser le fonctionnement de la CEEAC, il est important de connaître son histoire, ses objectifs et ses priorités (a). Ensuite, on peut étudier comment elle régule l'économie de ses États membres (b).

a. Historique, objectifs et priorités de la CEEAC

La CEEAC tire en réalité son origine du Plan d'Action de Lagos (PAL) adopté en avril 1980 par l'Organisation de l'unité africaine (OUA). Celui-ci s'inspire du travail d'économistes et d'experts africains qui vise « l'autosuffisance nationale et collective dans le domaine économique et social, en vue de l'instauration d'un nouvel ordre économique international »[166]. À la fin des années 1970, après l'enthousiasme des débuts, le bilan économique de la première décennie d'indépendance paraît médiocre : forte inflation, déficits budgétaires et commerciaux, faible croissance. Les dirigeants politiques et les universitaires conviennent du « sous-développement » du continent et s'inquiètent de sa capacité à suivre le rythme d'une

[166] Monde diplomatique, « Plan de Lagos », Juin-juillet 2015, disponible à l'adresse : https://www.monde-diplomatique.fr/mav/141/ROBERT/53043, (consulté le 18.10.2025).

mondialisation qui s'accélère. C'est également à cette période que s'accentue la crise de la dette.

Alors que Washington et Londres sonnent la charge libre-échangiste, entraînant avec eux les institutions financières internationales, le Plan d'action de Lagos fait le choix d'une stratégie volontariste, basée sur le renforcement des économies locales, la souveraineté sur les ressources naturelles, l'autosuffisance alimentaire, l'essor de l'industrie et, surtout, la mobilisation des populations. La solution sera alors la construction d'une intégration économique d'envergure continentale et de forme communautaire[167]. Parmi les mesures principales, la mise en œuvre d'une stratégie continentale en matière de transports et de communications et l'intensification des échanges commerciaux et financiers interafricains. Le PAL prévoit d'encourager le développement des nouvelles technologies et la formation. Dans la tradition des politiques menées depuis les indépendances, la puissance publique joue un rôle clé, mais cette fois dans le cadre d'un plan d'action continental basé sur des coopérations régionales. À partir du PAL, cinq communautés économiques régionales voient le jour, à savoir : la Communauté d'Afrique de l'Est (CAE), le Marché commun de l'Afrique orientale et australe (COMESA), la Communauté des États sahélo-Sahariens (CEN-SAD), la Communauté économique des États de l'Afrique de l'Ouest (CEDEAO) et la Communauté économique des États de l'Afrique centrale (CEEAC).

C'est à l'occasion d'un sommet en décembre 1981 que les dirigeants de l'UDEAC (Union douanière et économique de l'Afrique centrale) se sont accordés sur le principe pour

---

[167] Maurice KAMTO, « La Communauté économique des États de l'Afrique centrale, une Communauté de plus ? », *In: Annuaire français de droit international*, volume 33, 1987. p. 843.

former une communauté économique plus large des États d'Afrique centrale. Le Traité constitutif de la Communauté économique des États de l'Afrique centrale (CEEAC) a été signé à Libreville, le 18 octobre 1983 par les membres de l'UDEAC, Sao Tomé et Principe et les membres de la Communauté économique des Pays des Grands Lacs (CEPGL créé en 1976 par la République démocratique du Congo, le Burundi et le Rwanda). Aujourd'hui, les pays membres sont : Angola, Burundi, Cameroun, République du Congo, République démocratique du Congo, Gabon, Guinée équatoriale, Tchad, Sao Tomé-et-Principe.

Le Traité constitutif instituant la CEEAC est signé en octobre 1983 à Libreville. Il entre en vigueur en 1984 et a pour mission de favoriser le dialogue politique dans la région, de créer un marché commun régional, d'établir des politiques sectorielles communes, de promouvoir et de renforcer une coopération harmonieuse et un développement équilibré et autoentretenu dans les domaines de l'industrie, des transports et des communications, de l'énergie, de l'agriculture, des ressources naturelles, du commerce, des douanes, des questions monétaires et financières, des ressources humaines, du tourisme, de l'enseignement, de la culture, de la science et de la technologie, ainsi que du mouvement des personnes, afin de réaliser l'autonomie collective et d'élever le niveau de vie des populations.

Comme toutes les intégrations régionales, l'objectif des États membres était de mettre en place un processus consistant à surmonter, d'un commun accord, les obstacles politiques, physiques, économiques et sociaux qui séparent les pays de leurs voisins, et à collaborer à la gestion de ressources partagées et de biens communs régionaux. L'article 4 al.1 du Traité de 1983 dispose d'ailleurs que : « *Le but de la Communauté est de promouvoir et de renforcer une coopération harmonieuse et un développement équilibré et auto-entretenu dans tous les domaines de l'activité économique et sociale en particulier dans les domaines de l'industrie, des transports et communications, de l'énergie, de l'agriculture, des ressources naturelles, du commerce, des douanes, des questions monétaires et financières, des ressources humaines, du tourisme, de l'enseignement, du perfectionnement, de la culture, de la science et de la technologie et du mouvement des personnes en vue de réaliser l'autonomie collective, d'élever le niveau de vie des populations, d'accroître et de maintenir la stabilité économique, de renforcer les étroites relations pacifiques entre ses États membres et de contribuer au progrès et au développement du continent africain* ». Il s'agit alors d'une convergence politique, économique et sociale d'un ensemble de pays, conscients des limites des politiques nationales et désirant optimiser leurs chances de développement. L'intégration régionale, dans cette perspective, a pour but de libéraliser les échanges des biens et des facteurs de production, grâce à la mise en place d'une union des marchés nationaux. Autrement dit, c'est un processus qui entraîne la réduction des « distorsions de politiques nationales et déplace les frontières locales en se rapprochant du marché international ». Cette conception « s'articule autour de la dimension commerciale de l'intégration ».

À l'orée des années 1990, la Communauté économique des États de l'Afrique centrale (CEEAC) est fragilisée par une conjonction de crises. L'après-Guerre froide, synonyme de retrait des puissances tutélaires et de réajustements géopolitiques, déstabilise la région. Cette période de transition s'accompagne de troubles sociaux et politiques profonds, d'une déliquescence des institutions étatiques et d'une inquiétante prolifération des armes légères. Ces facteurs cumulés plongent la CEEAC dans une spirale d'insécurité et d'instabilité régionale croissante. On peut citer par exemple le génocide rwandais de 1994, l'effondrement du Zaïre en 1997, les deux guerres du Congo, le très long conflit angolais, la permanence de la violence qui accompagne les luttes politiques au Burundi, en République centrafricaine et au Tchad[168]. Ces crises majeures ont démontré à suffisance que la CEEAC est une entité politique dans laquelle l'insécurité est un problème majeur. Dans cette zone en effet, la guerre est devenue l'élément structurant de tous les autres aspects de la vie sociale. Elle a fini par y transformer tout effort de développement en mythe de Sisyphe. L'assertion du principe selon lequel la sécurité est un préalable au développement est au sein de cet ensemble géographique à vocation géopolitique, une réalité plus que partout ailleurs.

Pour faire face à ce grand défi, les États membres de la CEEAC ont ajouté les questions de paix et de sécurité dans leurs objectifs communautaires, d'où la naissance du Conseil de Paix et de Sécurité de l'Afrique centrale (COPAX). Cette entité créée par décision N°. 001/Y/Fev du 25 février 1999, prise à Yaoundé, par les Chefs d'État et de Gouvernement d'Afrique Centrale est l'organe de concertation politique et militaire des États membres de la CEEAC, en matière de promotion, de maintien et de consolidation de la paix et de la sécurité[169]. L'objectif général de cet organe est de garantir la stabilité politique et sécuritaire dans la région à travers la mise en œuvre d'un ensemble de politiques communes. Au nombre de celles-ci, on trouve celle relative à la diplomatie préventive. Cette dernière vise à définir des normes communautaires et des actions de bons offices, de

---

[168] Friedrich Ebert Stiftung, *Paix et sécurité dans la CEEAC*, Presses Universitaires d'Afrique, Yaoundé 2007, p.8.
[169] Lire article 2 du Protocole relatif au conseil de Paix et de Sécurité de l'Afrique centrale (COPAX) du 24 février 2000 à Malabo en Guinée Équatoriale.

médiation et de négociation en vue de la promotion d'un climat de bon voisinage entre les États membres de la Communauté et de prévenir, y compris à l'intérieur des États membres, la transformation de simples différends politiques en crises ou en conflits violents et majeurs[170].

La résolution de ces questions de paix et de sécurité a été au cœur de la CEEAC pendant plus d'une décennie. Elle a plus ou moins détourné l'organisation de son objectif initial, soit l'harmonisation des politiques économiques, la création d'un marché de libre-échange et la création d'un marché commun. Pour autant, la CEEAC reviendra à l'orthodoxie, c'est-à-dire, aux objectifs de départ qui étaient à l'origine de sa création avec son Traité du 18 décembre 2019, entré en vigueur le 28 août 2020. Elle le fait cette fois-ci en intégrant la paix et la sécurité comme volet, mais en mettant en avant les questions d'intégration régionale. Son but est de parvenir à une démocratie économique à travers des processus d'intégration ambitieux[171]. Le traité établit ses objectifs et ses buts dans l'article 2, qui visent « *à promouvoir la coopération et le renforcement de l'intégration régionale en Afrique Centrale dans tous les domaines de l'activité politique, sécuritaire, économique, monétaire, financière, sociale, culturelle, scientifique et*

[170] Commission de la CEAC, *Allocution de son excellence Monsieur l'Ambassadeur GILBERTO DA PIEDADE VERISSIMO Président de la Commission de la CEEAC a l'ouverture de la réunion des chefs des agences des nations unies dans les États d'Afrique Centrale*, pp.4-5, disponible à l'adresse : https://unoca.unmissions.org/sites/default/files/discours_ceeac_-_reunion_des_nations_unies_kintele_1-2_fev_2022_bzv_congo.pdf, (consulté le 18.10.2025).

[171] Ahmat Soumain BEN BARBONSOU, « Processus de fusion CEMAC-CEEAC : bilan à mi-parcours, enjeux et défis de la réforme pour une meilleure intégration sous régionale en Afrique Centrale », *Thinking Africa*, Notre de recherche n° 115, septembre 202, pp.4-5.

technique en vue de réaliser l'autonomie collective, d'élever le niveau de vie des populations, d'accroître et de maintenir la stabilité économique, de renforcer et de préserver les étroites relations pacifiques entre ses États membres et de contribuer au progrès et au développement du continent africain ». Parmi les quinze (15) objectifs spécifiques du Traité, au moins neuf (9) visent l'établissement d'une union économique[172].

b. Régulation économique au sein de la CEEAC

La CEEAC régule l'économie des États membres sur une double dimension, à savoir le cadre juridique (i), le cadre institutionnel (ii).

i) Cadre juridique

Le cadre légal et réglementaire est composé de sources primaires et de sources dérivées. En droit communautaire, les actes ne se conçoivent pas comme les attributs de pouvoirs étanches qui s'équilibrent. Ce sont les instruments d'un projet d'intégration juridique, au service d'une union économique et politique. Il convient donc de se les représenter comme les éléments d'un système unique et dynamique, produit et encadré par les objectifs inscrits dans le traité. Suivant cette conception, les institutions communautaires sont elles-mêmes des organes de mission. Elles ont la responsabilité de poser toutes les règles générales et particulières nécessaires à la mise en œuvre du traité, dont le caractère « constitutionnel » a été établi par la Cour de justice[173].

---

[172] Propos recueillis au cours de l'entretien avec le Dr Jacob KOTCHO BONGKWAHA, Directeur du Marché commun à la CEEAC, le 18.10.2025.

[173] CJCE, 23 avr. 1986, Les Verts c/ Parlement, aff. 294/83, point 23, Rec. p. 1365.

Les sources primaires du droit communautaire, c'est-à-dire les plus élevées dans la hiérarchie, sont constituées du Traité révisé de 2019, qui sert de constitution à l'organisation, et par une série de protocoles additionnels. Ce traité et les protocoles constituent le fondement juridique de la CEEAC, définissant les compétences et les pouvoirs des institutions. Ces instruments juridiques établissent les objectifs de la Communauté, ses organes de décision (comme la Conférence des Chefs d'État, le Conseil des Ministres et la Cour de Justice) et la personnalité juridique de l'organisation pour agir dans divers domaines. En tant qu'un droit résultant des accords entre les États membres, les sources primaires constituent le fondement d'une Communauté de droit et fixent la vision globale de l'intégration régionale.

Les sources dérivées sont, quant à elles, composées des décisions, règlements et directives.

Décisions

Selon l'article 14 du Traité révisé de la CEEAC, les actes de la Conférence sont nommés « décisions ». Sauf dispositions contraires du présent traité ou d'un protocole, les décisions de la Conférence sont prises selon les matières, à l'unanimité, par consensus, à la majorité des deux tiers des États membres. Les décisions de la Conférence ont force obligatoire à l'égard des États Membres, des organes et institutions de la Communauté.

Pour ce qui concerne, la publication des décisions de la Conférence, l'article 5 al.2 du Traité révisé dispose que : « Chaque État membre s'engage à prendre toutes les dispositions conformément à ses procédures constitutionnelles pour assurer la promulgation et la diffusion des textes législatifs et réglementaires nécessaires à l'application des dispositions du présent Traité ».

Autrement dit, les décisions prises par la Conférence des Chefs d'État de la CEEAC ont une force obligatoire pour les États membres et les institutions de la Communauté, à l'exception de la Cour de Justice[174].

Règlements

Le règlement, par définition, est un acte juridique communautaire. En raison de ses caractéristiques, c'est l'instrument privilégié de l'intégration au sein de la CEEAC. Principale source du droit dérivé, il a comme auteur le Conseil des ministres de la CEEAC sur proposition de la Commission. Le règlement, qui correspond à la loi ou au règlement général dans l'ordre interne, s'applique à « des situations déterminées objectivement et comporte des effets juridiques à l'égard de catégories de personnes envisagées de manière générale et abstraite ». Il constitue un acte de « portée générale, il est obligatoire dans tous ses éléments et directement applicable dans tout État membre ». L'article 18 al.2 du Traité de la CEEAC stipule d'ailleurs que « *Les règlements ont force obligatoire à l'égard des États membres et des institutions auxquelles ils s'adressent tant pour l'objectif à atteindre que pour les modalités à mettre en œuvre à cette fin. Ils sont exécutoires de plein droit dans les États membres trente jours après la date de leur publication par la Commission au journal officiel de la Communauté* ».

Directives

Selon l'article 18 al.3 du Traité révisé de la CEEAC, les directives ont « force obligatoire à l'égard des États membres en ce qui concerne l'objectif à atteindre, mais non

---

[174] Propos recueillis au cours de l'entretien avec le Dr Jacob KOTCHO BONGKWAHA, Directeur du Marché commun à la CEEAC, le 18.10.2025.

en ce qui concerne les modalités pour y parvenir. Chaque directive précise le délai de transposition en droit interne et d'adoption des mesures de mise en œuvre des États ». Si les directives ne sont pas directement applicables dans les ordres juridiques nationaux, les États membres de la CEEAC ne pourraient refuser l'application de celles-ci d'une quelconque manière dans la mesure où elles sont adoptées de manière consensuelle. En effet, en donnant leur approbation de manière consensuelle en amont, il serait rédhibitoire pour les États de refuser de les appliquer en aval. Voilà pourquoi, le législateur de la CEEAC prévoit pour chaque directive un délai de transposition en droit interne, car, une fois le délai de transposition expiré, un particulier peut s'en prévaloir devant un juge national si ses dispositions sont claires et précises et si l'État n'a pas transposé la directive. On pourrait définir les directives comme des cadres d'harmonisation (des structures ou des ensembles de règles et de procédures établis pour coordonner et rendre compatibles différentes normes, politiques ou pratiques). Elles servent à établir une convergence des politiques des États membres.

ii) Cadre institutionnel

Le cadre institutionnel de la Communauté économique des États de l'Afrique centrale est similaire à celui des autres communautés africaines. Généralement, elles ont des structures de base qui sont similaires dans leur composition. Par exemple, la plupart comprennent un organe suprême décisionnel (souvent la « Conférence des Chefs d'État et de gouvernement »). Des institutions juridictionnelles sont généralement mises en place pour trancher les différends et interpréter le droit communautaire. Doudou THIAM observait qu'en règle générale, « les structures des organisations africaines sont du même type que les structures des autres organisations régionales existant dans d'autres continents »[175]. Il s'agit donc d'une sorte de mimétisme institutionnel nonobstant quelques spécificités liées aux mandats qui varient considérablement selon les régions et les objectifs de chaque communauté.

La CEEAC est composée des divers organes et institutions.

Organes de la CEEAC

Elle est composée de la Conférence des Chefs d'États et de Gouvernement, du Conseil des ministres, des comités techniques spécialisés, du Comité des représentants permanents ainsi que du Comité inter-États des experts.

Conférence des Chefs d'États et de Gouvernement

La Conférence des Chefs d'État et de Gouvernement, organe suprême de la communauté, se compose des chefs d'État et de Gouvernement des États membres de la communauté. Elle définit la politique générale et les grandes orientations de la Communauté, oriente et harmonise les politiques socio-économiques des États membres. À ce titre, elle est chargée d'assurer la direction et le contrôle général de la Communauté et de prendre toutes mesures nécessaires en vue du développement de celle-ci et de la réalisation de ses objectifs[176]. Elle dispose d'un mécanisme de Paix et de Sécurité dénommé COPAX.

La Conférence se réunit une fois par an en session ordinaire. Elle peut être convoquée en session extraordinaire à l'initiative du Président de la Conférence ou à la demande d'un État membre sous réserve de l'approbation des deux tiers de ses membres.

---

[175] Doudou THIAM, « Le fédéralisme africain », *R.CA.D.I.* 1969, I, pp. 317-398 ; p. 353.
[176] Article 12 al.3 du Traité révisé de la CEEAC de 2019.

Conseil des ministres

Le conseil des ministres de la Communauté se compose des ministres chargés des questions de développement économique ou de tout autre ministre désigné à cette fin par chaque État membre. Dans la pratique, il s'agit généralement des ministres des Finances et de l'Économie des États membres. Le Conseil des ministres est chargé de formuler des recommandations à l'intention de la Conférence sur toute action tendant à la réalisation des objectifs de la Communauté dans le cadre de la politique générale et des grandes orientations définies et arrêtées par la Conférence. Autrement dit, il est chargé de veiller au bon fonctionnement et au développement de la Communauté. À cet effet, il a deux grandes prérogatives, à savoir le rôle de conseil ou d'assistant à la Conférence des Chefs d'État et de Gouvernement et un pouvoir réglementaire.

Premièrement, en tant que Conseil, le Conseil des ministres peut examiner, sur proposition de la Commission de la CEEAC, les questions à soumettre à la Conférence des Chefs d'État et de Gouvernement ; formuler des recommandations à l'intention de la Conférence sur toute action tendant à la réalisation des objectifs de la Communauté dans le cadre de la politique générale et des grandes orientations définies et arrêtées par la Conférence ; orienter les activités des autres institutions de la CEEAC[177].

Secondement, le Conseil des ministres dispose d'un pouvoir réglementaire, car il nomme l'agent comptable central, l'auditeur interne et les contrôleurs financiers des organes et institutions de la Communauté.

Le Conseil se réunit deux fois par an en session ordinaire. L'une des sessions doit précéder la session ordinaire de la Conférence. Toutefois, il peut se réunir en

---

[177] Cf. article 16 du Traité révisé de la CEEAC de 2019.

session extraordinaire à l'initiative de son Président ou à la demande d'un État membre, sous réserve de l'approbation des deux tiers de ses membres. La présidence du Conseil est assurée par le ministre de l'État, dont le Chef d'État préside la Conférence. Il exerce toutes attributions que lui reconnait le Traité révisé de la CEEAC ou toute compétence que la Conférence des Chefs d'État et de Gouvernement pourra lui déléguer. Ainsi, le pouvoir réglementaire dont dispose le Conseil des ministres est dérivé, tandis que la Conférence des Chefs d'État et de Gouvernement dispose quant à elle d'un pouvoir réglementaire général.

Commission de la CEEAC

La Commission, organe exécutif de la Communauté, est gardienne de l'esprit communautaire. Elle participe à l'élaboration des décisions, règlements et directives[178]. Elle est dirigée par son Président, qui en est le représentant légal. Le Président est assisté du Vice-Président à qui il peut déléguer certaines attributions. La Commission est chargée de l'exécution des décisions de la Conférence et de l'application des règlements et directives du Conseil ; la promotion des programmes et projets de développement communautaire ; la convocation, en cas de besoin, de réunions de ministres sectoriels pour examiner les questions sectorielles qui contribuent à la réalisation des objectifs de la communauté ; l'élaboration des projets de programmes d'activités et du budget de la Communauté et de la supervision de leur exécution après leur approbation par le Conseil ; la préparation des réunions de la Conférence, du Conseil et la fourniture des services techniques nécessaires ainsi que des réunions des experts et des Commissions techniques ; le recrutement du personnel de la Commission et de la nomination aux postes autres que ceux des

---

[178] Cf. article 20 du Traité révisé de la CEEAC de 2019.

fonctionnaires statutaires, conformément au Statut du personnel ; la soumission de propositions et l'élaboration d'études qui peuvent aider au bon fonctionnement et au développement harmonieux et efficace de la Communauté ; l'élaboration de projets de textes à soumettre à la Conférence et au Conseil pour approbation ; la préparation des réunions du Conseil de Paix et de Sécurité de l'Afrique centrale et du secrétariat desdites réunions ; la tutelle technique des institutions spécialisées à l'effet de veiller à la cohérence et à la complémentarité des activités communautaires. À ce titre, elle participe aux réunions des organes d'administration desdites institutions ; la Commission soumet au Parlement le projet de budget pour adoption au terme de son examen et approbation par le Conseil des ministres. Elle présente au parlement le rapport d'exécution dudit budget.

Comité des représentants permanents

Le Comité des Représentants Permanents (COREP) est un organe de la Communauté économique des États de l'Afrique centrale dont le rôle est de faire avancer les travaux de l'organisation entre les sessions du Conseil des Ministres et de la Conférence des Chefs d'État. Il est constitué des ambassadeurs, représentants permanents ou autres plénipotentiaires des États membres auprès de la Communauté[179]. Ce comité est chargé d'étudier et d'instruire, pendant l'intersession, sous la responsabilité du conseil, les questions et projets que lui soumet le Conseil des ministres ou toute autre institution de la Communauté. Il s'acquitte de toutes autres missions qui lui sont confiées en application du Traité révisé de la CEEAC de 2019. Sous réserve des règlements et directives du Conseil des ministres. Le Comité des représentants tient ses réunions aussi souvent que

[179] Cf. article 22 alinéa 2 du Traité révisé de la CEEAC de 2019.

nécessaire à la bonne exécution de sa mission, dont l'une précède la réunion du Conseil des ministres. Il élabore son règlement intérieur et le soumet au Conseil des ministres pour adoption.

Comité inter-États des experts

Le Comité inter-États des experts est composé de trois (03) experts des ministères représentés au Conseil des ministres[180]. Ce Comité est chargé d'étudier, sous la responsabilité du Conseil des ministres, les dossiers qui lui sont soumis[181]. Il présente des rapports et des recommandations au Conseil des ministres. Il s'acquitte de toutes autres missions qui lui sont confiées en application du Traité révisé de la CEEAC de 2019. En tant que de besoin, ce Comité est renforcé d'experts sectoriels pour l'examen des questions spécifiques.

Institutions de la CEEAC

Elles sont composées de parlement communautaire, la Cour de justice, la Cour des comptes et le Conseil de paix et de sécurité.

Parlement communautaire

Depuis sa création jusqu'à la réforme de 2019, qui a été marquée par la révision de son traité fondateur, la CEEAC ne s'est jamais dotée d'un organe législatif. Certes, c'est un organe qui existait déjà dans ses textes de base, mais c'est en 2024 que cette institution communautaire est devenue opérationnelle. Il pourrait commencer à fonctionner entre 2026 et 2027.

---

[180] Cf. article 25 alinéa 1 du Traité révisé de la CEEAC de 2019.
[181] Cf. article 26 alinéa 1 du Traité révisé de la CEEAC de 2019.

Le Parlement communautaire est chargé du contrôle démocratique des organes et institutions spécialisées de la CEEAC. À ce titre, il assure la représentation des peuples au sein de la Communauté et veille à la préservation de leurs intérêts fondamentaux dans les actes, politiques et programmes de la Communauté. Il émet des avis consultatifs et contrôle l'action des institutions et des organes de la communauté. Le projet de budget de la communauté préparé par la Commission, approuvé par le Conseil, est soumis au parlement pour adoption. Le parlement est composé de cinquante-cinq (55) membres à raison de cinq (5) par État, ils sont élus au suffrage universel indirect par leurs parlements nationaux pour un mandat de cinq (5) ans renouvelable une fois. Le parlement se réunit en session ordinaire, pendant une durée maximale de quarante-cinq (45) jours, deux fois par an. Il peut se réunir en session extraordinaire sur un ordre du jour déterminé.

Cour de justice

La Cour de Justice est une institution judiciaire régionale chargée de garantir le respect du Traité de la Communauté économique des États de l'Afrique centrale et de ses textes subséquents par les États membres, les institutions et les organes de la Communauté. Elle a également pour mission de contrôler les comptes de la CEEAC et d'assurer l'harmonisation de la jurisprudence dans les domaines couverts par le traité. Le siège de la Cour est à N'Djamena, au Tchad. Elle est composée de juges désignés par la Conférence des Chefs d'État et de Gouvernement, pour une durée de six (06) ans non renouvelable, parmi les ressortissants des États membres de la Communauté, offrant des garanties d'indépendance, d'impartialité et d'intégrité et possédant des qualifications requises pour exercer les plus hautes fonctions juridictionnelles.

Cette Cour dispose d'une compétence étendue, touchant à tous les aspects du droit communautaire[182]. La Cour est chargée en effet d'assurer le respect du droit dans l'interprétation et l'application du Traité, et elle statue sur les litiges dont elle peut être saisie en vertu des dispositions pertinentes du Traité. Elle assure à cette fin une fonction contentieuse et une fonction consultative. Si la fonction consultative de la Cour se résume en des avis consultatifs sur toute question juridique à la demande de la Conférence ou du Conseil, sa fonction contentieuse est plus importante et mérite alors une plus grande attention.

2. Communauté Économique et monétaire de l'Afrique centrale (CEMAC)

Analyser la CEMAC implique de comprendre d'abord son histoire, ses objectifs et ses priorités (a), avant de saisir comment elle régule l'économie de ses États membres (b).

a. Historique, objectifs et priorités de la CEMAC

Sous l'influence directe l'administration coloniale française, les États de l'Afrique centrale, dont la République centrafricaine, le Congo, le Tchad et le Gabon ont créé, après leur indépendance, l'Union douanière Equatoriale (UDE) à laquelle adhérera en 1961 l'État du Cameroun[183]. Mais très vite s'imposa la nécessité d'intensifier leur coopération et ces États ont signé le 8 décembre 1964 à Brazzaville, le Traité instituant l'Union Douanière et économique de l'Afrique centrale (UDEAC).

---

[182] Maurice KAMTO, « La Communauté économique des États de l'Afrique centrale, une Communauté de plus ? », *op.cit.,* p. 849.

[183] Emmanuel KAGISYE, « Environnement juridique et institutionnel des affaires en Afrique : cas de la Communauté économique et monétaire de l'Afrique centrale (CEMAC) », *Bibliothèque numérique de l'Ohada*, 2017, p.1, disponible à l'adresse : https://hal-auf.archives-ouvertes.fr/hal-01495642/document, (consulté le 07.11.2025).

Cette Organisation à laquelle adhérera la Guinée Équatoriale en 1983 fut certainement la plus ancienne intégration en Afrique centrale qui survécut une trentaine d'années malgré d'énormes difficultés de parcours.

Toutefois, l'UDEAC a connu des échecs qui peuvent être d'ordre endogène ou exogène. Bref, on retrouve le mimétisme institutionnel qui résulte de la colonisation de ces États africains, le mimétisme qui se manifesta aussi bien sur le plan administratif que sur le plan institutionnel ; s'y additionne ensuite la concentration des pouvoirs au niveau des organes suprêmes ; la faiblesse des infrastructures de transport et de communication très accentuée en Afrique centrale, l'absence d'une véritable politique industrielle, le micronationalisme trop répandu ; les difficultés dans l'application des différentes politiques communes en UDEAC ; le poids du passé colonial ; la coexistence de régimes politiques différents ; la conjoncture internationale ; enfin on se heurte au problème de la règle de prise de décision, c'est-à-dire la règle de l'unanimité, même si elle est l'expression de la souveraineté des États[184].

À cela, il faut ajouter, les crises économiques successives des années 1980-1990 qui rendirent indispensable la relance d'un processus d'intégration économique et sociale sous une nouvelle forme plus dynamique, avec la signature du 16 mars 1994 à N'Djamena au Tchad du Traité instituant la Communauté économique et monétaire de l'Afrique centrale

---

184 François EPOMA, *L 'intégration économique sous-régionale en Afrique : L 'exemple de L'Afrique centrale*, Thèse de Doctorat de Droit Public Mention Droit International et Relations internationales, Faculté de Droit et de Science politique, Université DE REIMS CHAMPAGNE ARDENNE, Année académique 2004-2005, p.48.

(CEMAC)[185]. Le Traité portant création de la CEMAC a été signé à Ndjamena au Tchad le 16 mars 1994 par cinq des six États de l'ancienne UDEAC. Le Cameroun, dont le chef de l'Etat était absent lors de la réunion de Ndjamena, a signé le traité en août de la même année. Ce Traité est révisé le 30 janvier 2009 à Libreville au Gabon. La mission essentielle de cette Communauté est de promouvoir la paix et le développement harmonieux des États membres, dans le cadre de l'institution de deux Unions : une Union économique et une Union monétaire. Dans chacun de ces deux domaines, les États membres entendent passer d'une situation de coopération, qui existe déjà entre eux, à une situation d'Union susceptible de parachever le processus d'intégration économique et monétaire[186].

b. Régulation économique au sein de la CEMAC

La CEMAC régule l'économie des États membres à travers des institutions (i) et des organes (ii).

i) Institutions de la Communauté

Il y en a cinq (05) à savoir l'Union Économique de l'Afrique Centrale(UEAC), l'Union Monétaire de l'Afrique Centrale (UMAC), le Parlement communautaire et la Cour de Justice communautaire.

---

185 Laurent ZANG, « L'intégration en Afrique de l'UDEAC à la CEMAC », *Revue juridique et politique des États francophones*, vol.58 2004, n° 3 p.410-419 ; M. BOUSSOUGOU, « Le point du processus de l'intégration en Afrique centrale : de l'UDEAC à la CEMAC, le chemin à parcourir, les obstacles à franchir » *in : Les enjeux de l'intégration en Afrique centrale*, Yaoundé 25 et 26 juil. 1995, FFEC, pp.152-197.
186 Article 2 du Traité révisé de la Communauté économique et monétaire de l'Afrique Centrale fait à Libreville (Gabon), 30 janvier 2009.

Union Économique de l'Afrique Centrale (UEAC)

L'UEAC, pilier de la CEMAC en matière d'intégration économique fixe les fondements de l'union économique. Aussi, l'UEAC fixe plusieurs objectifs, dont : renforcer la compétitivité des activités économiques et financières en harmonisant les règles qui contribuent à l'amélioration de l'environnement des affaires et régissent leur fonctionnement ; assurer la convergence vers des performances soutenables par la coordination des politiques économiques et la mise en cohérence des politiques budgétaires nationales avec la politique monétaire commune ; créer un marché commun fondé sur la libre circulation des biens, des services, des capitaux et des personnes ; instituer une coordination des politiques sectorielles nationales, mettre en œuvre des actions communes et adopter des politiques communes, notamment dans les domaines suivants : agriculture, élevage, pêche, industrie, commerce, tourisme, transports, aménagement du territoire communautaire et grands projets d'infrastructures, télécommunications, technologies de l'information et de la communication, social, questions de genre, bonne gouvernance et droits de l'homme, énergie, environnement et ressources naturelles, recherche, enseignement et formation professionnelle[187].

L'Union économique travaille sur plusieurs actions, dont les politiques communes et sectorielles. Premièrement, les politiques communes de l'UEAC visent, en général, à créer un marché commun, à harmoniser les réglementations nationales et à promouvoir le développement régional à travers des actions coordonnées dans divers secteurs,

---

[187] Article 2 de la Convocation régissant l'Union « économique de l'Afrique Centrale (UEAC)du Traité révisé de la Communauté économique et monétaire de l'Afrique Centrale fait à Libreville (Gabon), 30 janvier 2009.

comme l'agriculture, le transport, l'énergie et les télécommunications. Elles englobent également la stabilité monétaire, la libre circulation des biens et des personnes, et le développement de la solidarité entre les pays membres.

Spécifiquement, les politiques communes sont composées d'une politique générale, la fiscalité ainsi que le marché commun.

La politique générale de l'UEAC vise à renforcer l'intégration économique et monétaire entre ses États membres, notamment par la coordination des politiques économiques, l'harmonisation des législations, la promotion du commerce intercommunautaire et la création d'un marché commun. Aussi, l'article 11 de la Convention régissant l'UEAC dispose que « *les États membres considèrent leurs politiques économiques comme un une question d'intérêt commun et veillent à leur coordination au sein du Conseil des ministres en vue de la réalisation des objectifs définis à l'article 2, paragraphe b de la présente Convention* ». Cette politique générale s'appuie sur des institutions comme la Conférence des Chefs d'État et le Conseil des Ministres, qui détiennent des pouvoirs réglementaires et exécutifs pour réaliser ces objectifs.

Ensuite, l'UEAC a mis en place une politique fiscale commune. En effet, il est fort de constater que la fiscalité constitue encore une gageure pour l'investissement privé au sein de cette Communauté. Pour inciter l'investissement privé, une harmonisation des législations fiscales a donc été instaurée. Aussi, l'article 12 de la Convention régissant l'UEAC prévoit qu'« *en vue de la réalisation des objectifs définis à l'article 4 b) de la présente Convention, l'Union Économique harmonise les législations fiscales qui régissent les activités économiques et financières ». Les réglementations nécessaires à l'élaboration de la législation fiscale commune sont adoptées, sur proposition du Président de la Commission, par le Conseil des Ministres statuant à l'unanimité* ». Sur le plan pratique, la fiscalité a été harmonisée dans la zone CEMAC. Sur le plan de la fiscalité indirecte, le plafond encadré par la CEMAC de 15 %-19 % n'est pas toujours respecté. En matière de fiscalité directe, le taux d'impôt sur les sociétés est compris entre 25 % et 40 % en zone CEMAC[188].

Après avoir adopté une politique générale, les États membres de la CEMAC ont créé un marché commun. Celui-ci vise la libre circulation des biens, des services, des capitaux et des personnes entre les pays membres pour stimuler leur économie. L'article 14 de la convention régissant l'UEAC interdit, par exemple, aux États membres d'imposer de nouveaux droits de douane à l'importation et à l'exportation, d'instaurer de nouvelles restrictions quantitatives à l'exportation, de prendre des mesures d'effet équivalent, ou encore d'introduire toute disposition en faveur d'une entreprise établie sur leur territoire qui serait susceptible d'affecter la concurrence entre les entreprises de l'Union économique.

Parmi les principaux objectifs ci-dessus, la promotion de la libre concurrence se trouve au cœur du marché commun dans la zone CEMAC[189]. Le droit de la concurrence est constitué de l'ensemble des règles juridiques destinées à réguler la concurrence, notion qui peut se définir de la façon suivante : « Compétition, sur un marché dont la structure et

---

188 La Banque africaine de développement, « Promouvoir l'investissement privé dans les pays de la Communauté économique des États de l'Afrique centrale – CEEAC », Revue thématique trimestrielle Afrique centrale, Edition n° 1 Mars 2013

189 Lire à ce sujet Odilon Maurice OUAKPO, *L'effectivité du droit de la concurrence dans l'espace Cemac, Thèse de doctorat en droit public*, Faculté de Sciences Juridiques et Politiques, Université Catholique d'Afrique Centrale, Yaoundé-Cameroun, 2024-2025, 371 pages.

le fonctionnement répondent aux conditions du jeu de la loi de l'offre et de la demande, d'une part entre offrants, d'autre part entre utilisateurs ou consommateurs de produits et de services qui y ont libre accès et dont les décisions ne sont pas déterminées par des contraintes ou des avantages juridiques particuliers »[190]. En d'autres termes, le droit de la concurrence a pour finalité de contrôler les possibles abus de la liberté du commerce et de l'industrie. On pourrait par exemple citer la première loi antitrust, le Sherman Act, elle fut votée en 1890 par le Congrès américain dans le but de diminuer le pouvoir de marché des groupes de sociétés dominant l'économie en interdisant les monopoles et les accords entre entreprises sur les prix et les parts du marché[191].

D'ailleurs, il y a déjà longtemps que l'on a admis que des limites doivent être apportées au principe de libre concurrence, car un certain nombre de pratiques tendent à en fausser le jeu. C'est cela qui constitue la réglementation de la concurrence, autrement dit ce que l'on dénomme le droit de la concurrence. Celui-ci doit toutefois être entendu dans deux sens : le droit des concurrents et le droit de la concurrence proprement dit. Le droit des concurrents encore appelé lutte contre la concurrence déloyale est le droit qui protège les concurrents contre les fautes dommageables commises à leur encontre par les autres concurrents. C'est la réglementation de la concurrence déloyale régie principalement par les articles 1382 et s. du Code civil. Le droit de la concurrence au sens strict est celui

---

[190] Gérard CORNU dir., *Vocabulaire juridique*, 10e éd., Paris, PUF, 2014, p. 225.
[191] Bellon BERTRAND, « Cent ans de politique antitrust aux États-Unis », *Rev. éco, industr.*, 1993, n° 63, p. 12.

qui vise à permettre le bon fonctionnement de l'économie de marché, à assurer un certain ordre public économique[192].

Les pères fondateurs de la CEMAC ont compris que leurs économies n'étaient pas épargnées par les pratiques anticoncurrentielles, notamment les ententes, les abus de position dominante et les concentrations d'entreprises qui restreignent la concurrence. Toutefois, la protection des concurrents n'est pas le premier but recherché du droit de la concurrence, même si elle n'est pas à négliger, vu qu'elle peut en être la finalité ; ce qui préoccupe en premier lieu, c'est le fonctionnement macroéconomique du marché, précisément la recherche de l'efficience économique[193]. En effet, l'abolition des barrières internes entraîne d'importantes transformations de l'économie et des entreprises au sein de la Communauté. Cela permet une circulation sans entrave des personnes publiques ou privées dans les domaines du commerce et de l'industrie. Elles peuvent ainsi s'engager librement dans la production, la distribution et les services sur l'ensemble de la zone CEMAC, ainsi que dans les échanges d'importation et d'exportation, tout en respectant scrupuleusement les règles communautaires et nationales.

Sans le droit de concurrence, par exemple, les grandes entreprises maritimes pourraient facilement augmenter les prix des transports et leurs profits à titre exclusif, ce qui

---

[192] Yvette Rachel KALIEU ELONGO, *Droit privé économique (droit de la concurrence et de la consommation)*, Cours de Master 1 droit des affaires, Faculté de droit et sciences économiques, Université OMAR BONGO de Libreville, GABON, Mai 2013, p.5.

[193] Mor BAKHOUM, « Cohérence institutionnelle et effectivité d'une politique régionale de concurrence : Le cas de l'Union Economique et monétaire Ouest-Africaine (UEMOA) », *Association internationale de droit économique, « Revue Internationale du droit économique »*, 2011/2 t. XXI, 2, p. 307.

aurait des conséquences néfastes sur le commerce extérieur des pays concernés et sur les prix de la consommation pour les produits d'importations[194]. Face à ce dilemme, le Conseil des Ministres de l'UEAC, a adopté un nouveau Règlement en matière de concurrence communautaire. Il s'agit du règlement CEMAC n° 06/19/UEAC-639-CM du 22 mars 2019 relatif à la concurrence. Il est arrivé vingt ans après l'adoption des règlements CEMAC n° 1/99/UEAC-CM du 25 juin 1999 portant réglementation des pratiques anticoncurrentielles et n°4/99/UEAC-C du 18 août 1999 portant réglementation des pratiques étatiques affectant le commerce entre États. Les dispositions de l'article 2 du nouveau règlement permettent d'établir des règles communes en matière de concurrence, notamment sur la base des articles 23 à 25 de la Convention UEAC. Celles-ci visent à favoriser le libre jeu du marché en contrôlant ou en éliminant les pratiques anticoncurrentielles qui entravent le commerce au sein de l'Union, le développement de la CEMAC et le bien-être des consommateurs.

Union monétaire d'Afrique centrale (UMAC)

L'Union monétaire de l'Afrique centrale est une institution phare de la CEMAC. Elle est un produit de consensualisme interétatique. Elle a pour source primordiale la volonté de ses membres fondateurs. Ce volontarisme imprègne tant ses bases juridiques que les volontés de participation à cette structure de coopération unilatérale. Au plan juridique, le Préambule de la Convention régissant l'Union monétaire de l'Afrique centrale du 25 juin 2008 dispose que les États sont « *soucieux de consolider la communauté de monnaie et les interdépendances qu'elle entraîne par une mise en cohérence de leurs politiques économiques et un*

---

194 Josef DREXL, « *Perspectives européennes sur la politique de la concurrence dans l'espace OHADA* », *loc. Cit.*, p. 286.

développement harmonisé de leurs économies nationales ». Cette volonté d'unité se traduit encore dans l'article 3 de la même convention qui stipule que : « *l'Union monétaire se caractérise par l'adoption d'une même unité monétaire dont l'émission est confiée à un Institut d'Émission commun, la Banque des États d'Afrique centrale (ci-après dénommée la Banque ou la BEAC) régie par des statuts propres qui font partie intégrante de la présente Convention* ». À travers ces deux dispositions juridiques, on peut donc conclure, sans risque de se tromper, que les États de la CEMAC se sont engagés dans un processus d'intégration économique et ont mis en place des procédures de surveillance mutuelle destinées à favoriser la convergence de leurs économies et à renforcer la solidité et la stabilité de leur monnaie commune[195]. Ces procédures cherchent à favoriser une plus forte coordination des politiques économiques entre les pays membres de chaque union et à assurer la compatibilité entre, d'une part, les politiques budgétaires qui restent décentralisées au niveau national et, d'autre part, les exigences liées à la mise en œuvre d'une politique monétaire commune, menée au niveau sous-régional par chaque banque centrale.

Sur le plan politique, l'UMAC fait partie d'un ensemble de coopération monétaire plus vaste, la zone Franc. Souvent présenté comme un « exemple sans équivalent dans le monde », cet ensemble coïncide avec une aire d'utilisation de monnaies sans égales valeurs, mais ayant la même référence, le franc, qui remplit la fonction d'une monnaie commune[196]. Y ont coexisté, à côté du franc français (disparu légalement depuis 1999), stricto sensu, le franc de

---

[195] Bruno CABRILLAC, Emmanuel ROCHER, « Les perspectives des unions monétaires africaines », *Dans Revue d'économie financière* 2013/2 N° 110, p. 100.

[196] Narcisse MOUELLE KOMBI, « Les aspects juridiques d'une Union monétaire : l'exemple de l'Union monétaire de l'Afrique Centrale (UMAC) », *AFRILEX N° 4*, décembre 2004, pp.88-89.

la Communauté française du Pacifique, le franc comorien, le franc de la coopération financière en usage en Afrique de l'Ouest et le franc de la coopération financière utilisé en Afrique centrale. Y opèrent autant de banques centrales mises en place par des conventions particulières et régies par des statuts spécifiques. Dans cette aire transcontinentale, les différentes monnaies fonctionnent en une espèce d'osmose et sont liées par des mécanismes préférentiels de transférabilité et de convertibilité. Ici se dessine schématiquement ce qu'il est convenu d'appeler le système monétaire franco-africain, qu'un spécialiste comme Michel LELART n'hésite pas à considérer comme un phénomène unique au monde[197]. Néanmoins, dans la pureté des principes, davantage qu'une zone monétaire, la zone Franc est un système monétaire basé sur des facteurs historiques, linguistiques et politiques. L'histoire de l'UMAC est intrinsèquement liée à celle de la zone franc, qui trouve ses origines dans l'expansion de l'utilisation du franc dans les possessions et territoires français d'outre-mer. Cette union monétaire apparaît comme un exemple réussi d'intégration. On a même pu y voir « la seule réalisation tangible d'une véritable intégration monétaire »[198].

Cette union est articulée autour d'un institut d'émission commun, à savoir la Banque des États de l'Afrique centrale (BEAC)[199], qui en constitue la pierre angulaire. L'intégration

---

[197] Michel LELART, *Le système monétaire international*, Paris, La Découverte, 1991, p.113.
[198] Narcisse MOUELLE KOMBI, « Les aspects juridiques d'une Union monétaire : l'exemple de l'Union monétaire de l'Afrique Centrale (UMAC) », *op.cit.*, p.91.
[199] Emmanuel KAGISYE, « Environnement juridique et institutionnel des affaires en Afrique : cas de la Communauté économique et monétaire de l'Afrique centrale (CEMAC) », *op.cit.*, p.7.

monétaire est présentée ici comme un « facteur déterminant de l'Union économique recherchée »[200].

D'où la nécessité de conforter la communauté de monnaie et les interdépendances qu'elle entraîne par une mise en cohérence de leurs politiques économiques et un développement harmonisé de leurs économies. De même, il est précisé au nombre des principes directeurs de l'Union monétaire sa participation à l'exercice de la surveillance multilatérale, avec l'Union économique, à la coordination des politiques économiques et à la mise en cohérence des politiques budgétaires nationales avec la politique monétaire commune. Elle s'assure en outre de la stabilité financière dans la Communauté.

En vue de la réalisation des objectifs de l'Union, le Traité a prévu des organismes spécialisés de l'UMAC. Outre la BEAC, qui est le pilier de l'Union existent la Commission bancaire de l'Afrique centrale (COBAC), la Commission de surveillance du marché financier de l'Afrique centrale (COSUMAF) et le Groupe d'action contre le blanchiment d'argent en Afrique centrale (GABAC). Tout comme au niveau de l'Union économique, d'autres organes ou institutions peuvent être créés au fur et à mesure des besoins de la réalisation des objectifs assignés à l'Union monétaire. La création de ces institutions est décidée par la Conférence des Chefs d'État et de Gouvernement et n'est pas soumise à l'autorisation du Parlement communautaire[201].

Premièrement, la Banque des États de l'Afrique centrale (BEAC) est la banque centrale commune aux six

[200] James MOUANGUE KOBILA, Léopold DONFACK SOKENG, « La CEMAC : à la recherche d'une nouvelle dynamique de l'intégration en Afrique centrale », *Annuaire africain de droit international*, vol.6, 1998, p.75.
[201] Emmanuel KAGISYE, *op.cit.*, p.7.

États membres de l'Union monétaire de l'Afrique centrale (UMAC) : le Cameroun, la République centrafricaine, le Congo, le Gabon, la Guinée-Équatoriale et le Tchad. Fondée en 1972 et établie à Yaoundé, la BEAC est responsable de la stabilité monétaire et financière dans la région sous-régionale. L'article 1er des statuts révisés, mis à jour le 30 juin 2025, lui confère six missions principales : (1) déterminer et mettre en œuvre la politique monétaire, (2) émettre des billets et des pièces qui ont cours légal et qui sont libellés en monnaie de l'Union monétaire (UMAC), (3) gérer la politique de change de l'UMAC, (4) détenir et administrer les réserves de change des États membres, (5) promouvoir et assurer le bon fonctionnement des systèmes de paiement et de règlement, et (6) favoriser la stabilité financière de l'UMAC. D'après les statuts de la BEAC, sa politique monétaire a pour objectif prioritaire la stabilité monétaire. Cette stabilité monétaire se décline au plan stratégique en un objectif dual : (i) la stabilité interne qui correspond à un taux d'inflation faible à moyen terme et (ii) la stabilité externe qui équivaut à une couverture suffisante des engagements à vue de la banque centrale par ses avoirs extérieurs.

Elle joue également un rôle de conseiller auprès des gouvernements en matière de politique économique et veille au bon fonctionnement des systèmes de paiement[202]. Pour mieux adapter l'action de la politique monétaire aux réalités locales, la BEAC s'appuie sur les Comités monétaires nationaux présents dans chacun des États membres. Ces comités sont des structures de consultation et d'analyse qui

---

[202] Karine LE BOUILLONNEC, *Banques d'Afrique Centrale (Direction du Trésor*, 1975-1988), 1re édition électronique, ministère Economiques et financiers, Centre des archives économiques et financières Savigny-le-Temple 2025, pp.5-6, disponible à l'adresse : https://www.economie.gouv.fr/files/files/directions_services/saef/docs_joints/rech_en_arch/DGT/MCAF_banques_Afrique_centrale_B-0085268_B-0085280.pdf (consulté le 14.11.2025).

permettent de suivre l'évolution économique et financière nationale, de faire remonter les informations à la direction générale de la BEAC, et de faciliter la coordination entre la banque centrale et les autorités nationales. Ils jouent ainsi un rôle essentiel dans l'appropriation locale de la politique monétaire communautaire.

Secondement, la Commission Bancaire de l'Afrique Centrale (COBAC) exerce sa compétence dans les six États membres de la Communauté Économique et monétaire de l'Afrique centrale (CEMAC) dont elle constitue l'un des organes[203]. En effet, les États de l'Afrique centrale, à savoir le Cameroun, le Congo, le Gabon, la Guinée Équatoriale, la République centrafricaine et le Tchad, signent le 16 octobre 1990, la Convention portant création d'une Commission bancaire de l'Afrique centrale (COBAC) chargée » de veiller au respect par les établissements de crédit des dispositions législatives et réglementaires édictées par les Autorités, par la Banque centrale ou par elle-même et qui leur sont applicables et de sanctionner les manquements constatés ».

Conscients que la cohérence des réglementations bancaires de leurs États conditionne le bon fonctionnement de la COBAC et la pleine réalisation des objectifs ayant commandé sa mise en place, les mêmes États signent le 17 janvier 1992 la Convention portant harmonisation de la réglementation bancaire dans les États de l'Afrique centrale.

La COBAC, dont les membres ont officiellement été installés le 22 janvier 1993, est présidée par le Gouverneur de la BEAC, assisté par le Vice-Gouverneur. Un Secrétariat général, dirigé par un Secrétaire général, assisté d'un Secrétaire général Adjoint, assure la permanence administrative. Outre le Président, la Commission compte

---

[203] COBAC, disponible à l'adresse : https://cnefcameroun.cm/la-cobac/, (consulté le 15.11.2025).

onze membres, dont : Sept membres ou leurs suppléants désignés ès qualité, à raison d'un commissaire par État, le septième membre étant tournant entre les États de la CEMAC. Ils sont nommés pour un mandat de trois ans, renouvelable deux fois, sur proposition du gouverneur de la BEAC, par le Conseil d'Administration de la BEAC. Trois commissaires ou leurs suppléants nommés ès qualité de censeur de la BEAC ; – un commissaire ou son suppléant représentant la Commission bancaire française, désignés par le gouverneur de la Banque de France. La Commission se réunit au moins deux fois par an, et autant que nécessaire, à l'initiative du président. Pendant les réunions, les décisions sont arrêtées à la majorité des deux tiers des voix exprimées. Libreville a officiellement été désigné pour abriter le siège de la COBAC par la Conférence de Chefs d'État de la CEMAC ; mais les travaux d'aménagement de l'immeuble-siège n'étant pas encore achevés, son Secrétariat général est toujours établi dans les locaux de la BEAC à Yaoundé.

La COBAC dispose de compétences et de pouvoirs divers en matière de réglementation et d'organisation de l'activité bancaire, dont les plus importants sont :

- Le pouvoir administratif : la COBAC est chargée de délivrer des avis conformes dans les procédures d'agrément et d'autorisation individuelles qui restent la prérogative des autorités monétaires nationales. La COBAC peut prendre des mesures conservatoires en mettant un établissement de crédit sous le régime d'administration provisoire et est habilitée à nommer un liquidateur dans les établissements qui cessent d'être agréés.
- Le pouvoir réglementaire : La COBAC dispose de toutes les compétences pour définir le plan et les procédures comptables applicables aux établissements

de crédit, et les normes prudentielles de gestion (ratios de solvabilité, de liquidité, de division des risques, de transformation, de couverture des immobilisations par les ressources permanentes, etc.). Le dispositif prudentiel de la COBAC a été largement inspiré des principes édictés par le Comité de Bâle sur le contrôle bancaire en s'appuyant sur les spécificités des économies des pays membres.

- Le pouvoir de contrôle : la COBAC veille à ce que la réglementation bancaire soit respectée par les établissements de crédit. Pour ce faire, elle organise et exerce, par l'intermédiaire de son Secrétariat général, des contrôles sur place et sur pièces de ces établissements. Elle est habilitée à diligenter toutes les vérifications commandées par l'urgence et elle rend simplement compte aux Autorités monétaires nationales des résultats des enquêtes. Les membres de la COBAC et les personnes habilitées à agir en son nom sont tenus au secret professionnel.
- Le pouvoir de sanction : la COBAC est également un organe juridictionnel et peut intervenir à titre disciplinaire, sans préjudice des sanctions que pourront prendre les Autorités judiciaires nationales. Les sanctions prévues sont : l'avertissement, le blâme, l'interdiction d'effectuer certaines opérations ou toute autre limitation dans l'exercice de l'activité bancaire, la suspension ou la révocation des commissaires aux comptes, la suspension ou la démission d'office des dirigeants responsables et enfin, le retrait d'agrément de l'établissement.

Troisièmement, la COSUMAF, Commission de Surveillance du Marché financier de l'Afrique centrale, organe communautaire créée dans le cadre de l'Union Monétaire de l'Afrique centrale (UMAC) est l'autorité de tutelle de régulation et de contrôle du marché financier de la CEMAC. Ce marché concerne tous les produits et transactions de placement et services financiers non bancaires offerts au public ou mis à la disposition des opérateurs économiques, ainsi que toute personne publique ou privée en charge de la bonne exécution desdites transactions. La COSUMAF veille ainsi à la protection de l'épargne investie en valeurs mobilières et autres instruments financiers, à l'information des investisseurs, au bon fonctionnement du marché.

Parlement communautaire

Le Parlement communautaire est l'instance de la CEMAC chargée du contrôle démocratique des institutions et organes participant au processus décisionnel de la Communauté. Le Parlement qui a son siège à Malabo, en Guinée Équatoriale, a été la dernière institution de la CEMAC à être mise en place. Il est constitué de trente membres, cinq représentants de chaque État membre de la CEMAC. Le Parlement de la CEMAC assume une double mission : d'une part, il assure le contrôle de l'action de la Commission, organe qui met en œuvre la politique décidée par la Conférence des chefs d'État ; d'autre part, il vote le budget de la Commission. D'autre part, et à travers ses recommandations, le Parlement oriente l'action de la Commission.

Le Parlement se réunit en deux (02) sessions ordinaires par an sur convocation de son Président. La première s'ouvre le premier lundi du mois de février. La deuxième session, dite budgétaire, s'ouvre le deuxième lundi du mois d'octobre. Le Parlement peut se réunir en session extraordinaire, sur ordre du jour précis, sur convocation de son Président, soit à la demande du Président du Conseil des Ministres ou celui du Comité ministériel, soit à la demande des deux tiers (2/3) des Députés au moins, après information du Président du Conseil des Ministres ou du Comité ministériel.

Les parlementaires de la Communauté ont droit à la protection dans le cadre de leurs mandats. Il s'agit de l'inviolabilité parlementaire et l'irresponsabilité parlementaire.

L'irresponsabilité parlementaire exonère les parlementaires de toute responsabilité (civile, pénale, disciplinaire) relative à une opinion ou à un vote qu'ils émettent dans l'exercice de leurs fonctions. En revanche, l'inviolabilité parlementaire ne joue qu'en matière pénale, c'est-à-dire pour les infractions commises par un parlementaire.

L'irresponsabilité dont il s'agit ici s'étend sur tous les États membres de la zone CEMAC. Elle est absolue : l'assemblée ne peut lever cette irresponsabilité. Aussi, l'article 11 de la Convention régissant le Parlement communautaire de la CEMAC du 25 juin 2008 dispose que les « Députés jouissent de l'immunité parlementaire sur le territoire de chaque État membre. Aucun Député ne peut être recherché, poursuivi, arrêté, détenu ou jugé du fait des opinions ou votes émis par lui dans l'exercice de ses fonctions. La raison d'être de l'irresponsabilité parlementaire est évidente : dans le cadre de l'exercice de son mandat, un parlementaire doit pouvoir s'exprimer librement, en toute indépendance et sans crainte d'être poursuivi ou sanctionné.

L'inviolabilité parlementaire signifie que, pendant la durée de la session, les parlementaires ne peuvent, en matière répressive, faire l'objet d'un renvoi ou d'une citation directe devant une cour ou un tribunal ni être arrêtés, sans autorisation préalable de l'assemblée dont ils font partie. Cette protection ne s'applique toutefois pas en cas de flagrant délit. En fait, le même article 11 de la Convention précitée stipule que : « Aucun Député ne peut, pendant la durée des sessions, être poursuivi ou arrêté en matière criminelle ou correctionnelle sans l'autorisation du Parlement, sauf cas de flagrant délit ». À l'instar de « l'irresponsabilité parlementaire » (*freedom of speech*), l'inviolabilité parlementaire tend à garantir le libre exercice de la fonction parlementaire. Le pouvoir législatif doit en effet être indépendant tant du pouvoir judiciaire que du pouvoir exécutif. Les origines de l'inviolabilité parlementaire, en tant que protection à l'égard de poursuites arbitraires, remontent au début de l'histoire parlementaire.

Cour de Justice communautaire

La Cour de Justice communautaire est chargée du contrôle juridictionnel des activités et de l'exécution budgétaire des Institutions de la Communauté économique et monétaire de l'Afrique centrale. La Cour a pour champ territorial l'Afrique centrale et couvre actuellement six États et son siège fixé à N'Djamena au Tchad. Elle est chargée d'assurer le respect du droit dans l'interprétation et l'application des dispositions communautaires[204]. En d'autres termes, cette cour supranationale a pour rôle d'assister les autres institutions et organes spécialisés dans l'intégration des États membres. Par conséquent, la création de ces tribunaux était justifiée et attendue. Elle est chargée d'assurer le respect des dispositions des Traités de la C.E.M.A.C et des Conventions subséquentes par les États membres, les Institutions et les Organes de la C.E.M.A.C; d'assurer le contrôle des comptes de la C.E.M.A.C. ; de réaliser par ses Décisions l'harmonisation des jurisprudences dans les matières relevant du domaine des Traités, et de

---

[204] Jacques FIPA NGUEPJO, *Le rôle des juridictions supranationales de la Cemac et de l'Ohada dans l'intégration des droits communautaires par les États Membres*, Thèse de doctorat en droit, Ecole doctorale de droit privé, Université de Paris II Panthéon – Assas, soutenue le 04 juillet 2011, p.58.

contribuer par ses avis à celle des législations nationales des États membres dans ces matières ; de régler les contestations relatives à sa compétence.

La procédure devant la Cour de justice de la CEMAC s'ouvre par les mécanismes que le droit administratif français désigne par l'expression « recours »[205]. Ces recours sont mis en œuvre suivant des règles de procédure particulières. Les recours ouverts devant la Cour de justice communautaire sont du type de ceux ouverts devant le juge national, notamment le juge administratif. Il est tout à fait normal qu'il en soit ainsi, dans la mesure où les justiciables sont essentiellement des personnes morales de droit public, ou quand bien même les justiciables seraient des personnes de droit privé, l'objet de leur contestation serait incontestablement de nature publique.

Le recours en annulation du contentieux communautaire a pour but d'obtenir l'annulation pour illégalité d'un acte provenant d'une institution ou d'un organe de la CEMAC ou encore d'un État membre. Les conditions de la recevabilité du recours en annulation, les moyens d'annulation mis en œuvre, ainsi que les pouvoirs du juge et les effets de l'arrêt d'annulation sont déterminés par le droit communautaire de la CEMAC. La cour de justice communautaire, aux termes de l'article 24 de la convention qui la régit, connait, sur recours de tout État membre, de tout organe de la CEMAC ou de toute personne physique ou morale qui justifie d'un intérêt certain et légitime, de tous les actes de violation des dispositions du traité de la CEMAC et des conventions subséquentes. Les conditions de recevabilité du recours en annulation, comme elles sont définies dans la disposition précitée, concernent la nature des actes susceptibles d'être annulés, les requérants qui

[205] Jean Didier BOUKONGOU, *Cours de droit international économique*, *op.cit.*, p.95.

les ont qualifiés, leur intérêt à agir et les délais dans lesquels ils peuvent solliciter cette annulation. Le recours en annulation est ouvert contre tous les actes qui violent les dispositions communautaires. Ils se présentent à la fois comme des actes organiquement communautaires, c'est-à-dire émanant des organes ou institutions de la CEMAC, et comme des actes matériellement communautaires, c'est-à-dire des actes pris par les États membres dans le cadre de leur responsabilité communautaire.

Le recours en carence est également une forme de recours utile à l'effectivité du droit communautaire. Selon l'article 1er de la Convention régissant la Cour de justice communautaire du 30 Janvier 2009 à Libreville, « la Cour connaît, sur recours de tout État membre, de toute Institution, Organe ou Institution spécialisée de la CEMAC ou de toute personne physique ou morale qui justifie d'un intérêt certain et légitime, de tous les cas de violation des dispositions du Traité de la CEMAC et des textes subséquents ». Dans le cadre de leurs attributions, ou tout au moins dans la poursuite de leurs objectifs, les institutions de la Communauté sont amenées à statuer ou à prendre un certain nombre d'actes dans l'intérêt de la Communauté, des États membres ou des particuliers. Si elles s'abstiennent de le faire, cela peut être considéré comme une violation du droit communautaire susceptible d'être portée devant la juridiction communautaire par tous ceux qui ont intérêt à agir[206]. Le cas d'ouverture qui permet ainsi d'actionner le juge communautaire est le recours en carence. Ce recours est donc destiné à sanctionner judiciairement l'inertie des institutions ou des organes de la Communauté. En tout état de cause, le recours en carence, s'il est admis parmi les voies de droit communautaires de la

[206] Jean Didier BOUKONGOU, *Cours de droit international économique*, *op.cit.*, p.97.

CEMAC, devra obéir à un certain nombre de conditions de recevabilité et de déroulement de la procédure.

L'exception d'illégalité désigne en contentieux administratif, le moyen par lequel est critiquée la légalité d'un acte administratif à l'occasion d'un recours pour excès de pouvoir dirigé contre un autre acte, ou d'un recours de plein contentieux en réparation du préjudice né de l'éventuelle illégalité. L'article 24, alinéa 2 de la Convention régissant la Cour de justice dispose que « toute partie peut, à l'occasion d'un litige, soulever l'exception d'illégalité d'un acte juridique d'un État membre, d'une institution, d'un organe ou d'une institution spécialisée ». L'exception d'illégalité est une voie de droit qui permet à un justiciable, à l'occasion d'un recours en annulation qu'il dirige contre un acte individuel qui lui fait grief, de contester la légalité de la disposition générale dont l'acte attaqué et la décision générale critiquée constituent le fondement dans la mise en œuvre de l'exception d'illégalité, sinon elle est purement et simplement rejetée. L'exception d'illégalité n'a pas un caractère d'ordre public ; elle doit être formée explicitement. Les moyens invocables sont les mêmes que ceux du recours en annulation. L'exception d'illégalité peut être invoquée par toutes parties : États membres, organes de la communauté et personnes physiques ou morales. Contrairement au droit communautaire de l'Union européenne, qui n'admet l'exception d'illégalité qu'à l'encontre des règlements, le droit communautaire de la CEMAC lui confère un champ d'application plus large, de sorte qu'elle peut être invoquée contre tout acte juridique communautaire.

Le recours en responsabilité devant la Cour concerne la réparation des dommages causés par la Communauté ou ses agents. Il peut être de nature contractuelle (si une clause compromissoire existe) ou extracontractuelle (en cas de faute de l'administration ou de ses agents). L'article 28 de la Convention relative à la Cour de justice de la CEMAC dispose que « la Cour connait des litiges relatifs à la réparation des dommages causés par les institutions, les organes et les institutions spécialisées de la Communauté ou par les fonctionnaires agents contractuels de celle-ci dans l'exercice de leurs fonctions, sans préjudice des dispositions prévues dans le traité de la CEMAC. Elle statue en tenant compte du droit positif communautaire et des principes généraux de droit communs aux États membres »[207]. Le recours en responsabilité, ainsi prévu, soulève un certain nombre de questions tant sur les conditions de sa recevabilité que sur celles de fond qui font que la réparation soit ou non accordée. La responsabilité de la Communauté peut être engagée du fait de ses fonctionnaires ou agents contractuels dans l'exercice de leurs fonctions. La notion « dans l'exercice de leur fonction » mérite d'être explicitée. Elle signifie que « la communauté n'est responsable que des actes de ses fonctionnaires et agents contractuels qui, en vertu d'un rapport interne et direct, constituent le prolongement nécessaire des missions confiées aux institutions ». Les autres actes, considérés comme n'étant pas accomplis dans l'exercice des fonctions des préposés de la Communauté, relèvent des tribunaux nationaux et n'engagent pas la responsabilité de la Communauté, mais des fonctionnaires et agents contractuels eux-mêmes. Le régime de responsabilité en droit communautaire est essentiellement un régime de responsabilité pour faute. C'est dans ce sens qu'il faut comprendre le libellé de l'article 28 de la convention régissant la cour de justice de la CEMAC, qui ne parle pas de responsabilité de la communauté, mais qui

[207] Jean Didier BOUKONGOU, *Cours de droit international économique*, *op.cit.*, p.97.

évoque directement la « réparation des dommages causés » par la CEMAC ou par ses préposés.

Le recours en manquement est une voie de recours exclusivement ouvert contre les actes des États membres. Il consiste à demander au juge Communautaire de constater et de sanctionner un État membre qui aura manqué à une des obligations qui lui incombent en vertu des textes communautaires. Tout comme le recours en carence, le recours en manquement n'est pas précisément défini dans la typologie des recours qu'organisent les textes communautaires de la CEMAC. C'est de manière incidente que ce recours est évoqué en conclusion de l'article 26 al.3 de la convention régissant la Cour. Deux raisons essentielles peuvent expliquer la timidité observée à l'égard du recours en manquement. Tout d'abord, la réticence des États membres à se soumettre à un contrôle strict et effectif du juge communautaire[208]. On peut supposer que les rédacteurs du traité de la CEMAC et des textes subséquents ont volontairement omis de détailler le recours en annulation. Ils ont peut-être estimé que ce recours suffisait à définir la philosophie de l'ensemble et que tout requérant disposait de la possibilité de contester les infractions au droit communautaire commises par les États membres à travers ce recours, y compris les manquements. Un tel raisonnement est sans doute légitime dans la mesure où le manquement peut être considéré comme une illégalité.

Le contentieux de la fonction publique communautaire relève, en premier et dernier ressort, du juge communautaire. En effet, les litiges entre la Communauté et les fonctionnaires ainsi qu'avec les contractuels communautaires sont de la compétence de la Cour de justice communautaire, à l'exception de ceux régis par les contrats de droit local. Les

---

208 Jean Didier BOUKONGOU, *Cours de droit international économique*, *op.cit.*, p.97.

articles 114 à 120 du règlement du 11 décembre 2009 portant statut des fonctionnaires de la Communauté instaurent une procédure contentieuse exigeant un recours administratif préalable auprès de l'autorité hiérarchique compétente[209]. Cette procédure accorde une compétence « quasi judiciaire de première instance » au comité consultatif de discipline placé auprès de chaque institution, organe et institution spécialisée.

Le recours en interprétation s'exerce dans le cadre du renvoi préjudiciel. En effet, ainsi qu'on l'a dit, la Cour, aux termes de l'article 26, statue à titre préjudiciel sur l'interprétation du droit communautaire, quand une juridiction nationale ou un organisme à fonction juridictionnelle est saisi pour en connaitre à l'occasion d'un litige, et de manière obligatoire lorsqu'il s'agit d'une juridiction statuant à charge d'appel. Les interprétations données par la Cour s'imposent aux autorités administratives et juridictionnelles des États membres.

En définitive, les institutions de la CEMAC semblent être plus ou moins efficaces au plan institutionnel. Néanmoins, au plan économique financier, l'institution est en crise. En effet, situation financière de la Commission de la Communauté économique et monétaire de l'Afrique centrale (CEMAC) devient préoccupante. Les arriérés de contributions des États membres sont estimés à environ 263,5 milliards de FCFA, mettant sous pression le fonctionnement normal de l'institution.

En tête des pays débiteurs figure la République centrafricaine, avec près de 61,8 milliards de FCFA, suivie de près par le Cameroun, qui cumule environ 59,9 milliards de FCFA d'arriérés. À eux deux, ces États représentent une part significative de la dette communautaire. Ces ressources

[209] Jean Didier BOUKONGOU, *Cours de droit international économique*, *op.cit.*, p.98.

proviennent de la Taxe communautaire d'intégration (TCI), principale source de financement de la CEMAC. Prélevée sur les importations dans chaque pays membre, elle doit être reversée à la Commission afin de soutenir les projets d'intégration régionale, le fonctionnement des institutions et la mise en œuvre des politiques communes. Pour l'exercice 2025, sur 51,9 milliards de FCFA attendus, seulement 31,09 milliards ont été mobilisés, soit un taux de recouvrement d'environ 60 %. Cette contre-performance financière a déjà contraint la Commission à suspendre plusieurs activités non prioritaires, faute de moyens suffisants. Au-delà des chiffres, cette situation interroge la solidité de la solidarité communautaire et la capacité des États membres à respecter leurs engagements, au moment où l'intégration sous régionale nécessite davantage de ressources pour répondre aux défis économiques et structurels de l'Afrique centrale.

Cette crise au sein de la CEMAC remet à l'ordre du jour le débat de la fusion entre la CEMAC et la CEEAC. Le processus de fusion de la CEEAC et de la CEMAC a suffisamment progressé et se trouve à une phase décisive malgré la crise de leadership entre les deux institutions communautaires. Chacune des institutions vente ses mérites pour pouvoir absorber l'autre.

Les États membres de la CEMAC fondent leur raisonnement sur l'ancienneté et le nombre d'acquis en matière de réalisation de leur institution communautaire. La CEMAC pense avoir un long palmarès ou encore une longue expérience que la CEEAC en matière de droit communautaire. Ces États membres pensent que la CEEAC est restée longtemps en hibernation jusqu'à sa réforme institutionnelle en 2019. Cela ne lui donne pas une solidité au plan institutionnel contrairement à la CEMAC qui a une très longue expérience dans le domaine communautaire.

Elle est née des cendres de l'UDEAC. Elle est structurée que la CEEAC.

Par ailleurs, les États membres de CEMAC avancent l'idée suivant laquelle la CEEAC regroupe en son sein des États membres ayant des réalités historiques différentes, ce qui n'assure pas la stabilité et la sécurité de leur communauté.

Pour faire face à ces défis, le comité de pilotage en charge de fusion CEMAC-CEEAC a proposé une refonte complète des deux institutions pour en créer une nouvelle !

Il convient de rappeler que cette fusion est devenue une nécessité aujourd'hui. Cette fusion vise à créer un marché unique plus compétitif en Afrique centrale de près de 200 millions de consommateurs, répondant aux exigences de l'Union Africaine et de la Zone de libre-échange continentale africaine (ZLECAf). Ce projet, en gestation depuis 2009 et amorcé vers 2022, cherche à surmonter le faible taux d'échanges intra-communautaires (environ 3 %) et la redondance institutionnelle. En parlant de la redondance institutionnelle, l'on constate que les États membres de la CEMAC sont tous également membres de la CEEAC pourtant ils sont tous issus de la zone Afrique centrale. Ceci engendre des coûts énormes en terme de cotisation dans un contexte où la trésorerie de ces différents États est fortement en crise. L'Union africaine (UA) encourage activement la rationalisation et la fusion des Communautés économiques régionales (CER) pour réduire le chevauchement des compétences et accélérer l'intégration, notamment vers la ZLECAf. Ce processus vise à harmoniser les politiques et renforcer la communauté économique africaine (CEA), en utilisant les CER existantes comme piliers.

Paragraphe 2 : Institutions étatiques

Les institutions de l'État sont considérées comme des acteurs publics traditionnels et incontournables en dépit de la globalisation, de la construction régionale et communautaire et des mouvements successifs de décentralisation. Il convient donc de mesurer leur poids dans l'action économique contemporaine. L'on tentera de le faire en présentant successivement l'action des institutions centrales (**A**), les institutions économiques spécialisées (**B**) et les autorités décentralisées (**C**).

A. Institutions centrales

L'étude des institutions centrales n'est pas spécifique à la présente étude sur le droit public économique camerounais et ne sera ici présentée que dans la perspective de la détermination des compétences des autorités administratives participant à l'action de l'État en matière économique et sociale. Sous l'ère du libéralisme, les politiques actuelles de déréglementation, de privatisation, et de décentralisation, ont eu au moins deux effets.

Les institutions étatiques, qu'elles soient de nature politique (gouvernement et parlement) ou de nature administrative (ministères), n'exercent plus globalement le même poids qu'au début des indépendances sur le jeu des acteurs économiques. Les institutions camerounaises ont perdu ce poids au début des années 1990 après l'entrée du Cameroun sous les programmes d'ajustement structurels. On l'a d'ailleurs remarqué, la déréglementation ne remet pas nécessairement en question toute régulation. Ces divers aspects seront étudiés en envisageant successivement les rôles des autorités gouvernementales (**1**) et parlementaires (**2**).

1. Missions et rôles des Autorités gouvernementales

En évoquant les autorités gouvernementales au Cameroun comme partout ailleurs en Afrique subsaharienne, on pense tout naturellement en matière économique au président de la République (a), car il constitue la clé de voûte des institutions en droit camerounais. Néanmoins, le rôle des membres du gouvernement n'est pas à négliger également (b). Il s'agit entre autres du Premier ministre, du ministère de l'Économie, de la Planification et de l'Aménagement du territoire (MINEPAT), du ministère des Finances, du ministère des Postes et Télécommunications, du ministère du Commerce, du ministère des Petites et Moyennes Entreprises, de l'Économie sociale et de l'Artisanat du Cameroun, et du ministère des Transports.

a. Président de la République

Le Président de la République, Chef de l'État, est le pilier central de la régulation économique au Cameroun. Il définit le cap stratégique et contrôle les leviers économiques majeurs. Dans un présidentialisme démocratique, la place de l'institution présidentielle est prépondérante par rapport aux autres institutions au sein de l'appareil étatique[210]. En tant que Chef de l'État, il incarne l'unité nationale. La Constitution lui confère des pouvoirs très importants : il définit la politique de la Nation, veille au respect de la Constitution, assure par son arbitrage le fonctionnement régulier des pouvoirs publics. Il est le garant de l'indépendance nationale, de l'intégrité du

---

[210] Éric FOKOU, « De l'idéal démocratique de l'équilibre à la réalité politique du déséquilibre des pouvoirs », *Les Annales de droit* [En ligne], 14 | 2020, p.8, mis en ligne le 01 juin 2021, consulté le 01 juin 2021. URL : http://journals.openedition.org/add/1807 ; DOI : https://doi.org/10.4000/add.1807.

territoire, de la permanence et de la continuité de l'État, du respect des traités et accords internationaux[211]. La régulation économique en droit camerounais est donc légicentrée. En fait, la position centrale qu'occupe le Président de la République au sein des institutions camerounaises se fonde sur le fait qu'il est l'élu de la Nation tout entière. Toutes ces prérogatives font du Président de la République, la clé de voûte des institutions républicaines. Le président du Cameroun a de larges prérogatives économiques, notamment en nommant et révoquant le Premier ministre et les ministres, et en fixant leurs attributions. Il est le chef de l'État et de facto le chef du gouvernement, ce qui lui confère une autorité sur l'économie, bien qu'il exerce conjointement ces pouvoirs avec le Parlement. Ses prérogatives incluent la nomination des membres du gouvernement qui mettront en œuvre la politique économique, et le contrôle de l'administration économique.

Par ailleurs, le Président a un pouvoir normatif et décisionnel sur le plan économique en signant les décrets et ordonnances relatifs aux réformes économiques majeures à l'instar des privatisations, la création d'entreprises publiques et partenariats stratégiques (voir supra). On peut citer plusieurs cas d'espèce.

Tout d'abord, la mise en place d'une politique de privatisation des entreprises publiques et parapubliques. En 1990, le Président de la République décide de définir un cadre législatif et réglementaire codifiant les opérations de privatisation et de liquidation des entreprises publiques au Cameroun. Pour une mise en œuvre efficace et adéquate de cette politique, le Président de la République créa le comité interministériel de la Mission de Réhabilitation des entreprises du secteur public et parapublic - structure

---

[211] Article 5 de la loi n° 96/06 du 18 janvier 1996 portant révision de la Constitution du 02 Juin 0972, celle-ci modifiée et complétée par la loi n° 2008/01 du 14 avril 2008.

directement rattachée à la Présidence de la République et aux services du Premier ministre. Le Comité est alors assisté par une « sous-commission chargée de la privatisation et composée d'experts nommés en raison de leur compétence et de leur expérience pratique ». Un décret présidentiel signé en mars 1995 et portant sur l'organisation de ladite mission a fait évoluer ce dispositif par la création d'une « Commission Technique chargée d'étudier et de préparer les mesures inhérentes à la réhabilitation, privatisation ou à la liquidation ». C'est en janvier 1997 que la Commission Technique de Privatisation et des Liquidations voit le jour, la précédente Commission technique ayant éclaté pour donner notamment naissance à la Commission technique de Réhabilitation.

Ensuite, sous l'impulsion du Président de la République, le Cameroun a adopté une politique de modernisation de l'État et de l'Administration publique. De plus, l'État a accéléré diverses réformes, comme celles sur la décentralisation, la réorganisation de la justice administrative, les procédures budgétaires, financières et fiscales, les résultats de l'élection du président de la République, la publication des actes administratifs par voie de média, les déguerpissements publics et les marchés publics. Celles-ci s'inscrivent dans la volonté du Cameroun de « disposer plus que par le passé, d'un leadership responsable, dynamique, proactif, anticipant sans cesse sur les évolutions conjoncturelles et structurelles » et de mettre en place « à tous les niveaux de responsabilités, les principes de gestion axée sur la recherche de la performance » (Vision Cameroun horizon 2035).

b. Membres du gouvernement

Le Premier ministre et certains ministères ont des rôles clés dans le secteur de l'économie.

i) Premier ministre

Le Premier ministre est le Chef du Gouvernement dont il dirige l'action économique. La Constitution le charge de l'exécution des lois. Il exerce le pouvoir réglementaire, nomme aux emplois civils sous réserve des prérogatives reconnues au Président de la République dans ces domaines[212]. Le Gouvernement met en œuvre la politique de la Nation telle que définie par le Président de la République. Il est responsable devant l'Assemblée nationale[213], l'une des deux chambres du Parlement. Toutes ces prérogatives constitutionnelles permettent au Premier ministre de jouer un rôle d'impulsion et de coordination de la politique économique du gouvernement, notamment en matière de finances publiques, de relations avec les institutions financières internationales, de promotion de l'investissement et de suivi des secteurs productifs. Il supervise l'élaboration de mesures économiques et s'assure de leur mise en œuvre par les différents ministères concernés, en priorisant ceux responsables des Finances et de l'économie.

ii) Les Ministères

Les ministères sont des divisions administratives de l'État sans personnalité juridique propre. Ils jouent un rôle dans l'action économique et sociale du Cameroun, mais nous ne citerons que certains ministères clés, à savoir le ministère de l'Économie, de la Planification et de l'Aménagement du territoire (MINEPAT), le ministère des Finances, le ministère des Postes et Télécommunications, le ministère du Commerce, le ministère des Petites et Moyennes Entreprises,

---

212 Article 12 de la loi n° 96/06 du 18 janvier 1996 portant révision de la Constitution du 02 Juin 0972, celle-ci modifiée et complétée par la loi n° 2008/01 du 14 avril 2008.

213 Article 11 de la loi n° 96/06 du 18 janvier 1996 portant révision de la Constitution du 02 Juin 0972, celle-ci modifiée et complétée par la loi n° 2008/01 du 14 avril 2008.

de l'Économie sociale et de l'Artisanat du Cameroun et le ministère des Transports.

Ministère de l'Économie, de la Planification et de l'Aménagement du territoire (MINEPAT)

Le ministère de l'Économie, de la Planification et de l'Aménagement du territoire (MINEPAT) est placé sous l'autorité d'un ministre, assisté d'un ministre délégué et d'un secrétariat d'État. La mission du MINEPAT est d'élaborer et mettre en œuvre la politique économique de la Nation ainsi que l'aménagement du territoire et de contribuer à l'accélération de la croissance inclusive et durable pour l'émergence du Cameroun. Sa vision à long terme est de contribuer à l'accélération de la croissance inclusive et durable pour l'émergence du Cameroun.

Selon l'article 13 du décret n° 2011/408 du 09 décembre 2011 portant organisation du gouvernement, le MINEPAT est responsable de l'élaboration et de la mise en œuvre de la politique économique de la Nation, de la planification ainsi que de l'aménagement du Territoire.

En matière économique, le MINEPAT est responsable de l'élaboration du Programme d'investissement pluriannuel de l'État ; de la cohérence des stratégies sectorielles de développement du pays ; de la coordination et de la centralisation des études sur les projets d'intérêt économique national ; de la centralisation des projets et de la gestion de la banque des projets en liaison avec les administrations concernées ; de la promotion des investissements publics ; de la préparation des Cadres de Dépense à Moyen Terme et du Budget d'Investissement Public ; de la gestion du budget d'investissement public en liaison avec le ministère des Finances ; de la prospection, la négociation, la finalisation et le suivi de l'exécution des Accords et Conventions de prêts en liaison avec le ministère des Relations extérieures et les administrations concernées ; de l'analyse économique conjoncturelle à court et moyen termes ; des orientations fondamentales et des stratégies de réhabilitation et de privatisation ation des entreprises publiques en liaison avec le ministère des Finances ; du suivi de la coordination de la politique de développement économique et social du Gouvernement ; du suivi de la cohérence et de la coordination des actions engagées, avec les divers partenaires internationaux et bilatéraux, dans la mise en œuvre des programmes économiques ; du suivi et du contrôle des programmes et projets d'investissement, en liaison avec les ministères sectoriels et le ministère des Finances ; de la coordination et du suivi de la mise en œuvre de la stratégie pour la croissance et l'emploi ainsi que de la vision 2035 ; du suivi de la conjoncture économique en liaison avec le ministère des Finances ; du suivi de la coopération multilatérale, notamment avec la Banque Mondiale, la Banque africaine de Développement, la Banque Islamique de Développement et l'Union européenne en liaison avec le ministère des Finances et le ministère des Relations extérieures ; du suivi de la coopération économique et technique, bilatérale, sous-régionale, régionale et internationale, notamment avec la Communauté économique et monétaire de l'Afrique centrale (CEMAC), la Communauté économique des États de l'Afrique centrale (CEEAC), la Commission économique des Nations unies pour l'Afrique (CEA) et le Programme des Nations unies pour le Développement (PNUD) en liaison avec le ministère des Relations extérieures et les Administrations concernées.

Ministère des Finances

Placé sous l'autorité d'un ministre et d'un ministre délégué, le ministère des Finances occupe une place centrale dans la régulation de l'économie en concevant et en mettant en œuvre les politiques budgétaires, fiscales et monétaires du gouvernement. Il joue à la fois le rôle de teneur des comptes et de la trésorerie de l'État d'une part, et d'autre part, de gestionnaire financier de cet État. Son pouvoir a ainsi une triple dimension, à savoir le pouvoir de décision, le pouvoir d'affectation et de modification de l'affectation ainsi que le pouvoir de contrôle.

En particulier, l'article 1er du décret n° 2013/006 du 28 février 2013, qui régit l'organisation du ministère des Finances, stipule que le ministre des Finances est responsable de l'élaboration et de la mise en œuvre de la politique financière, budgétaire, fiscale et monétaire du gouvernement.

En matière budgétaire, le ministère des Finances est responsable notamment de l'élaboration de la loi de règlement et de loi de finances ; de la préparation, du suivi et du contrôle de l'exécution du budget de fonctionnement de l'État, ainsi que de l'exécution du budget d'investissement en relation avec le ministère de l'Économie, de la Planification et de l'Aménagement du Territoire (MINEPAT) ; de l'exécution du budget d'investissement, en liaison avec le ministère de l'Économie, de la Planification et de l'Aménagement du Territoire (MINEPAT) ; des opérations de dévolution du patrimoine immobilier, mobilier de l'État, des Établissements publics Administratifs (EPA) et des sociétés à capital public, en liaison avec le ministère des Domaines, du Cadastre et des Affaires foncières ; du contrôle financier des organismes dotés d'un budget annexe et des établissements publics autonomes suivant les règlements propres à chaque organisme ou établissement ; de la mise en œuvre des privatisations et de la réhabilitation des entreprises publiques ; du suivi et du contrôle de la gestion des créances et des participations publiques, de l'endettement des personnes morales de droit public et de l'emploi des subventions ; de la prévision à court terme dans le cadre de l'élaboration du budget de l'État.

En matière fiscale, le ministère des Finances s'occupe des questions fiscales et douanières. En matière monétaire et financière, le ministère des Finances est chargé de la gestion de la dette publique intérieure et extérieure ; de la gestion du trésor public ; de l'élaboration de la balance des paiements ; du contrôle des finances extérieures, de la monnaie et de la réglementation des changes ; de la promotion de l'épargne et de son emploi pour le développement économique ; du suivi de la coopération monétaire et financière, en liaison avec le ministère des Relations extérieures ; du suivi et du contrôle des établissements de crédit, des compagnies d'assurances et des marchés financiers ; du suivi des affaires du Fonds monétaire international, en liaison avec le ministère des Relations extérieures.

Le ministère des Finances dispose en son sein de quatre administrations clés dont le rôle est crucial dans la régulation de l'économie au Cameroun. Il s'agit ici de la Direction générale du Budget ; la Direction générale des Douanes ; la Direction générale des Impôts ; la Direction générale du Trésor, de la Coopération financière et monétaire.

La Direction générale du Budget (DGB) du ministère des Finances du Cameroun a pour mission principale d'assurer la mise en œuvre de la politique budgétaire du gouvernement. Elle est chargée de l'élaboration du budget de l'État et joue un rôle essentiel de conception et d'exécution dans le pilotage de l'ensemble des finances publiques.

La Direction générale des Douanes joue un rôle clé dans la mise en œuvre de la politique économique nationale. Elle est notamment chargée de la protection de l'espace économique national et de l'amélioration de la compétitivité de l'économie. C'est donc un organe régulateur important de l'économie camerounaise. De ce fait, elle participe à la facilitation des échanges ; la mise en œuvre des régimes économiques ; la lutte contre la fraude, la contrebande, la contrefaçon et le commerce illicite ; la production des statistiques du commerce extérieur[214].

La mission de protection de la société : de par sa position aux frontières terrestres, maritimes et aériennes, l'administration des douanes participe à la protection de l'espace économique contre les flux néfastes à l'environnement et la santé des citoyens. Cette mission s'exerce à travers les contrôles effectués par les Unités des douanes présentes aux frontières. De manière spécifique, ces missions concernent : la lutte contre le trafic des espèces protégées, des médicaments contrefaits, des produits psychotropes et d'autres produits dangereux ; la lutte contre le trafic des déchets toxiques et autres produits nocifs à l'environnement et à la santé publique. La mission de sécurité : au regard du contexte sécuritaire national et international marqué par la résurgence des conflits et du terrorisme, l'administration des douanes est appelée à apporter sa contribution dans le contrôle de la circulation de certains produits utilisés dans les conflits. Il s'agit notamment de la lutte contre la criminalité transfrontalière organisée ; la lutte contre le terrorisme et le trafic des engins explosifs improvisés ; la lutte contre la criminalité financière et le blanchiment des capitaux ; la lutte contre la prolifération des armes légères et de petits calibres et leurs munitions ; la lutte contre le trafic illicite des marchandises à double usage.

La Direction générale des Impôts accomplit diverses missions, parmi lesquelles l'élaboration des textes législatifs et réglementaires en matière d'impôts ; l'identification, la localisation et l'immatriculation des contribuables ; le recouvrement des impôts ; le contrôle et

---

[214] Direction générale des Douanes, *Rapport annuel 2020*, République du Cameroun, 2020, p.26 et s.

la vérification fiscale ; la centralisation des données statistiques fiscales et la collecte des renseignements fiscaux ; la lutte contre la fraude et la répression fiscale ; la négociation des conventions et accords en matière fiscale ; l'instruction des réclamations gracieuses et contentieuses.

La Direction générale du Trésor, de la Coopération financière et monétaire (DGTCFM) participe à plusieurs missions à caractère économique, notamment la participation à l'élaboration de la loi de finances et de la loi de règlement ; le recouvrement de l'ensemble des recettes de l'État régulièrement liquidées ; l'exécution de l'ensemble des opérations budgétaires de l'État en recettes et en dépenses après l'exercice des contrôles réglementaires ; la tenue de la comptabilité de l'État, ainsi que celle des établissements publics et des collectivités territoriales décentralisées ; la reddition des comptes publics ; le contrôle des établissements bancaires, de microfinance, d'assurance et des bureaux de change ; et enfin le suivi des affaires relatives à la coopération financière et monétaire internationale.

Ministère du Commerce

Le ministère du Commerce supervise et réglemente le commerce. Il est responsable du développement et de la croissance du commerce à l'intérieur et à l'extérieur du pays. Ce département ministériel régule l'économie en élaborant et mettant en œuvre la politique commerciale du gouvernement, en surveillant le marché, en luttant contre les pratiques illicites et en contrôlant la qualité des produits. Il assure également la liaison avec les organisations internationales comme l'Organisation mondiale du Commerce (OMC) et supervise les organismes liés à la stabilisation des prix et à la promotion des produits de base, contribuant ainsi à l'amélioration du climat des affaires et à la protection des consommateurs.

Les missions du ministère du Commerce sont définies dans le Décret n° 2012/513 du 12 novembre 2012 portant organisation du ministère du Commerce. Il s'agit, entre autres, de[215] l'élaboration, de la mise en œuvre et de l'évaluation des stratégies de promotion des produits camerounais ; l'élaboration de la réglementation en matière de prix et du suivi de son application, en liaison avec les administrations concernées ; la régulation des approvisionnements des produits de grande consommation, en relation avec les administrations concernées ; la recherche des nouveaux marchés pour les produits camerounais ; la promotion et de la défense d'un label de qualité pour les produits destinés au marché local et à l'exportation ; la promotion et du contrôle de la saine concurrence ; la négociation et du suivi de la mise en œuvre des accords commerciaux en liaison avec le ministère des Relations extérieures ; la promotion de la compétitivité des produits camerounais sur les marchés étrangers ; l'application des sanctions administratives en cas de fraude ou de non-respect des normes fixées, sans préjudice des attributions dévolues aux autres départements ministériels concernés ; l'organisation et de la supervision des foires commerciales ; le suivi du commerce international des matières premières et des produits dérivés, en liaison avec les départements ministériels et les organismes concernés ; le suivi de l'application des normes en matière d'importation, en liaison avec les administrations concernées ; le suivi de l'inflation en liaison avec les administrations concernées ; le suivi des circuits de conservation et de distribution des produits de grande consommation ; le suivi de l'élaboration et de l'application des normes des instruments de mesure et de contrôle de qualité en liaison avec les administrations

[215] Cf. article 1er du Décret n° 2012/513 du 12 novembre 2012 portant organisation du ministère du commerce du Cameroun.

concernées ; le suivi des relations avec les organisations internationales œuvrant dans le domaine du commerce international en liaison avec les administrations concernées ; le suivi de l'élaboration ou de l'homologation des normes de présentation, de conservation et de distribution des produits de grande consommation et du respect de ces normes par les opérateurs économiques en liaison avec les administrations concernées ; le suivi des négociations commerciales avec l'Union européenne en liaison avec le ministère des Relations extérieures.

Il assure la liaison entre le Gouvernement et l'Organisation mondiale du Commerce (OMC). Il exerce la tutelle technique sur la Mission de Régulation des Approvisionnements des Produits de Grande Consommation (MIRAP) ; la Caisse de Stabilisation des Prix des Hydrocarbures (CSPH) ; l'Office national du Cacao et du Café (ONCC).

Ministère des Postes et Télécommunications

Le ministère des Postes et Télécommunications n'est pas un régulateur de l'économie au sens traditionnel du terme, mais il influence quand même le secteur de l'économie numérique au Cameroun en définissant la politique gouvernementale en cette matière et en assurant la tutelle des organes de régulation. À ce titre[216], il étudie, réalise ou fait réaliser les équipements et infrastructures correspondants aux secteurs des postes et télécommunications ; il assure le développement des Technologies de l'Information et de la Communication (TIC) ainsi que des communications électroniques sous toutes leurs formes en liaison avec les Administrations concernées ; il assure la promotion des investissements

---

[216] Voir article 29 du décret n° 2011/408 du 09 décembre 2011 portant organisation du gouvernement du Cameroun.

dans le secteur en relation avec le ministère de l'Économie, de la Planification et de l'Aménagement du Territoire et les organismes concernés ; il assure ou fait assurer la formation des personnels de son secteur ; il suit les activités des sociétés de télécommunications mobiles ou par satellites ; il suit les activités liées au commerce électronique et les questions de cybersécurité et de cybercriminalité en liaison avec les Administrations concernées ; il élabore, analyse et tient les statistiques relatives aux domaines des Postes et Télécommunications et des Technologies de l'Information et de la Communication (TIC) ; il suit les activités des organismes de régulation intervenant dans son secteur de compétence. Il assure la liaison entre le Gouvernement et l'Union postale universelle (UPU) ainsi qu'avec l'Union internationale des Télécommunications (UIT) en liaison avec le ministère des Relations extérieures.

Autres départements ministériels

Les autres ministères sont des divisions administratives spécialisées. Cette spécialisation est croissante au fur et en mesure que leur nombre augmente. On ne peut pas citer tous les ministères. On va simplement citer les plus signifiants.

Le ministère des Petites et Moyennes Entreprises, de l'Économie sociale et de l'Artisanat a la responsabilité d'élaborer, de mettre en œuvre et d'évaluer la politique du Gouvernement en matière de développement des petites et moyennes entreprises, de l'économie sociale et de l'artisanat[217]. Sur le plan économique, il se charge, par exemple, de la promotion et de l'encadrement des petites et moyennes entreprises et de l'artisanat ; de la promotion de l'esprit d'entreprise et de l'initiative privée ; de la

---

[217] Article 27 du décret n° 2011/408 du 09 décembre 2011 portant organisation du gouvernement du Cameroun.

promotion de l'artisanat ; de l'identification et de l'étude des possibilités de migrations des acteurs du secteur informel vers l'artisanat et les microentreprises ; du développement de l'économie sociale, etc.

Le ministère des Mines, de l'Industrie et du Développement technologique a la responsabilité d'élaborer et de mettre en œuvre la politique minière et industrielle du Gouvernement et des stratégies de développement technologique dans les différents secteurs de l'économie nationale[218]. Ce département ministériel joue un rôle très important sur certains aspects de la régulation de l'économie camerounaise, notamment dans le secteur industriel en élaborant la cartographie minière ; en assurant la promotion de l'industrie locale ; en promouvant les investissements dans le secteur des mines, de l'industrie et du développement technologique ; en veillant au développement des zones industrielles ; en assurant la promotion des investissements privés ; en élaborant et en mettant en œuvre le plan d'industrialisation du pays ; en assurant le suivi des activités de l'Office National des Zones franches industrielles et de la Mission d'Aménagement et de Gestion des Zones industrielles ; en promouvant et en défendant un label de qualité pour les produits destinés au marché local et à l'exportation en liaison avec les administrations concernées ; etc. Il assure également la liaison entre le Gouvernement et l'Organisation mondiale de la Propriété intellectuelle (OMPI), l'Organisation africaine de la Propriété intellectuelle (OAPI) ainsi qu'avec l'Organisation des Nations Unies pour le Développement industriel (ONUDI) en relation avec le Ministère des Relations extérieures. Il exerce un contrôle sur les entreprises publiques et semi-

[218] Article 1er du décret n° 2012/432 du 01 octobre 2012 portant organisation du ministère des Mines, de l'Industrie et du Développement Technologique.

publiques actives dans son domaine de responsabilité, les agences d'intervention et d'aide aux industries, ainsi que sur les sociétés de réglementation du secteur minier. Ces entités incluent la Société Nationale des Investissements (SNI), l'Agence des Normes et de la Qualité (ANOR), l'Agence de Promotion des Investissements (API), l'Office National des Zones franches industrielles (ONZFI), la Chambre de Commerce, d'Industrie, des Mines et de l'Artisanat (CCIMA) et la Mission d'Aménagement et de Gestion des Zones industrielles (MAGZI).

Enfin, l'État camerounais a mis en place un mécanisme de surveillance des activités minières au Cameroun, appelé la « *Brigade nationale de Contrôle des Activités minières* »[219]. Les missions spécifiques de cette Brigade sont entre autres la mise en œuvre de la stratégie du Gouvernement en matière de contrôle de l'activité minière ; l'organisation et la supervision des activités des équipes de contrôle minier ; le contrôle du respect de la règlementation relative aux activités minières ; le contrôle du respect des clauses des cahiers de charge par les opérateurs miniers, en liaison avec les administrations et organismes concernés ; le contrôle des activités d'exploitation, de stockage, du transport par canalisation, de transformation, d'importation et d'exportation des hydrocarbures ; le contrôle des activités des chantiers d'exploration et d'exploitation minières ; le contrôle des activités des chantiers d'exploitation des substances de carrière ; le contrôle des activités des sociétés d'exploitation des eaux de source, des eaux minérales et des eaux thermominérales ; l'instruction des dossiers disciplinaires à l'égard des sociétés d'exploration et d'exploitation minières ; la répression des infractions à la réglementation minière ; la centralisation et

[219] Lire article 7 du décret n° 2012/432 du 01 octobre 2012 portant organisation du ministère des Mines, de l'Industrie et du Développement Technologique.

l'exploitation de toute information relative au contrôle minier sur l'étendue du territoire national

Le ministère de la Recherche scientifique et de l'Innovation est responsable de l'élaboration et de la mise en œuvre de la politique du Gouvernement en matière de recherche scientifique et d'innovation. À ce titre, il peut s'engager dans diverses activités en matière économique, comme : l'animation, la coordination et le contrôle des activités de recherche scientifique en vue de la promotion du développement économique, social et culturel ou encore la valorisation, la vulgarisation l'exploitation des résultats de recherche, en liaison avec tous les secteurs de l'économie nationale et les Départements ministériels et organismes intéressés[220].

Le ministère du Tourisme et des Loisirs est responsable de l'élaboration et de la mise en œuvre de la politique du Gouvernement dans le domaine du tourisme et des loisirs[221]. Certaines de ses missions permettent de réguler l'économie à l'instar du contrôle de la qualité de service dans l'hôtellerie, la restauration et les loisirs ; du contrôle des établissements de tourisme, des parcs d'attractions et des parcs de loisirs et de l'élaboration des normes dans l'hôtellerie, la restauration et les loisirs, etc.

Le ministère des Transports est un département ministériel qui occupe une place majeure dans l'économie camerounaise. Compte tenu de sa position géographique au sein du golfe de Guinée, l'espace portuaire du Cameroun est un atout majeur sur le plan économique. Les principales zones portuaires du Cameroun sont le Port autonome de Douala, qui est le principal port historique et le plus actif

---

[220] Article 30 du décret n° 2011/408 du 09 décembre 2011 portant organisation du gouvernement du Cameroun.

[221] Cf. Article 1er du Décret n° 2012/291 du 21 juin 2012 portant organisation du ministère du tourisme au Cameroun.

d'Afrique centrale, et le Port autonome de Kribi, un port en eau profonde plus récent et stratégique pour l'économie nationale et la région. D'autres zones portuaires existent, comme Garoua, Tiko, et plusieurs terminaux maritimes spécialisés (Ebome, Kole, Limboh, Moudi). Aussi, le ministère des Transports est responsable de l'élaboration et de la mise en œuvre de la politique du Gouvernement en matière de transport et de sécurité routière. Ses missions économiques sont entre autres celles d'assurer ou de contrôler l'organisation et le fonctionnement des transports aériens, ferroviaires, maritimes et fluviaux ; d'assurer ou de contrôler l'organisation et le fonctionnement des transports routiers et la sécurité routière en liaison avec les Administrations ; de l'aviation civile, des navigations fluviale et maritime, des transports routiers et ferroviaires et de la météorologie.

Enfin, il exerce la tutelle sur les ports autonomes et sur tous les organismes publics ou parapublics relevant de son secteur de compétence, notamment l'Autorité portuaire nationale (APN) ; la société Aéroports du Cameroun (ADC) ; l'Autorité aéronautique « Cameroon Civil Aviation Authority » (CCAA) ; la société Cameroon Airlines Corporation (CAMAIR Co) ; le Conseil national des chargeurs du Cameroun (CNCC).

2-Missions et Rôles des autorités législatives

En tant que deuxième pouvoir au sein de l'État, le parlement a un statut qui lui confère de nombreuses prérogatives sur le plan économique (**a**), mais celles-ci sont limitées (**b**).

a. Statut du Parlement en matière économique

Le Parlement au Cameroun est bicaméral : une Assemblée nationale et un Sénat. Le bicamérisme a vu le jour au Cameroun en 2013 à la suite des élections sénatoriales, dont soixante-dix (70) sénateurs élus et trente (30) nommés par décret du Président de la République[222]. Avant cette année, le parlement camerounais fonctionnait sous l'égide du système monocaméral. Cela signifie que le parlement fonctionnait avec une seule chambre, la chambre basse composée des députés qui sont au nombre de cent quatre-vingts (180) selon la constitution camerounaise en vigueur. L'avènement de la chambre haute composée des sénateurs est venu donner plus de crédibilité, de transparence dans le labeur quotidien du parlement camerounais qui, dès lors, va jouer pleinement son rôle en matière de production des normes et du contrôle de l'action gouvernementale. Ce parlement a un certain nombre d'attributions en matière économique fixées à l'article 26 de la Constitution du Cameroun (**i**). Le Parlement exerce ces attributions en légiférant et en contrôlant l'action du gouvernement (ii).

i) Attributions constitutionnelles du Parlement

À la lecture de l'article 26 de la Constitution camerounaise, le Parlement a deux principales attributions en matière économique. Il s'agit des questions financières et patrimoniales et de la programmation des objectifs de l'action économique et sociale.

Questions financières et patrimoniales

Les compétences financières et patrimoniales dévolues au Parlement concernent les compétences en matière de finances publiques et les questions liées au patrimoine, en particulier les questions fiscales, budgétaires et liées au

---

[222] Daouda IDRISSOU, « La fonction du parlement en droit positif camerounais », *International Journal of Advances in Engineering and Management (IJAEM)*, Volume 5, Issue 6 June 2023, p. 268.

patrimoine naturel. Cinq domaines de compétence sont attribués au Parlement : l'émission de la monnaie ; le budget ; la création d'impôts et de taxes ; la détermination de l'assiette, du taux et des modalités de recouvrement de ceux-ci ; le régime domanial, foncier et minier ; le régime des ressources naturelles.

Programmation des objectifs de l'action économique et sociale

La programmation des objectifs de l'action économique et sociale vise à définir les priorités d'une politique publique à travers des objectifs clairs pour la croissance, l'emploi, la stabilité et la réduction des inégalités. Aussi, le parlement camerounais programme les objectifs de l'action économique et sociale par le vote des lois de programmation et du budget de l'État, dans un rôle de contrôle et de validation de la politique gouvernementale. Le Parlement autorise la levée d'impôts et l'affectation des dépenses publiques pour atteindre ces objectifs. Ce processus implique généralement l'établissement de lois de programmation qui fixent des objectifs pluriannuels pour les finances publiques, et l'élaboration du budget annuel par le gouvernement, qui est ensuite débattu et voté par les parlementaires.

ii) Pouvoirs constitutionnels du Parlement

Le parlement, en tant que législateur, assure la production normative à travers la création et l'adoption des lois, d'une part, et occupe une fonction politique par sa fonction de contrôle des actions gouvernementales, d'autre part.

Fonction normative du parlement camerounais

Pour rappel, le parlement a deux types de procédures législatives, à savoir les procédures ordinaires et les procédures législatives spéciales.

Les procédures législatives ordinaires concernent exclusivement les lois normatives, c'est-à-dire celles qui posent des règles obligatoires[223].

La phase préliminaire de l'élaboration de la loi s'effectue en quatre étapes : l'initiative, le dépôt, la recevabilité et l'examen en commission. Les textes de loi peuvent émaner soit du président de la République, soit des députés ou des sénateurs en vertu de l'article 25 de la Constitution, qui énonce que l'initiative des lois appartient concurremment au président de la République et aux membres du parlement. Lorsque le texte est initié par le président de la République, on parle de projet de loi. Lorsqu'il émane d'un ou de plusieurs députés, il s'agit d'une initiative législative.

Le terme « discussion en séance » est un terme générique qui recouvre des opérations qui vont au-delà de la discussion au sens commun. Sauf si la loi est adoptée par un vote sans débat, la discussion en séance se déroule en quatre étapes : présentation du rapport de la commission, discussion générale. Comme pour les travaux en commission, le droit d'accès et le droit de parole des membres du gouvernement aux séances publiques des assemblées sont illimités et inconditionnels. On ne peut pas y porter atteinte. En cas d'empêchement du membre du gouvernement compétent, il peut se faire suppléer par un

[223] Daouda IDRISSOU, « La fonction du parlement en droit positif camerounais », *International Journal of Advances in Engineering and Management (IJAEM)*, *op.cit.*, p. 270.

autre membre du gouvernement. Les séances plénières sont publiques[224].

Les procédures spéciales peuvent également concerner les lois normatives, mais elles présentent certaines particularités et connaissent certains infléchissements par rapport à la procédure ordinaire. Celles-ci connaissent des particularités en raison de la spécificité de l'objet des textes.

En matière économique, ce particularisme procédural concerne les lois de finances, les lois constitutionnelles et les ordonnances.

Premièrement, l'adoption de la loi de finances. C'est une loi spéciale, assujettie à une procédure d'adoption particulière. Le Parlement joue pleinement son rôle de législateur en la matière. Il faut entendre par là : l'ensemble du processus qui mène de la saisine officielle du Parlement au vote final de la loi de finances[225]. L'adoption de la loi est l'étape la plus importante dans la procédure législative, car c'est elle qui donne réellement naissance à la loi. C'est à travers cette phase que le Parlement exerce la plénitude de sa fonction législative prévue à l'article 26, alinéa 1, de la loi constitutionnelle de 1996 : « la loi est votée par le Parlement ». L'adoption de la loi dans la procédure ordinaire comporte deux phases principales : la première phase étant la phase préparatoire ou préliminaire et l'autre phase de discussion et d'adoption en séance plénière.

Une fois déposé sur le bureau de l'Assemblée nationale, le projet de loi de finances est examiné selon les modalités

---

[224] *Idem.*

[225] Oumarou YOUSSOUFA, « Cameroun : L'adoption de la Loi de finances par le Parlement », *VILLAGE de la justice*, 22 septembre 2022, disponible à l'adresse : https://www.village-justice.com/articles/adoption-loi-finances-par-parlement,43681.html, (consulté le 26.11.2025).

qui relèvent d'une part de l'adoption graduelle de la loi de finances et l'adoption par vote. Après la discussion générale qui permet au Gouvernement et aux parlementaires de s'exprimer sur le cadrage d'ensemble du projet de loi de finances, chaque Assemblée, après examen des éventuelles motions de procédures, passe à l'examen des articles de la première partie qui constitue le moment privilégié de discussion de mesures fiscales présentées par le Gouvernement pour l'année suivante[226].

La deuxième procédure exceptionnelle est l'adoption des lois constitutionnelles. Le droit d'établir une constitution est l'œuvre du pouvoir constituant originaire. Celui de la modifier est l'œuvre du pouvoir constituant dérivé. L'œuvre établissant une constitution nouvelle est appelée loi fondamentale. Les actes destinés à modifier la constitution existante, appelés « lois constitutionnelles », sont adoptés selon une procédure spéciale prévue par ladite constitution. Cette procédure spéciale a trait à l'initiative et à l'organe habilité à délibérer sur la matière quant à sa constitution et son fonctionnement ainsi qu'à sa compétence[227]. L'initiative de la révision de la Constitution appartient concurremment au Président de la République et au parlement. Lorsqu'elle émane du président de la République, on est en présence d'un projet de révision. Émanant d'un ou des membres du parlement, il s'agit d'une proposition de révision. Dans ce dernier cas, la proposition de révision, pour être recevable, doit présenter la signature d'un tiers au moins des membres de l'une ou de l'autre chambre, c'est-à-dire au moins soixante députés ou trente-quatre sénateurs. Lorsqu'il est appelé à se prononcer sur un projet ou une proposition de révision de la Constitution, le

---

[226] Daouda IDRISSOU, « La fonction du parlement en droit positif camerounais », *International Journal of Advances in Engineering and Management (IJAEM)*, *op.cit.*, p. 275.
[227] *Idem.*

parlement se réunit en Congrès. Cet organe dispose d'une organisation et d'un fonctionnement spécifiques régis par les textes. Les projets et propositions de révision ne peuvent faire l'objet d'un contrôle d'opportunité. Enfin, les lois constitutionnelles sont limitées dans leur objet. Toutes les dispositions de la Constitution ne peuvent faire l'objet de révision. Aussi, l'article 64 de la Constitution camerounaise dispose : « *Aucune procédure de révision ne peut être retenue si elle porte atteinte à la forme républicaine, à l'unité et à l'intégrité territoriale de l'État et aux principes démocratiques qui régissent la République* ».

Troisièmement, l'on parlera de l'ordonnance. Elle est définie comme un acte fait par le Gouvernement avec l'autorisation du parlement dans le domaine de la loi. Dans les matières qui sont normalement du domaine de la loi, « le parlement peut autoriser le président de la République, pendant un délai limité et sur des objets déterminés, à prendre des ordonnances ». L'ordonnance est une norme édictée par l'exécutif dans le domaine de la loi. Sous la IVe République en France, on l'appelait « décret-loi ». Il s'agit donc d'une dérogation à la répartition des compétences entre la loi et le règlement. Lorsque le Président de la République souhaite intervenir dans le domaine de la loi, notamment en raison de l'urgence, il prend l'initiative de déposer un projet de loi demandant que le parlement l'y autorise. Ce projet de loi prend l'appellation de « projet de loi d'habilitation ». La loi d'habilitation ou « habilitation législative » est votée dans les conditions du droit commun. L'ordonnance est par la suite, en principe, ratifiée par le Parlement et acquiert une valeur législative. En matière économique, le texte juridique le plus récent est l'Ordonnance N° 2025/002 du 18 juillet 2025 fixant les incitations à l'investissement en République du Cameroun. Ce texte vient renforcer le cadre législatif existant, notamment la loi du 18 avril 2013 fixant les incitations à l'investissement privé au Cameroun. La nouvelle ordonnance détaille les incitations qui s'appliquent à la fois aux personnes physiques et morales, camerounaises ou étrangères, dans leurs activités économiques, leur participation au capital des entreprises camerounaises ou encore leur contribution au financement des projets d'investissement au Cameroun.

Fonction politique du Parlement

Le parlement exerce deux fonctions politiques au sein du Gouvernement, à savoir la mise en jeu de la responsabilité du gouvernement et d'autres modalités de contrôle.

Mise en jeu de la responsabilité politique du gouvernement

Elle peut être définie comme une « technique essentielle du régime parlementaire permettant à l'organe législatif de contraindre le gouvernement à démissionner »[228]. Ce pouvoir législatif permet au parlement d'exercer un contrôle sur la gestion des finances publiques et des activités économiques du Gouvernement. Cette responsabilité n'est pas fondée sur une infraction pénale ou civile, mais elle repose sur des éléments essentiellement subjectifs relevant de la seule discrétion de l'Assemblée nationale[229]. Cette mise en jeu du gouvernement par le parlement comporte deux modalités, à savoir la motion de censure et la question de confiance.

---

[228] Charles DEBBASCH et Yves DAUDET, *Lexique politique : états, vie politique et relations internationales*,
Dalloz, Paris, 1984, p.341.

[229] Bernard-Raymond GUIMDO, « La responsabilité politique du gouvernement dans la Constitution camerounaise », *Revue de la Recherche Juridique (RRJ) Droit prospectif*, N° XXXII- 120 – (120e numéro), 2007, p.2100.

La censure vient du mot latin « censura », qui veut dire « peines ecclésiastiques ». D'après l'article 34 al. 3 de la Constitution camerounaise, l'Assemblée nationale peut mettre en cause la responsabilité du Gouvernement par le vote d'une motion de censure. La validité de cette motion de censure est conditionnée par la signature d'au moins un tiers des membres de l'Assemblée nationale, c'est-à-dire 60 députés. Le vote ne peut intervenir que quarante-huit (48) heures après le dépôt de la motion de censure. Cette dernière est adoptée à la majorité des deux tiers des membres composant l'Assemblée nationale. Par ailleurs, le constituant camerounais a décidé de limiter dans le temps le nombre de motions de censure que les députés pourraient présenter[230]. Cette restriction est inscrite à l'article 34, alinéa 2, paragraphe 3, de la Constitution camerounaise, qui stipule que « en cas de rejet de la motion de censure, les signataires ne peuvent en déposer une nouvelle avant le délai d'un an ». Une telle mesure permet de réduire au moins les risques d'instabilité gouvernementale. Lorsque l'Assemblée nationale vote la censure du Gouvernement ou lui refuse sa confiance, le Premier ministre a l'obligation de remettre la démission du gouvernement au Président de la République.

La question de confiance est un vote par lequel les députés de l'Assemblée nationale décident ou non d'accorder leur confiance au Gouvernement. En vertu de l'article 34, al. 2 de la Constitution, le Premier ministre peut, après délibération du Conseil ministériel, engager devant l'Assemblée nationale, la responsabilité du Gouvernement sur un programme ou, le cas échéant, sur une déclaration de politique générale. En effet, le Premier ministre, Chef du gouvernement, pose une question à l'Assemblée nationale. Et c'est au moins quarante-huit (48)

---

[230] *Idem.*

heures après cette question de confiance que le vote peut intervenir. La confiance ne peut en aucun cas être refusée qu'à la majorité absolue des députés à l'Assemblée nationale.

Autres modalités du contrôle de l'action gouvernementale

En dehors de ces deux modalités principales du contrôle gouvernemental que sont la question de confiance et la motion de censure, il existe d'autres modalités de contrôle. Il s'agit de la recherche d'informations et l'enquête.

Le parlement camerounais recherche l'information auprès du gouvernement à travers les questions orales ou écrites. Ce sont des instruments parlementaires les plus anciens de contrôle de l'action gouvernementale en matière économique et sociale. Ils permettent aux députés et sénateurs d'obtenir des éclaircissements sur des points particuliers de la législation ou d'avoir des précisions sur un aspect de la politique gouvernementale à l'instar des politiques économiques, financières et monétaires. En réalité, le régime des questions est fixé par la Constitution et par le règlement intérieur de l'Assemblée nationale camerounaise. Aux termes de l'article 35 al. 3 de la Constitution, « au cours de chaque session ordinaire, une séance par semaine est réservée par priorité aux questions des membres du Parlement, et aux réponses du Gouvernement ». La session ordinaire est donc le moment des questions, même si le règlement de l'Assemblée nationale prévoit des questions au cours des sessions extraordinaires sur les sujets inscrits à l'ordre du jour de telles sessions.

L'autre moyen dont dispose le parlement pour contrôler l'activité gouvernementale est l'investigation à travers les commissions d'enquête parlementaires. On entend par enquête parlementaire, « les investigations auxquelles une Assemblée procède elle-même par l'intermédiaire des membres qu'elle a désignés avec un mandat déterminé. Ces enquêtes peuvent être ordonnées sur toutes les questions qui intéressent le pays »[231]. Il est à noter qu'à l'inverse des questions orales et écrites, la Constitution camerounaise n'est pas assez précise ou détaillée au sujet des commissions d'enquête. Ces commissions sont encadrées par la loi n° 91/029 du 16 décembre 1991 et, surtout, par la loi n° 2014/016 du 09 septembre 2014 portant règlement intérieur de l'Assemblée nationale au Cameroun. L'article 86 al. 1 du règlement intérieur de l'Assemblée nationale stipule qu'« en application de l'article 35 al.1 de la Constitution, l'Assemblée nationale peut, par le vote d'une proposition de résolution déposée sur son bureau, conformément aux dispositions de l'article 38 ci-dessus, constituer une Commission d'enquête parlementaire ». L'alinéa 2 du même article précise que la proposition de résolution visée à l'alinéa 1 ci-dessus doit déterminer avec précision soit les faits qui donnent lieu à enquête, soit les services publics dont la Commission d'enquête doit examiner la gestion…

b. Rôle limité du Parlement en matière économique

En raison de la nature présidentialiste du régime politique camerounais, le parlement camerounais a un pouvoir limité en matière économique. En effet, il est fort de constater qu'il existe un déséquilibre des pouvoirs entre les pouvoirs exécutif et législatif et une omniprésence du pouvoir exécutif dans le travail parlementaire.

Primo, l'hyper-présidentialisme se caractérise par un déséquilibre des pouvoirs entre l'exécutif et le législatif en droit camerounais. Le président de la République du

---

[231] Eugène PIERRE, *Traité de droit politique, électoral et parlementaire*, Motteroz, 1893.

Cameroun a constitutionnellement le droit en temps de crise d'abréger ou de proroger sans élection le mandat de l'Assemblée nationale en deçà et au-delà de la législature, de nommer en temps normal un tiers des sénateurs, etc.[232] Il ne peut être mis en accusation par le Parlement que moyennant un vote identique au scrutin public et à la majorité des quatre cinquièmes des membres[233]. Le Président de la République dispose également au sein du parlement d'une majorité parlementaire stable et disciplinée venant du même bord politique que lui depuis plusieurs décennies. Le fait majoritaire, bien qu'étant considéré comme un phénomène circonstanciel, démontre encore à suffisance la prégnance du pouvoir exécutif sur le pouvoir législatif. Il existe alors une rupture nette, de l'équilibre des pouvoirs en faveur de l'exécutif et notamment du Président de la République au détriment du pouvoir législatif en droit camerounais.

Secundo, le vote des lois économiques, particulièrement la loi de finances, ne lui permet pas d'exercer un réel contrôle économique. Tout d'abord, à cause d'une majorité absolue du parti au pouvoir au parlement, toutes les lois depuis l'avènement de la démocratie au Cameroun émanent des projets de loi. Ainsi, toutes les lois budgétaires, financières et monétaires sont pensées par le gouvernement et automatiquement votées, sous réserve de quelques amendements, par le parlement. Ensuite, en raison des

---

[232] Éric FOKOU, « De l'idéal démocratique de l'équilibre à la réalité politique du déséquilibre des pouvoirs », *Les Annales de droit [En ligne]*, 14 | 2020, p.44, mis en ligne le 01 juin 2021, consulté le 01 juin 2021. URL : http://journals.openedition.org/add/1807 ; DOI : https://doi.org/10.4000/add.1807, (consulté le 28.11.2025).

[233] Article 53 (nouveau) alinéa 2 de la Loi n° 96/06 du 18 janvier 1996 Portant révision de la Constitution du 02 juin 1972, modifiée et complétée par la loi n° 2008/001 du 14 avril 2008.

conditions dans lesquelles s'exerce le contrôle budgétaire parlementaire, prisonnier des interdictions de l'article 23, alinéa 3a, de la Constitution camerounaise[234] et de la technique des services votés, qui conduit à la reconduction automatique de la plupart des crédits. L'examen du budget de la nation, prérogative exclusive du Président de la République, est devenu avant tout l'occasion pour l'exécutif de dicter sa vision de l'économie.

Par ailleurs, l'article 26 de la Constitution suscité réserve au parlement la fixation des règles concernant le régime d'émission de la monnaie, mais nombre de décisions financières échappent au contrôle du pouvoir législatif. Il s'agit entre autres de la fixation de la valeur de la monnaie (dévaluations et réévaluations), la fixation des taux d'intérêt (autonomisée, même à l'égard du pouvoir exécutif, depuis l'institutionnalisation de la Banque des États d'Afrique centrale dénommée « BEAC »), l'encadrement du crédit et les ajustements structurels ou conjoncturels, etc.

Au-delà de l'administration centrale, plusieurs personnalités distinctes des administrations centrales sont également investies des missions à caractère économiques. Il s'agit des institutions publiques spécialisées en matière économique et des autorités décentralisées.

B. Institutions publiques spécialisées en matière économique

Nombre de fonctions à caractère économique, relevant au sens large de l'administration économique, ne sont pas

---

[234] L'article 23 alinéa 3a de la Constitution du Cameroun dispose que : « *Sont irrecevables, les propositions de loi ou amendements qui auraient pour effet, s'ils sont adoptés, soit une diminution des ressources publiques, soit l'aggravation des charges publiques sans réduction à due concurrence d'autres dépenses ou création de recettes nouvelles d'égale importance* ».

assurées par les autorités administratives générales. Cela tient d'une part à ce que même pendant les périodes de forte intervention publique dans l'économie, l'action d'encadrement ou même de gestion de certaines activités à caractère économique a souvent été confiée à des personnes distinctes de l'administration centrale. D'autre part, la déréglementation s'est plus récemment traduite par l'émergence de modes autonomes de régulation faisant appel à des autorités administratives indépendantes, ou encore à des autorités publiques indépendantes. L'on abordera tour à tour les établissements publics (**1**) et les autorités de régulation indépendantes (**2**).

1. Établissements publics

Qu'il soit appréhendé comme un service public « personnifié » ou « patrimonialisé », l'établissement public a connu des fortunes diverses au Cameroun depuis son accession à la souveraineté internationale[235]. Sur le modèle consacré en France à partir du XVIIe siècle, l'établissement public a subi des mutations substantielles. Au Cameroun, les établissements publics comprennent des institutions comme la Caisse nationale de Prévoyance sociale (CNPS), le Fonds spécial d'Équipement et d'Intervention intercommunal (FEICOM), et des organismes de régulation, tels que l'Agence de Régulation des Marchés publics (ARMP). D'autres incluent les hôpitaux généraux (HGD, HGY), le Centre Pasteur du Cameroun, le Conseil national des Chargeurs du Cameroun (CNCC) et le Fonds national de l'Emploi (FNE). Ces

---

235 Pour approfondir cette question bien vouloir lire Théophile NGUIMFACK VOUFO, « Aspects de l'évolution récente du régime des organismes publics non-étatiques au Cameroun : l'apport des décrets d'application des lois du 12 juillet 2017 portant statut des entreprises et établissements publics, Dans Gestion des Finances publiques (2022/3 N° 3), pp.78-84.

établissements jouent un rôle majeur dans le développement économique et social de ce pays, compte tenu de leur importance dans le processus d'élaboration et d'exécution des politiques publiques. C'est d'ailleurs la raison pour laquelle le législateur camerounais a rénové le cadre juridique des établissements publics au Cameroun (**a**) et assujetti ces derniers aux principes de bonne gouvernance (**b**).

a. Un cadre juridique des établissements publics rénové et classifié

La loi n° 2017/011 du 12 juillet 2017, qui a modifié le cadre juridique des établissements publics au Cameroun, semble être une réponse à la crise juridique et institutionnelle qui affecte leur performance. La loi a innové en plusieurs points.

i) Clarification de la notion d'établissement public

L'article 4 de la n° 2017/010 du 12 juillet 2017 portant statut général des établissements publics au Cameroun dispose que « l'établissement public est une personne morale de droit public dotée de la personnalité juridique et de l'autonomie financière, chargée de la gestion d'un service public ou de la réalisation d'une mission spéciale d'intérêt général pour le compte de l'État ou d'une collectivité territoriale décentralisée ».

À partir de cette définition, l'on trouve les établissements publics (EP), soumis aux règles de droit public qui disposent d'une autonomie administrative et financière. Ils ne doivent pas être confondus avec les établissements d'utilité publique, qui relèvent du droit privé. Les établissements publics sont soumis aux trois principes suivants :

Principe d'autonomie administrative et financière

Les établissements publics (EP) jouissent d'une autonomie administrative et financière en droit camerounais.

Cette autonomie des établissements publics peut avoir une double conséquence : elle permet d'alléger les attributions des ministres de tutelle, qui se voient déchargés de la direction difficile de certains services techniques, et ne conservent plus qu'un pouvoir de contrôle lointain et donc plus aisé à remplir. Ensuite, cette autonomie permet d'assouplir les méthodes administratives traditionnelles, héritées du modèle jacobin, dans le secteur industriel et commercial tout en permettant de veiller à l'impératif d'équilibre financier et de rentabilité.

Principe de rattachement à un niveau de l'administration (État, région ou commune)

Les établissements publics sont soumis à un contrôle dont les modalités peuvent varier. Certains établissements publics sont nationaux (rattachés à l'État), d'autres locaux (rattachés à une commune ou à une région). Mais un établissement public local peut également être rattaché à plusieurs collectivités territoriales décentralisées.

Principe de la spécialité

Les compétences des établissements publics sont clairement énumérées et délimitées. En effet, ils ont été classifiés à travers leurs formes. L'article 2 de la loi n° 2017/010 du 12 juillet 2017 portant statut général des établissements publics au Cameroun distingue plusieurs formes d'établissements publics : l'établissement public à caractère administratif, l'établissement public à caractère social, l'établissement public à caractère hospitalier, l'établissement public à caractère culturel, l'établissement public à caractère scientifique, l'établissement public à caractère technique, l'établissement public à caractère professionnel, l'établissement public à caractère économique et financier et l'établissement public à caractère spécial. Ceux qui interviennent en matière économique sont parfois les établissements publics à caractère administratif ou encore les établissements publics à caractère économique. Cependant, il faut préciser qu'un établissement public peut revêtir plusieurs formes à la fois. Les chambres consulaires ne sont pas considérées comme des établissements publics conformément à la loi de 2017.

ii) Essai de classification des établissements publics

Ensuite, la loi a innové en classifiant les établissements publics. De plus, l'article 4 du décret n° 2019/322 du 19 juin 2019, qui établit les catégories d'établissements publics, leur rémunération, leurs indemnités et leurs avantages, les classe en fonction de leur budget ou de leur chiffre d'affaires, c'est-à-dire du montant des ventes réalisées sur une période donnée dans une zone géographique donnée. Ce critère peut, néanmoins, être basé sur le résultat net de l'établissement public, car il rend compte de la compétitivité et la rentabilité exactes de l'entreprise[236].

L'article 5 dudit décret classe les établissements publics en cinq (5) grandes catégories suivantes :

- Les établissements publics de première catégorie dont le budget moyen réalisé durant les trois (03) derniers exercices clos est supérieur à cent (100) milliards de francs CFA ;

[236] François ANOUKAHA, « La classification des entreprises publiques au Cameroun », *Juridispériodique,* n° 123, juillet-août-septembre, 2020, pp. 75-85

- Les établissements publics de deuxième catégorie dont le budget moyen réalisé durant les trois (03) derniers exercices clos est inférieur ou égal à cent (100) milliards de francs CFA et supérieur à cinquante (50) milliards de francs CFA ;
- Les établissements publics de troisième catégorie dont le budget moyen réalisé durant les trois (03) derniers exercices clos est inférieur à cinquante (50) milliards de francs CFA et supérieur à dix (10) milliards de francs CFA ;
- Les établissements publics de quatrième catégorie dont le budget moyen réalisé durant les trois (03) derniers exercices clos est inférieur à dix (10) milliards de francs CFA et supérieur à cinq (5) milliards de francs CFA ;
- Les établissements publics de première catégorie dont le budget moyen réalisé durant les trois (03) derniers exercices clos est inférieur à cinq (5) milliards de francs CFA.

Au-delà de la rénovation du cadre juridique, les établissements publics ont été arrimés au principe de bonne gouvernance.

b. Arrimage des établissements publics aux principes de la bonne gouvernance

L'arrimage des établissements publics aux principes de bonne gouvernance est devenu une nécessité de nos jours. En effet, cela entre en droite ligne avec les mutations profondes du cadre légal et institutionnel dont l'objectif est de rendre l'Administration publique camerounaise plus performante. Dans cette quête, la budgétisation par programmes a été adoptée au Cameroun, plaçant désormais la recherche de la performance au cœur de l'action de l'État. La réforme budgétaire, initialement établie par la loi n° 2007/006 du 26 décembre 2007 sur le régime financier de l'État, a été renforcée par la loi n° 2018/011 du 11 juillet 2018 sur le code de transparence et de bonne gouvernance dans la gestion des finances publiques et par la loi n° 2018/012 du 11 juillet 2018 sur le régime financier de l'État et des autres entités publiques[237].

La réforme du cadre juridique des établissements publics en droit camerounais est conforme aux exigences de performance et de transparence à travers une répartition claire des compétences entre les organes d'administration et les organes dirigeants des établissements publics.

Le Conseil d'Administration joue le rôle de principal organe de gouvernance de l'établissement public qui définit la stratégie de cette structure et en supervise la gestion. À ce titre[238], il a le pouvoir de fixer les objectifs et d'approuver les projets de performance de l'établissement public, conformément aux objectifs globaux du secteur concerné. Il a le pouvoir d'adopter le budget accompagné du projet de performance de l'établissement public, et d'arrêter de manière définitive les comptes. Il approuve les rapports annuels de performance. Il adopte l'organigramme et le règlement intérieur. Il a la possibilité d'autoriser le recrutement de tout le personnel, conformément au plan de recrutement du Directeur général qu'il a validé. Il a la prérogative d'autoriser le licenciement du personnel, sur proposition du Directeur général. Il a un pouvoir de nomination, sur proposition du Directeur général, aux

---

[237] République du Cameroun, *Guide d'arrimage des établissements publics aux politiques sectorielles*, ministère de l'Économie, de la Planification et de l'Aménagement du territoire (MINEPAT), 2020-2022, disponible à l'adresse :
https://minepat.gov.cm/wp-content/uploads/2022/01/GUIDE-Arrimage-FrenchVersion.pdf, (consulté le 30.11.2025).

[238] L'article 24 alinéa 1er de la n° 2017/010 du 12 juillet 2017 portant statut général des établissements publics au Cameroun.

postes de responsabilité de Sous-Directeur, de Directeur et assimilés. Il peut accepter toutes sortes de dons, legs et subventions. Il a le pouvoir d'approuver les contrats de performance ou de toutes autres conventions, y compris les emprunts, préparés par le Directeur général et ayant une incidence sur le budget. Il peut autoriser toute aliénation de biens meubles ou immeubles, corporels ou incorporels suivant les modalités prévues aux articles 64 et 65 ci-dessous. Il doit s'assurer du respect des règles de gouvernance et commettre des audits afin de garantir la bonne gestion de l'établissement public. Il fixe les rémunérations et avantages du personnel, dans le respect des lois et règlements en vigueur, du règlement intérieur et des prévisions budgétaires. Il fixe les rémunérations mensuelles, avantages du Directeur général et du Directeur général adjoint, dans le respect des lois et règlements en vigueur.

Pour remplir toutes les missions ci-dessus, le Conseil d'Administration est composé de cinq (05) membres au minimum et de douze (12) membres au maximum avec à sa tête un Président. Le mandat du Président et des autres membres du Conseil d'administration est limité dans le temps. Il est de trois ans, éventuellement renouvelable une fois par décret du Président de la République. L'assemblée générale est composée obligatoirement de cinq (05) personnes[239], dont un représentant de la Présidence de la République, un représentant des services du Premier ministre, un représentant du ministère de tutelle technique, un représentant du ministère de tutelle financière et un représentant du personnel élu. Il est à noter également que le Président du Conseil d'administration peut être considéré comme défaillant s'il ne convoque pas au moins deux (02)

---

[239] Article 17 alinéa 1er de la n° 2017/010 du 12 juillet 2017 portant statut général des établissements publics au Cameroun.

sessions du Conseil d'Administration par an. En cas de refus de convoquer le Conseil, les deux tiers (2/3) des membres du Conseil peuvent saisir le ministre de tutelle qui le convoque. Les décisions du Conseil d'Administration prennent la forme de résolutions avec effet immédiat sous réserve des dispositions contraires des lois et règlements en vigueur.

La direction des établissements publics est chargée de mettre en œuvre les politiques stratégiques définies par le Conseil d'administration et la gestion quotidienne de la structure. Elle jouit d'une autonomie dans la direction de l'établissement public. En effet, le Directeur général est chargé de préparer le projet du budget et de performance, de produire le compte administratif, ainsi que le rapport annuel de performance. Il prépare les résolutions du Conseil d'administration, assiste avec voix consultative à ses réunions et exécute ses décisions. Il assure la direction technique, administrative et financière de l'établissement public. Il propose un plan de recrutement au Conseil d'administration. Enfin, il gère les biens meubles, corporels et incorporels de l'établissement public, dans le respect de son objet social et des pouvoirs du Conseil d'Administration.

Il ressort de ce qui précède qu'au plan statutaire, le Conseil d'Administration est le gestionnaire principal de l'établissement public, tandis que le Directeur général est le gestionnaire délégué. Cette vision de la gouvernance des établissements publics est empruntée au secteur privé. Les établissements publics fonctionnent exactement sur le même modèle que les sociétés anonymes. Comme dans les sociétés anonymes régies par le droit OHADA, le Conseil d'Administration (CA) est une pièce maîtresse dans la mécanique du fonctionnement des établissements publics. Cette stature du Conseil est renforcée par l'article 40 de la loi n° 2017/010 du 12 juillet 2017 portant statut général des établissements publics au Cameroun. Aussi, le conseil d'administration peut imposer au directeur général et au directeur général adjoint certaines sanctions, telles que la suspension de certains pouvoirs, la suspension des fonctions pour une période déterminée, avec effet immédiat, et demander leur révocation auprès de l'autorité ayant le pouvoir de nomination.

Malheureusement, les établissements publics sont confrontés aux problèmes de mauvaise gouvernance. Le plus grand facteur de cette mauvaise gouvernance est la longévité des dirigeants d'établissements publics à la tête de leurs institutions au Cameroun. Cette longévité est marquée par une gérontocratie managériale, où de nombreux responsables occupent leurs postes depuis plusieurs décennies, dépassant souvent les limites légales de 9 ans (3 ans, renouvelable 2 fois) fixées par les lois de 2017. L'une des causes principales du non-respect des mandats à la tête des établissements publics au Cameroun est la prégnance du politique dans la nomination des dirigeants. En d'autres mots, la performance des entreprises publiques est quelque fois tributaire d'un ensemble de décisions émanant de la plus haute autorité de l'État à savoir le Président de la République.

2. Autorités de régulation indépendantes

La compréhension du rôle des autorités de régulation indépendantes passe préalablement par le contexte dans lequel est née la régulation économique. En effet, l'appréhension juridique des relations entre l'État du Cameroun et le marché s'est effectuée sur la base des prémisses de la supériorité de la puissance publique, unique détentrice de la définition de l'intérêt général. C'est en référence à cette supériorité que furent successivement mis en place les instruments de l'interventionnisme économique en droit camerounais comme partout en Afrique au Sud du Sahara. Or, depuis la globalisation du marché, cette supériorité des États ne se vérifie plus. Au contraire, la globalisation entraîne la remise en cause des souverainetés étatiques classiques, incapables de peser fortement sur les relations et les acteurs de l'économie de marché. Comme on l'a vu plus haut, divers facteurs ont contribué fortement à freiner l'expansion de l'État en matière économique au Cameroun, notamment la crise économique et les politiques d'ajustements structurels, car elles ont entrainé une limitation globale de l'interventionnisme public. Ces facteurs endogènes et exogènes ont entraîné un divorce entre l'État et l'économie. Cependant, aujourd'hui, il est question de rééquilibrer le couple État/marché[240]. Cette idée émerge d'un nouveau rôle pour les États, qui ne seraient plus simplement des accompagnateurs du libéralisme économique, mais qui chercheraient plutôt à concilier les avantages du marché et les responsabilités de l'État.

D'une manière générale, il faut savoir que la montée en puissance de la figure de l'État régulateur n'est pas un phénomène propre au domaine économique ni au contexte camerounais ou africain. Il s'agit plutôt d'une manifestation de l'émergence, plus générale, de ce que Jacques CHEVALIER nomme l'État postmoderne et qui est marqué, selon les termes évocateurs choisis par cet auteur, par la tendance au remplacement de l'État-pilote par un État-stratège[241]. Cette vision entre l'État post-moderne et l'économie permet de comprendre l'importance des autorités de régulation indépendantes aujourd'hui.

Globalement, il faut souligner que le recours aux autorités de régulation indépendantes permet de lutter contre une culture bureaucratique dans les administrations

---

[240] Jean-Philippe COLSON, Pascale IDOUX, *Droit public économique*, *op.cit.*, p.552.
[241] Jean-Philippe COLSON, Pascale IDOUX, *Droit public économique*, *op.cit.*, p.435.

publiques camerounaises. L'entrée en jeu des autorités de régulation permet alors de mettre en œuvre un nouveau modèle de gestion qui participerait à la démocratie et à la bonne gouvernance. Elle exprime une mutation du système juridique, où la règle générale abstraite laisse un espace plus vaste à des autorités chargées d'en contextualiser l'application. L'autorité de régulation peut être définie comme étant un organisme indépendant, aussi bien du secteur régulé que du gouvernement, chargé du contrôle d'un secteur donné (régulation sectorielle) ou de l'intégralité du marché (régulation transversale)[242].

L'État camerounais a créé plusieurs organes de régulation chargés de certains secteurs de l'économie. L'on retrouve entre autres l'Agence de Régulation des Télécommunications (ART), l'Agence de Régulation du Secteur de l'Électricité (ARSEL), l'Agence de Régulation des Marchés publics (ARMP) ainsi que la Commission nationale de la concurrence du Cameroun.

a. Agence de régulation des télécommunications (ART)

Depuis sa création officielle en 1998, l'Agence de Régulation des Télécommunications (A.R.T.) est en pleine mutation. Elle est structurée en 2012 par décret du Président de la République[243] et a été par la suite réorganisée en 2020.

---

[242] Oussema CHEBBI, *La soft law, un moyen de régulation économique: approche de droit comparé France – Tunisie*, Thèse de droit public, Ecole Doctorale Sciences Juridiques, Université Génoble Alpes, 2023, p.20, disponible à l'adresse :
https://theses.hal.science/tel-04704251v1/file/CHEBBI_2023_archivage.pdf, (consulté le 02.12.2025).

[243] Décret n° 2012/203 du 20 Avril 2012 portant organisation et fonctionnement de l'Agence de Régulation des Télécommunications au Cameroun.

Il est important de noter que cette instance existait déjà en vertu de la loi N° 98/014 du 14 juillet 1998, comme le stipule la loi de 1998. Dans notre analyse, nous examinerons le statut de l'ART et ses fonctions (I), ainsi que ses prérogatives (II).

i) Statut et missions de l'ART

L'Agence de Régulation des Télécommunications est un établissement public à caractère spécial, doté d'une personnalité juridique et d'une autonomie financière[244]. Un établissement spécial est une entité juridique de droit public dotée d'une autonomie administrative et financière, chargée de réaliser une mission d'intérêt général spécifique et délimitée. Il se distingue par sa spécialité, c'est-à-dire que ses compétences sont clairement définies, comme l'enseignement pour les établissements d'enseignement, ou la gestion d'activités de service public à caractère administratif (EPA) ou industriel et commercial (EPIC).

L'ART assure, pour le compte de l'État, la régulation, le contrôle et le suivi des activités des opérateurs, des exploitants des réseaux et des fournisseurs des services de communications électroniques. Elle veille également au respect du principe d'égalité de traitement des usagers dans toutes les entreprises de communications électroniques[245]. À ce titre, elle a pour mission de veiller à l'application des textes législatifs et réglementaires en matière de télécommunications et des technologies de l'information et de la communication. Elle s'assure que l'accès aux réseaux ouverts au public s'effectue dans des conditions objectives,

---

[244] Article 2 du décret n° 2020/727 du 03 décembre 2020 portant réorganisation et fonctionnement de l'Agence de Régulation au Cameroun.

[245] Article 5 alinéa 1er du décret n° 2020/727 du 03 décembre 2020 portant réorganisation et fonctionnement de l'Agence de Régulation au Cameroun.

transparentes et non discriminatoires. Elle garantit une concurrence saine et loyale dans le secteur des télécommunications et de technologies de l'information et de la communication. Elle sanctionne les manquements des opérateurs à leurs obligations ainsi que les pratiques anticoncurrentielles. Elle définit les principes devant régir la tarification des services fournis. Elle instruit les demandes de licence et prépare les décisions y afférentes. Elle délivre formellement les récépissés de déclaration. Elle définit les conditions et les obligations d'interconnexion et de partage des infrastructures. Elle émet un avis formel sur tous les projets de texte à caractère législatif et réglementaire en matière de communication électronique. Elle assure l'assignation et le contrôle du spectre des fréquences. Elle prépare les dossiers d'appel d'offres pour les concessions et les licences. Elle établit et gère le plan de numérotation. Elle soumet au Gouvernement, toute proposition et recommandation tendant à développer et à moderniser le secteur des Télécommunications et des Technologies de l'Information et de la Communication. Elle assure les ressources en adressage. Elle délivre les agréments.

Au-delà de ces principales missions, l'ART assure la protection des consommateurs. Ainsi, elle joue un rôle crucial dans la protection des consommateurs, notamment en assurant le règlement des différends à l'amiable par conciliation, en garantissant la conformité des produits grâce à des processus d'homologation, et en promouvant une communication transparente sur les services. L'ART met en œuvre des stratégies pour informer les consommateurs de leurs droits et des mesures à prendre en cas d'abus, et collabore avec des associations de consommateurs pour améliorer leur représentativité et leur action.

ii) Pouvoirs de l'ART

Pour assurer ses missions, l'ART dispose des pouvoirs de régulation, de contrôle, d'investigation, de coercition et de sanction. À ce titre, elle est habilitée à commettre ses agents assermentés, qui peuvent de ce fait accéder aux locaux, terrains ou moyens de transport à usage professionnel, demander la communication de tout document professionnel et en prendre une copie, et recueillir, sur convocation ou sur place, les renseignements et justifications. Elle a le pouvoir de fixer les procédures de sa saisine en cas de litiges entre opérateurs et de leur règlement. L'ART constate les infractions qui ne peuvent se relever que par un contrôle systématique et pluriel des intervenants dans le secteur par les Officiers de police, ainsi que les Agents assermentés comme à cette fin. Elle recueille des informations et des documents nécessaires auprès des opérateurs exploitant des réseaux et fournisseurs de services, dans le cadre de leur cahier de charges, pour s'assurer du respect par ceux-ci des obligations qui sont imposées par les textes législatifs et réglementaires en vigueur. Elle règle les litiges d'une part entre les autorités de certification, les prestataires de services de sécurité des réseaux et des systèmes d'information et, d'autre part, entre ces derniers et les utilisateurs. Elle prononce le retrait du titre d'exploitation à l'encontre de tout titulaire d'une autorisation qui ne se conforme pas à la mise en demeure qui lui a été adressée, dans le respect des formes et procédures ayant régi à sa délivrance. Elle peut prendre des mesures conservatoires nécessaires pour faire assurer la continuité du service et protéger les intérêts des usagers.

Enfin, le législateur a mis en place un système de gouvernance au sein de l'ART. Ainsi, il existe un Conseil d'Administration et une Direction générale. Les membres du Conseil d'administration, nommés pour un mandat de trois ans renouvelable une fois par décret présidentiel, détiennent l'autorité pour établir, orienter et évaluer la direction générale de l'agence. Ils doivent toutefois respecter les limites définies par son objet social et se conformer à la réglementation en vigueur. Le Directeur général et le Directeur général Adjoint sont chargés, quant à eux, de la gestion et de l'application générale de la politique de l'Agence. Ils sont nommés par décret du Président de la République pour un mandat de trois ans éventuellement renouvelable deux fois. Dans tous les cas, les mandats cumulés du Directeur général ou du Directeur général Adjoint ne peuvent excéder neuf (09) ans.

b. Agence nationale des Technologies de l'Information et de la Communication (ANTIC)

L'Agence nationale des Technologies de l'Information et de la Communication a été créée par le décret n° 2002/092 du 08 avril 2002. Ce texte juridique fixe son statut et ses missions (**i**) tout lui attribuant un certain nombre de pouvoirs (**ii**).

iii. Statut et missions de l'ANTIC

Le cadre juridique de cette organisation a connu une grande évolution. Tout d'abord avec l'avènement de la loi n° 2010/012 du 21 décembre 2010 relative à la cybersécurité et à la cybercriminalité au Cameroun, l'Agence nationale des Technologies de l'Information et de la Communication (ANTIC) est devenue officiellement l'Autorité de Certification Racine et l'Autorité de Certification de l'Administration publique au Cameroun. Ensuite, elle a été réorganisée à travers le Décret N° 2019/150 du 22 mars 2019 portant Organisation et fonctionnement de l'Agence nationale des Technologies de l'Information et de la communication.

L'Agence Nationale des Technologies de l'Information et de la Communication est un établissement public administratif doté de la personnalité juridique et de l'autonomie financière[246]. Elle est placée sous la tutelle technique du ministère en charge des télécommunications. Elle assure pour le compte de l'État deux missions principales[247]. Elle assure la promotion et le suivi de l'action des pouvoirs publics en matière de Technologies de l'Information et de la Communication (TIC). Elle assure également la régulation, le contrôle et le suivi des activités liées à la sécurité des systèmes d'information et des réseaux de communications électroniques, ainsi qu'à la certification électronique, en collaboration avec l'Agence de Régulation des Télécommunications. Chacune de ces missions principales est suivie des missions secondaires, notamment aux articles 4 et 5 du décret N° 2019/150 du 22 mars 2019.

L'Agence est administrée par deux (02) entités, soit le Conseil d'administration et une direction générale. Premièrement, le Conseil d'Administration est composé de onze (11) membres nommés par décret du Président de la République pour un mandat de trois (03) ans renouvelable une (01) fois. Le mandat d'administrateur prend fin par décès ou par démission ; à la suite de la perte de la qualité ayant motivé la nomination ; par révocation pour faute ou agissements incompatibles avec la fonction d'administrateur ; à l'expiration normale de sa durée. Le Conseil d'administration définit, oriente la politique générale de l'agence et en évalue la gestion, en respectant

[246] Article 2 alinéa 1er du décret N° 2019/150 du 22 mars 2019 portant Organisation et fonctionnement de l'Agence nationale des technologies de l'information et de la communication.
[247] Article 3 du décret N° 2019/150 du 22 mars 2019 portant Organisation et fonctionnement de l'Agence nationale des technologies de l'information et de la communication.

les limites fixées par ses missions et conformément à la réglementation en vigueur.

La Direction générale de l'Agence est placée sous l'autorité d'un Directeur général assisté d'un Directeur Général-Adjoint. Ceux-ci sont nommés par décret du président de la République pour un mandat de trois (03) ans, éventuellement renouvelable deux (02) fois. Le renouvellement prévu à l'alinéa 1 ci-dessus est tacite. Dans tous les cas, les mandats cumulés du directeur général ou du directeur général adjoint ne peuvent excéder neuf (09) ans.

iv) Pouvoirs de l'ANTIC

L'ANTIC dispose des pouvoirs de surveillance, d'investigation, d'injonction, de coercition et de sanction[248]. À ce titre, elle est habilitée notamment à commettre ses agents assermentés, qui peuvent, de ce fait, accéder aux locaux, terrains ou moyens de transport à usage professionnel, demander la communication de tout document professionnel et en prendre copie, recueillir, sur convocation ou sur place, les renseignements et les justificatifs. Elle peut constater les infractions cybernétiques qui ne peuvent se révéler que par un contrôle systématique, inopiné et pluriel des intervenants dans le secteur, par les officiers de police judiciaire et les agents assermentés et commissionnés à cette fin par elle. Elle peut obtenir des informations, des états financiers et des documents nécessaires auprès des opérateurs et des exploitants des réseaux, des autorités de certification, des auditeurs de sécurité, des éditeurs de logiciels de sécurité, des autres prestataires de services de sécurité et des

---

[248] Article 6 alinéa 1er du décret N° 2019/150 du 22 mars 2019 Organisation et fonctionnement de l'Agence nationale des technologies de l'information et de la communication.

fournisseurs de services de sécurité dans le cadre de leurs conventions et de leurs cahiers de charges afin d'assurer leur conformité aux obligations imposées par les textes législatifs et réglementaires en vigueur. Elle connait en premier recours les différends : entre les autorités de certification et entre celles-ci et les utilisateurs ; entre les auditeurs agréés et entre ceux-ci et les structures auditées ; entre les bureaux d'enregistrement des noms de domaine en « .cm », et entre ces derniers et les utilisateurs, ou les litiges entre utilisateurs. Elle peut infliger et/ou proposer des sanctions aux autorités de certification, aux prestataires des services de sécurité, aux auditeurs de sécurité et aux éditeurs de logiciels de sécurité qui ne se conforment pas aux dispositions réglementaires en vigueur. Elle peut prendre des mesures conservatoires nécessaires pour faire assurer la continuité du service et protéger les intérêts des usagers. L'Agence dispose en son sein d'un Comité chargé de gérer les différends.

c. Agence de Régulation des Marchés publics (ARMP)

L'Agence de Régulation des Marchés publics (ARMP) est un organe de régulation sectorielle spécialisé dans le secteur des marchés publics au Cameroun. Elle est régie par le décret n° 2001/048 du 23 février 2001, modifié et complété par le décret n° 2012/076 du 08 mars 2012, portant création, organisation et fonctionnement de l'Agence de Régulation des Marchés Publics. Ce texte juridique fixe son statut (i) et ses missions (**ii**).

i) Statut de l'ARMP

Placée sous la tutelle de la Présidence de la République, l'ARMP est un Établissement Public Administratif doté d'une autonomie financière. Elle est administrée par deux organes, à savoir le conseil d'administration et la direction générale. Le Conseil d'Administration dispose des pouvoirs les plus étendus pour administrer l'agence, définir et orienter sa politique générale, et évaluer sa gestion dans les limites fixées par son objet social. Le président et les membres du conseil d'administration sont nommés pour un mandat de trois (3) ans renouvelable une fois[249].

Le directeur général est chargé de la gestion et de l'application de la politique générale de l'Agence, sous le contrôle du conseil d'administration à qui il rend compte de sa gestion, il est nommé pour un mandat de trois (3) ans renouvelable deux fois[250].

ii) Missions de l'ARMP

Elle est investie d'une double mission essentielle : la surveillance et la facilitation du système des Marchés Publics et des conventions de Délégations des Services publics[251].

- **Surveillance du système des Marchés Publics et des conventions de Délégations des Services publics**

L'Agence accomplit diverses missions sous ce registre. Elle procède à la régulation des activités des marchés publics à travers des actes de sanction ou des procédures éducatives. Elle émet des avis techniques, en tant que de besoin, à la demande du ministère chargé des Marchés publics ou des Administrations concernées. Elle assure le

---

[249] Article 7 alinéa 1er du décret n° 2001/048 du 23 février 2001 portant création, organisation et fonctionnement de l'Agence de Régulation des Marchés Publics.

[250] Article 15 alinéa 2 du décret n° 2001/048 du 23 février 2001 portant création, organisation et fonctionnement de l'Agence de Régulation des Marchés Publics

[251] Article 3 nouveau du décret n° 2012/076 du 08 mars 2012, portant création, organisation et fonctionnement de l'Agence de Régulation des Marchés Publics.

suivi de l'application des décisions portant sur le règlement des litiges relatifs aux marchés publics. Elle recrute, par voie d'appel d'offres, les Observateurs indépendants, elle veille à la bonne exécution de leurs missions d'observation et exploite leurs rapports. Elle peut instruire les litiges nés des procédures des marchés publics et formule les avis techniques au comité chargé de l'examen des recours des soumissionnaires. Elle collecte et centralise toute la documentation et toutes les statistiques sur les marchés publics en vue de constituer une banque de données. Elle recrute par voie d'appel d'offres, en tant que de besoin, des Auditeurs Indépendants. Elle veille à la bonne exécution de leur mission d'audit annuel a posteriori. Elle exploite leurs rapports et suit la mise en œuvre des recommandations y afférentes. Elle réalise ou fait conduire des audits spécifiques ; des enquêtes ; contrôles et autres investigations sur la passation, l'exécution et le contrôle des marchés publics et sur les délégations de services. Elle centralise les actes de sanction et procède à leur publication. Elle tient la mise à jour du fichier des entreprises et autres acteurs sanctionnés. Elle transmet au ministre chargé des marchés publics (Autorité chargée des Marchés Publics) le rapport sur la situation générale des marchés publics.

- **Facilitation, du système des Marchés Publics et des conventions de Délégations des Services publics**

L'Agence accomplit diverses missions sous ce registre. Elle contribue à la formation des acteurs du système de passation des marchés publics, à la demande des administrations concernées. Elle agrée les Experts dans le domaine des marchés publics. Elle vulgarise les règles et procédures relatives aux Marchés Publics et aux Délégations de Services publics à travers des guides et des manuels. Elle conçoit et diffuse des documents-types et manuels de procédures auprès des acteurs du système de passation des marchés publics. Elle apporte des appuis techniques aux acteurs. Elle édite et publie le Journal des Marchés publics. Elle propose des réformes dans le domaine des Marchés publics.

d. Agence de Régulation du Secteur de l'Électricité (ARSEL)

L'Agence de Régulation du Secteur de l'Électricité (ARSEL) est régie par le décret° 2013/203 du 28 juin 2013 portant organisation et fonctionnement de l'Agence de Régulation du Secteur de l'Électricité au Cameroun. Ce texte juridique fixe son statut et ses missions (**i**) tout en lui attribuant un certain nombre de pouvoirs (**ii**).

i) Statut et missions de l'ARSEL

L'Agence est un établissement public administratif doté de la personnalité juridique et de l'autonomie financière. Elle est placée sous la tutelle technique du ministère de l'électricité et sous la tutelle financière du ministre chargé des Finances.

L'Agence est administrée par deux organes, à savoir le Conseil d'Administration et la Direction générale. Le président et les membres du Conseil d'Administration sont nommés, par décret du Président de la République, pour un mandat de trois (3) ans renouvelable une (1) fois. Le Conseil d'Administration dispose des pleins pouvoirs pour administrer l'Agence, définir et orienter sa politique générale, et évaluer sa gestion dans les limites fixées par son objet social.

Le directeur général, et éventuellement le directeur général adjoint, sont nommés, par décret du président de la République, pour un mandat de trois (3) ans renouvelable deux fois (2). Le Directeur général est chargé de la gestion et de l'application de la politique générale de l'Agence, sous le contrôle du Conseil d'Administration à qui il rend compte de sa gestion.

L'Agence a pour mission d'assurer la régulation, le contrôle et le suivi des activités des exploitants et des opérateurs du secteur de l'électricité.

À ce titre, l'Agence a plusieurs missions spécifiques. Elle participe à la promotion du développement rationnel de l'offre d'énergie électrique. Elle veille à l'équilibre économique et financier du secteur de l'électricité et à la préservation des conditions économiques nécessaires à sa viabilité. Elle veille aux intérêts des consommateurs et assure la protection de leurs droits pour ce qui est du prix, de la fourniture et de la qualité de l'énergie électrique. Elle promeut la concurrence et la participation du secteur privé en matière de production, de transport, de distribution, d'importation, d'exportation et de vente de l'énergie électrique dans les conditions objectives, transparentes et non discriminatoires. Elle soumet à la signature de l'autorité compétente, après avis conforme, les contrats de concession, ainsi que les demandes de licence et d'autorisation. Elle met en œuvre, suit et contrôle le système tarifaire, établi dans le respect des méthodes et procédures fixées par les lois et règlements en vigueur. Elle assure dans le secteur de l'électricité le respect de la législation relative à la protection de l'environnement.

Elle veille au respect, par les opérateurs du secteur, des conditions d'exécution des contrats de concession, des licences et des autorisations. Elle veille à l'accès des tiers aux réseaux de transport d'électricité, dans la limite des capacités disponibles. Elle suit l'application des standards et des normes par les opérateurs du secteur de l'électricité. Elle veille à l'application des sanctions prévues par la loi. Elle élabore, de concert avec les professionnels de l'électricité, les standards et normes applicables aux activités et aux entreprises du secteur et les soumet à l'homologation de l'Administration chargée de l'électricité. Elle veille également au respect du principe d'égalité de traitement des usagers par tout exploitant ou opérateur du secteur de l'électricité. Elle contribue à l'exercice de toute mission d'intérêt public que pourrait lui confier le Gouvernement pour le compte de l'État dans le secteur de l'électricité. Elle contribue en outre à l'exercice de toute mission d'intérêt général que pourrait lui confier le gouvernement pour le compte de l'État dans le secteur de l'électricité.

ii. Pouvoirs de l'ARSEL

Pour accomplir ses missions, l'ARSEL dispose des pouvoirs importants. Elle peut être saisie lors d'une procédure de conciliation par toute personne physique ou morale, par toute organisation professionnelle ou association d'usagers, afin de régler des litiges opposant les consommateurs, d'un côté, aux exploitants, de l'autre, ou encore opposant les exploitants à leurs contractants ou sous-traitants.

L'Agence peut être saisie comme instance d'arbitrage par tout opérateur, aux fins de règlement des différends entre opérateurs. Les modalités de règlement des différends entre opérateurs sont définies par l'Agence, conformément aux dispositions de l'Acte uniforme relatif au droit de l'arbitrage. En cas de conciliation ou d'arbitrage, l'Agence dresse un procès-verbal de conciliation constatant les conditions de l'arrangement. Ce procès-verbal est signé des deux (02) parties et de l'Agence. Il est soumis au président du tribunal compétent pour qu'on lui applique la formule exécutoire. Les modalités de règlement des différends dans le cadre de la procédure de conciliation ou d'arbitrage entre les organisations professionnelles, les usagers et les associations d'usagers d'une part, et les opérateurs d'autre part, sont fixées par l'Agence. Elle perçoit une redevance sur les titres prévus par la loi régissant le secteur de l'électricité. Elle est investie du pouvoir d'infliger des pénalités administratives dont elle procède au recouvrement par toutes les voies de droit.

e. Commission nationale de la Concurrence

La Commission nationale de la Concurrence a été créée par la loi n° 98/013 du 14 juillet 1998 relative à la concurrence au Cameroun et opérationnalisée à travers le décret N° 2013/7988/PM du 13 septembre 2013 portant composition, organisation et modalités de fonctionnement de la commission nationale de la concurrence. Le décret N° 2013/7988/PM du 13 septembre 2013 fixe son statut et ses missions (**i**) tout en lui attribuant un certain nombre de pouvoirs (**ii**).

i) Statut et missions de la Commission

La Commission nationale de la Concurrence est un organe rattaché au ministère du Commerce ayant pour mission d'examiner et d'émettre un avis sur toutes les questions relatives à la politique de la concurrence au Cameroun et, notamment, sur les projets de textes législatifs et réglementaires susceptibles d'influencer l'exercice de la concurrence sur le marché intérieur. Elle a le pouvoir de rechercher, contrôler et, le cas échéant, de poursuivre et sanctionner les pratiques anticoncurrentielles. Elle apporte l'expertise et l'assistance nécessaire à la prise des décisions de justice en matière de concurrence.

ii) Pouvoirs de la Commission

Pour mettre en œuvre ses décisions, la Commission nationale de la Concurrence dispose des pouvoirs importants. En fait, la commission possède un pouvoir d'auto-saisine qui lui permet de se saisir d'office de toute affaire dont elle a connaissance. Elle peut également être saisie par requête adressée au président par toute personne physique ou morale qui s'estime victime d'une pratique anticoncurrentielle, ainsi que par toute administration ou tout organisme concerné (é). Les décisions de la commission sont prises à la majorité simple des membres présents. En cas de partage égal des voix au cours d'un vote, celle du président est prépondérante. L'auteur d'une requête jugée recevable peut demander d'assister aux délibérations de la commission, assisté d'un conseil, pour soutenir ses prétentions. La partie mise en cause et les tiers intéressés peuvent être invités à prendre part auxdites délibérations. Les décisions de la commission donnent lieu soit à une injonction de mettre fin aux pratiques incriminées, soit à l'application des amendes prévues aux articles 27 et 28 de la loi n 98/013 du 14 juillet 1998 susvisée. Aussi, « sont passibles d'une amende égale à 50 % du bénéfice ou à 20 % du chiffre d'affaires réalisé sur le marché camerounais au cours de l'exercice précédant l'année durant laquelle l'infraction a été commise, la réalisation des accords et ententes visées à l'article 5 de la présente loi et le non-respect des dispositions des articles 25 et 26 ci-dessus »[252]. En cas de récidive, l'amende visée à l'article 27 ci-dessus est doublée[253].

Les décisions et les résolutions de la commission sont notifiées aux parties dans un délai de quinze (15) jours, à compter de la date d'adoption, et publiées, à la diligence de la commission et aux frais du contrevenant, dans deux (2) journaux nationaux à fort tirage et par voix de radio.

[252] Article 27 de loi n° 98/013 du 14 juillet 1998 relative à la concurrence au Cameroun.
[253] Article 27 de loi n° 98/013 du 14 juillet 1998 relative à la concurrence au Cameroun.

Le président de la Commission nationale de la Concurrence peut, après consultation des membres de la commission, à titre conservatoire et pour une période de quinze (15) jours, ordonner la cessation d'une pratique anticoncurrentielle régulièrement constatée et en cours d'instruction, lorsque ladite pratique cause ou est susceptible de causer un préjudice à l'économie nationale. Cette période de suspension peut être prorogée jusqu'à 30 jours. Aussi, la commission est convoquée d'urgence au cours de cette période de 15 jours à compter de la suspension de l'activité ci-dessus pour connaître de l'affaire. La commission établit un rapport des travaux de chaque session qu'elle adresse au ministre chargé de la concurrence. Les décisions, les résolutions ainsi que les rapports de la commission sont signés par le président et le secrétaire permanent de la Commission nationale de la Concurrence.

Section 2 : Entreprises publiques

Même si on voit leur nombre diminuer de nos jours du fait de la libéralisation du secteur économique (privatisation, actionnariat public et régulation économique), celles qui subsistent représentent encore une partie non négligeable de l'activité économique et de la main-d'œuvre. Au début des années 1980, l'État du Cameroun détenait environ cent quatre-vingts (180) entreprises publiques. Aujourd'hui, leur nombre a beaucoup diminué. Elles demeurent l'un des moyens de réalisation des finalités traditionnellement dévolues au secteur public et souvent, au sein de celui-ci, des services publics. Leur étude reste donc légitime et d'autant plus nécessaire que le contexte concurrentiel dans lequel elles évoluent désormais appelle de fortes adaptations de leur régime, qu'il convient d'apprécier à juste titre.

Aussi, allons-nous parler de l'évolution historique du droit des entreprises publiques au Cameroun (**Paragraphe 1er**) avant de parler de la réforme de l'entreprise publique aujourd'hui (**Paragraphe 2**).

Paragraphe 1 : Historique du droit des entreprises publiques au Cameroun

L'expression « entreprise publique » apparaît pour la première fois en 1946 dans le recensement du secteur public industriel qui fut établi, en France, sur instructions du ministre des Finances Robert SCHUMAN. À leur tour, les gouvernants africains ont suscité, après l'indépendance de leurs états respectifs, la création d'entreprises en impliquant la puissance publique dans le processus économique, que ce soit directement par des sociétés d'État, ou par des participations par l'intermédiaire de sociétés d'investissement, ou encore, plus directement, par diverses incitations reprises, par exemple dans les codes d'investissement. Les dirigeants africains vont jusqu'à ces dernières années créer les entreprises les plus importantes du continent[254]. En 1986, on estimait à 3000 leur nombre en Afrique. Elles constituaient 30 à 60 % de la production intérieure brute et employaient 40 à 75 % de la population active.

Tout au long de cette rubrique, l'on abordera les problématiques du développement des entreprises publiques à l'époque coloniale et l'instauration des politiques interventionnistes après l'indépendance (**A**) et l'évolution du droit des entreprises publiques (**B**).

[254] Jean-Paul TCHANKAM, « La gestion dans les secteurs public et privé : une analyse critique des similarités et des différences au Cameroun », *La Revue des Sciences de Gestion, Direction et Gestion n° 230 – Organisation*, mars-avril 2008, p.69.

A. Développement des entreprises publiques à l'époque coloniale et l'instauration des politiques interventionnistes après l'indépendance

Le droit des entreprises publiques de la période coloniale jusqu'à l'indépendance a connu une évolution double : développement des entreprises publiques à l'époque coloniale (1) l'instauration des politiques interventionnistes après l'indépendance (2).

1. Développement des entreprises publiques à l'époque coloniale

Avant les indépendances, les entreprises publiques ont été créées au Cameroun pour des nécessités coloniales. En effet, les premiers pas de l'interventionnisme étatique remontent à l'époque coloniale, notamment en Allemagne, jusqu'en 1916, puis pendant la période franco-britannique, qui s'est prolongée jusqu'à l'indépendance.

Les Allemands ont mis en place deux formules de développement économique basées sur les grandes concessions et les grandes plantations. Ils créent des plantations pour exploiter le cacao, le caoutchouc, la banane et l'huile de palme dans la région du Littoral. Ils créent des écoles d'agriculture à Victoria (Limbé actuel), à Dschang et à Yaoundé. Au Nord, l'élevage est amélioré et la culture du coton amorcée.

À leur arrivée, les Français et les Britanniques avaient libéré la main-d'œuvre des grandes plantations allemandes et annulé le système des grandes concessions. Pendant la période du mandat franco-britannique, la France avait compté sur la seule initiative privée pour assurer le développement économique de ses territoires et colonies d'Afrique noire. Les investisseurs privés français au Cameroun s'orientaient souvent vers l'agriculture où ils avaient les grandes plantations de cultures industrielles (banane, cacao, café, hévéa, palmier à huile, etc.)[255]. Pourtant, si les retombées de tels investissements étaient non négligeables, ces derniers ne permettaient pas à la mise en place des infrastructures économiques de base nécessaires à l'apparition et au développement d'une économie moderne. Par conséquent, l'intervention directe des autorités publiques s'avère nécessaire pour combler les lacunes des grandes plantations[256]. Ainsi, c'est dans l'action directe de l'État français en faveur du développement économique des territoires et colonies d'Outre-mer et précisément à travers les plans de modernisation du territoire pour doter ses colonies d'un minimum d'infrastructures qu'il faut situer les débuts de la politique interventionniste au Cameroun.

Les sociétés de développement furent les instruments d'action proposés aux investisseurs potentiels. Ces sociétés furent créées par le décret 30/06/1955, sous la forme de sociétés d'économie mixte. Ces sociétés permirent de réaliser un certain nombre d'investissements et d'infrastructures. C'est sous la tutelle française que la régie des chemins de fer du Cameroun naît en 1948. Puis, on a créé ENELCAM, chargée d'aménager l'usine hydroélectrique d'Edéa I (22 MW), inaugurée le 5 février 1954, pour l'alimentation électrique de Douala. Un peu plus tard, un groupe hydroélectrique supplémentaire de 11 MW est installé sur le site pour l'alimentation en énergie électrique d'Alucam, qui réalise l'électrolyse de l'alumine pour la production d'aluminium en lingots. En sus, il fut créé la Société Immobilière du Cameroun (SIC) avec pour mission de contribuer à la cohésion sociale et à la lutte contre les inégalités et les exclusions ; de répondre à la

---

[255] Jacques BIAKAN, *Cours de droit publique économique interne*, *op.cit.*, pp.14-30.

[256] Jacques BIAKAN, *Cours de droit publique économique interne*, *op.cit.*, pp.14-30.

diversité des besoins de logements publics et d'accession à la propriété ; d'accompagner les politiques publiques de développement durable des territoires. En outre, les caisses de stabilisation des prix des produits de base précisément celles du cacao, café, coton, arachide virent le jour[257].

2. Instauration des politiques interventionnistes après l'indépendance

Dans le continent africain, les raisons qui ont justifié la création d'entreprises publiques après les indépendances diffèrent d'un État à un autre.

Après son accession à la souveraineté, l'État du Cameroun faisait face à des défis énormes sur le plan économique. De prime abord, l'économie camerounaise dépendait très fortement de l'extérieur. De plus, il fallait également faire face au désengagement de plusieurs investisseurs privés étrangers peu confiants dans les capacités de ce jeune État à s'autogérer sur les plans politiques et économiques. L'inquiétude était très grande à cette époque précisément avec la détérioration des termes d'échange qui allaient appauvrir considérablement le pays, qui dépendait essentiellement des matières premières pour ses revenus.

En l'absence d'une bourgeoisie nationale capable de prendre le relais des investisseurs étrangers, l'absence presque complète d'un appareil productif, il revenait à l'État de devenir « entrepreneur ». D'où l'instauration de l'idéologie de développement national, construction nationale et unité nationale. L'urgence ou la priorité de l'État était le développement en vue de satisfaire les besoins fondamentaux des populations. Cette tâche fondamentale était d'autant plus ardue qu'elle venait s'ajouter aux

---

[257] *Idem.*

missions traditionnelles d'administration générale (défense, éducation, santé, politique étrangère, etc.).

Au plan politique, l'extension du secteur public a été liée à la satisfaction des impératifs nationalistes. Il a donc fallu nationaliser l'économie pour atteindre ces impératifs. Cette pensée s'est traduite au Cameroun par la construction d'une doctrine économique appelée « *capitalisme d'État* ». Ce système économique est une variante du capitalisme dans laquelle l'État détient une part prépondérante, voire totale, du capital, de l'industrie et des entreprises. Cette école de pensée économique repose sur l'idée qu'il existe des secteurs clés qui ne peuvent être laissés à la merci du secteur privé ou de groupes d'intérêts, car ils peuvent, par cupidité ou caprice, entraver le développement d'un État[258]. C'est à l'État d'avoir un contrôle total sur ces secteurs névralgiques ou vitaux de l'Économie[259].

B. Évolution du droit des entreprises publiques

L'évolution du droit des entreprises publiques en droit camerounais a été marquée par une difficile émergence du cadre juridique et institutionnel des entreprises publiques. Cette difficile émergence du cadre juridique et institutionnel des entreprises du secteur public correspond à deux évènements essentiels : la période marquée par une absence de maîtrise du cadre juridique et institutionnel des entreprises publiques et parapubliques (**1**) ainsi que la période marquée par la codification du droit des entreprises publiques et parapubliques (**2**).

---

[258] Jacques BIAKAN, *Cours de droit publique économique interne*, *op.cit.*, pp.30-35.
[259] *Idem.*

1. Période marquée par une absence de maîtrise du cadre juridique et institutionnel des entreprises publiques et parapubliques

La période d'avant 1995 a été une période d'incertitude pour le droit des entreprises publiques au Cameroun à cause de la non-maitrise du cadre juridique. En effet, il n'y a pas eu au Cameroun, comme partout ailleurs en Afrique francophone, un texte fondamental sur les entreprises publiques[260]. La typologie retenue était riche et variée. Les entreprises épousaient des formes diverses. Elles apparaissaient sous la forme d'offices, de centres, de missions, de sociétés nationales, de sociétés de développement, de fonds, de régies, etc.[261]. Il faut dire ici que les concepts utilisés l'étaient souvent à tort et à travers. Ils étaient même parfois contradictoires. La même entreprise pouvait être par deux concepts juridiques inconciliables. L'exemple palpable était, par exemple la CAMEROON SHIPPING LINES SA. D'après l'article 2 de la loi n° 74/19 du 15 décembre 1974 créant la société nationale de transport par mer, celle-ci était à la fois une société d'économie mixte et un établissement public à caractère industriel et commercial. Le plus souvent, la même appellation recouvrait deux réalités différentes. Par exemple : la dénomination de la société nationale était utilisée pour désigner à la fois un établissement public industriel et commercial. Tel est le cas de la société à participation exclusive (SNI) ou des sociétés d'économie mixte (SONEL).

Le terme office était utilisé aussi bien pour désigner les établissements publics industriels et commerciaux, tels que

---

[260] Jacques BIAKAN, *Cours de droit publique économique interne*, *op.cit.*, pp.22-35.
[261] *Idem.*

l'office national de commercialisation des produits de base, alors que leur activité n'avait rien de commercial.

Les pouvoirs publics camerounais ont adopté une attitude de recul par rapport au mouvement général de codification du droit de l'entreprise tel qu'il s'est développé partout en Afrique francophone. Il s'agissait en premier lieu des dispositions communes de l'article 2 de la loi du 05 décembre 1974 relative au contrôle des ordonnateurs, des gestionnaires et gérants de crédits. Cet article considérait comme entreprise publique :

a) Les sociétés dont l'État ou les collectivités publiques locales sont actionnaires exclusifs ;

b) Les organismes et établissements publics à caractère industriel et commercial ;

c) Les sociétés d'économie mixte à participation majoritaire de l'État, les collectivités publiques locales ou des entreprises visées ci-dessus en (a) et (b) ;

d) Les sociétés présentant un intérêt stratégique pour la défense nationale, quelle que soit la participation de la puissance publique ou de ses entreprises dont la liste est fixée par décret ».

La définition de l'entreprise publique telle que donnée par ce texte juridique paraît insuffisante. En fait, elle ne prend pas en compte les entreprises dont la participation de l'État ou de ses organismes est inférieure à 25 % du capital.

Cette période d'incertitude a été en partie à l'origine de la crise économique que le secteur public et parapublic a connue. Cette situation était devenue incompatible avec les exigences des programmes d'ajustements structurels, donc un des objectifs consistait à mettre en place des réformes nécessaires permettant de rationaliser les politiques macroéconomiques et l'environnement institutionnel intéressant les entreprises publiques.

2. Période marquée par la codification du droit des entreprises publiques et parapubliques

Cette période s'étend de 1995 jusqu'à nos jours. Aussi, diverses réformes ont vu le jour, précisément celles de 1995 (a) et celles de 1999 (b).

a. Innovations fondamentales de l'Ordonnance des 17 août 1995 portant statut général des entreprises du secteur public et parapublic au Cameroun

L'ordonnance présidentielle n° 95/003 du 17 août 1995 portant statut général des entreprises du secteur public et parapublic au Cameroun permet non seulement de clarifier la configuration du secteur des entreprises publiques et parapubliques, mais traduit aussi la volonté des pouvoirs publics de fixer le cadre général de rentabilité et d'efficacité des dites entreprises[262].

Pour ce qui concerne la clarification de la configuration des entreprises publiques et parapubliques, elle se concrétise par la précision de leur contenu à travers la distinction de trois formes d'entreprises publiques et parapubliques et par la définition de critères d'identification, d'une part, et par l'harmonisation des règles de création, de dissolution et de liquidation, d'autre part.

---

[262] Jacques BIAKAN, « Les innovations fondamentales de l'ordonnance du 17 août 1995 portant statut général des entreprises du secteur public et parapublic au Cameroun », *Revue juridique et politique : indépendance et coopération*, Volume 50, 1996, pp.191-199.

Ces mesures visent, d'une part, à responsabiliser les dirigeants plus que par le passé à travers l'instauration du principe de limitation des mandats et des incompatibilités, et, d'autre part, à accroître les mécanismes de contrôle.

En effet, qu'il s'agisse de l'établissement public administratif, de la société à capital public ou de société d'économie mixte, l'ordonnance utilise les termes appropriés pour les identifier. D'abord, la notion d'autonomie financière a été définie comme la capacité pour une personne morale d'administrer et de gérer librement les biens meubles et immeubles corporels ou incorporels ou les biens numéraires constituant son patrimoine propre afin de réaliser son objectif social.

Le texte utilise également la notion de tutelle. Celle-ci s'exerce au plan technique et financier. La tutelle technique a pour mission de définir la politique de l'État dans les secteurs où évolue l'entreprise. Cette tutelle permet à un département ministériel donné de fixer les objectifs assignés à l'ensemble des entreprises de ce secteur et d'en assurer la régulation en tant que de besoin en vue d'un fonctionnement optimal. La tutelle financière est exercée par le ministère des Finances et a pour objet d'apprécier les opérations de gestion, notamment l'approbation des budgets des entreprises publiques et l'examen a posteriori des comptes des sociétés à capital public et des sociétés d'économie mixte.

Au-delà de la clarification de certains concepts, l'Ordonnance a également mis l'accent sur la responsabilisation des dirigeants d'entreprises. En fait, l'esprit de ce texte juridique est d'éviter autant que possible la dispersion des pouvoirs des dirigeants et les interférences politiques afin de préserver la fortune publique. Aussi, l'on a instauré entre autres la limitation des mandants des dirigeants des entreprises publiques et parapubliques, les incompatibilités ainsi que l'application des sanctions pénales pour atteintes à la fortune publique.

b. Innovations fondamentales de la loi n° 99/016 du 22 décembre 1999 portant des établissements publics et des entreprises du secteur public et parapublic

La loi n° 99/016 du 22 décembre 1999 portant des établissements publics et des entreprises du secteur public et parapublic a repris les grandes lignes ou articulations de l'Ordonnance de 1955 en y apportant certaines clarifications, adaptations et précisions sur plusieurs aspects.

Tout d'abord, cette loi a pris en considération les innovations de la loi constitutionnelle du 18 Janvier 1996 en utilisant l'expression consacrée telle que les collectivités territoriales décentralisées à la place de celle de collectivité locale ;

Ensuite, ce texte législatif a également intégré dans son dispositif toute la réglementation OHADA. Aussi, en conformité à l'acte uniforme sur les sociétés anonymes et les groupements d'intérêts économiques, les règles régissant les sociétés anonymes ont été prévues pour le fonctionnement des sociétés à capitaux publics et les sociétés d'économie mixte.

En outre, le régime des incompatibilités est plus détaillé. Par exemple, nul ne peut être administrateur représentant l'État ou les collectivités territoriales décentralisées dans deux conseils d'administration d'établissement public, de société à capital public et de société d'économie mixte. L'administrateur représentant d'État ne peut exercer plus de deux mandats consécutifs dans une même entreprise. Les membres du Conseil d'Administration sont nommés par l'Assemblée générale des actionnaires.

Paragraphe 2 : Réforme juridique de l'entreprise publique aujourd'hui

Le législateur camerounais a rénové le cadre juridique des établissements publics au Cameroun (**A**) et assujetti ces derniers aux principes de bonne gouvernance (**B**).

A. Rénovation du cadre juridique des entreprises publiques

La réforme du cadre juridique des entreprises publiques intervenue par le biais de la loi n° 2017/011 du 12 juillet 2017 a mis un accent particulier sur la notion d'entreprise publique, son statut, ses missions et formes (1) ainsi que la performance et la gouvernance de l'entreprise publique (**2**).

1. Statut et typologie des entreprises publiques

Dans un premier temps nous définirons l'entreprise publique en partant de la notion juridique (**a**) cette entreprise peut avoir plusieurs formes (**b**). Elle a aussi une organisation et un fonctionnement (**c**).

a. Notion d'entreprise publique

L'entreprise publique est définie par l'article 3 de la loi n° 2017/011 du 12 juillet 2017 portant statut général des entreprises publiques au Cameroun comme une « *unité économique dotée d'une autonomie juridique et financière, exerçant une activité industrielle et commerciale, et dont le capital social et détenu entièrement ou majoritairement par une personne morale de droit public* ». Cette définition est très proche de celle donnée par Jean-Pierre BIAYS, qui la définit comme « une personne morale à objet industriel et commercial et dont la propriété est au moins majoritairement publique »[263]. Il en est de même pour Jean DUFAU, qui définit l'entreprise publique comme « *une personne morale à caractère industriel et commercial, dont la totalité du capital est soustraite à l'appropriation privée* »[264].

Ces définitions permettent de relever les éléments tels qu'une personnalité morale et une autonomie financière, un objet industriel et commercial, un mode de gestion ou de fonctionnement très proche de celui des entreprises privées, une impulsion et un contrôle de l'État ou des autres personnes publiques[265]. Néanmoins, l'entreprise publique se différencie de l'entreprise privée en ce qu'elle ne saurait avoir pour seul et unique objet la réalisation de bénéfices. Aussi, l'entreprise publique réunit deux critères : un critère organique et un critère matériel. Au plan organique, l'entreprise publique i est dotée de la personnalité morale et l'État y détient la majorité du capital ou la majorité des voix. Au plan matériel, son activité est à la fois marchande et collective. Elle fait l'objet d'une rémunération et est soumise au double circuit d'influence du marché, à cause de la concurrence et des politiques gouvernementales.

b. Formes d'entreprise publique

Cette partie abordera les types d'entreprises (**i**) et les catégories (**ii**) d'entreprises publiques.

---

263 Jean-Pierre BIAYS, *Mélanges en honneur du Professeur Gustave PEISER*, Jean-Pierre BIAYS, *Remarques terminologiques sur le public industriel et commercial*, Droit public, P.UG, p.39 et s.

264 Jean DUFAU, *Les entreprises publiques*, Ed. Le Moniteur, coll., l'actualité juridique, p. 39 et s.

265 Salifou BOUKARI, *L'Application des textes de l'OHADA aux entreprises publiques : l'exemple de l'AUSC et GIE*, [Doctoral Thesis, Maastricht University]. Uitgeverij BOXPress, 2015, p.8.

i) Typologie d'entreprises publiques

La législation n° 2017/011, adoptée le 12 juillet 2017, établit l'existence de deux catégories d'entreprises publiques : les sociétés à capital public et les sociétés d'économie mixte. Ce texte ne s'applique pas aux sociétés d'économie mixte dans lesquelles l'État, l'entreprise publique ou la collectivité territoriale décentralisée est minoritaire.

La société à capital public est une personne morale de droit privé, dotée de l'autonomie financière et dont le capital-actions est intégralement détenu par l'État, une ou plusieurs entreprises publiques ou une ou plusieurs collectivités territoriales décentralisées. Elle a été créée en vue de l'exécution, dans l'intérêt général, des activités présentant un caractère industriel, commercial et financier. **La Société d'Économie mixte**, quant à elle, est définie comme une personne de droit privé, dotée de l'autonomie financière et d'un capital-actions détenu par l'État, une ou plusieurs entreprises publiques ou une ou plusieurs Collectivités territoriales décentralisées.

Ces deux formes d'entreprises publiques, à savoir les sociétés à capital public (SCP) et les sociétés d'économie mixte (SEM), partagent des similitudes. Elles sont toutes deux des personnes morales de droit privé (SA), créées et contrôlées par des entités publiques, à savoir, l'État, les collectivités territoriales et les personnes publiques pour des missions d'intérêt général, avec une participation publique majoritaire et la présence d'au moins un partenaire privé. Elles servent de cadre juridique souple pour gérer des services publics ou des activités économiques d'intérêt général, tout en intégrant les règles du droit commercial et des finances publiques.

Ces similitudes font de ces entreprises publiques des personnes morales de droit privé, ce qui permet l'application du droit OHADA particulièrement l'Acte uniforme relatif aux Sociétés Commerciales et du groupement d'intérêt économique auxdites entreprises. C'est d'ailleurs la raison pour laquelle l'article 10 de la loi n° 2017/011 du 12 juillet 2017 dispose que « *les entreprises publiques sont constituées sous la forme de Société Anonyme et fonctionnent conformément aux dispositions de l'Acte uniforme OHADA relatif au droit des sociétés commerciales et du groupement d'intérêt économique, ainsi des dispositions de la présente loi* ».

À travers la loi n° 2017/011 du 12 juillet 2017, le législateur s'est conformé à son homologue de l'OHADA, dont l'article 1er l'AUSC et GIE édicte un traitement égalitaire entre l'entreprise publique et l'entreprise privée. Selon l'article 1er de l'AUSC et GIE : « *Toute société commerciale, y compris celle dans laquelle un État ou une personne morale de droit public est associé, dont le siège social est situé sur le territoire de l'un des États parties au Traité relatif à l'harmonisation du droit des affaires en Afrique (ci-après désignés « les États parties ») est soumise aux dispositions du présent Acte uniforme* ».

C'est dans le même ordre d'idées que le législateur dispose que « la constitution, l'administration, la gestion, le contrôle, la dissolution et la liquidation de la société d'économie mixte s'opèrent conformément aux dispositions prévues par l'Acte Uniforme OHADA relatif au droit des sociétés commerciales et du groupement d'intérêt économique »[266]. De même, la cession partielle d'une entreprise publique s'opère conformément à la législation applicable en matière de privatisation, soit l'Acte uniforme OHADA relatif au droit des sociétés

[266] Article 76 de la loi n° 2017/011 du 12 juillet 2017 portant statut général des entreprises publiques au Cameroun.

commerciales et du groupement d'intérêt économique, ainsi qu'aux dispositions de la loi n° 2017/011 du 12 juillet 2017.

ii) Catégories d'entreprises publiques

L'article 5 du décret n° 2019/321 du 19 juin 2019 fixant les catégories d'entreprises publiques, la rémunération, les indemnités et les avantages de leurs dirigeants, classe les entreprises publiques au Cameroun en cinq (5) grandes catégories suivantes :

- Les entreprises de première (1re) catégorie dont le chiffre d'affaires moyen des trois (03) derniers exercices fiscaux est supérieur à cent (100) milliards de francs CFA ;

- Les entreprises de deuxième (2e) catégorie dont le chiffre d'affaires moyen des trois (03) derniers exercices fiscaux est supérieur à cinquante (50) milliards de francs CFA et inférieur ou égal à cent (100) milliards de francs CFA ;

- Les entreprises de troisième (3e) catégorie dont le chiffre d'affaires moyen des trois (03) derniers exercices fiscaux est supérieur à dix (10) milliards de francs CFA et inférieur ou égal à cinquante (50) milliards de francs CFA ;

- Les entreprises de quatrième (4e) catégorie dont le chiffre d'affaires moyen des trois (03) derniers exercices fiscaux est supérieur à cinq (5) milliards de francs CFA et inférieur ou égal à dix (10) milliards de francs CFA ;

- Les entreprises de cinquième (5e) catégorie dont le chiffre d'affaires moyen des trois (03) derniers exercices fiscaux est inférieur ou égal à cinq (5) milliards de francs CFA.

c. Organisation et fonctionnement de l'entreprise publique

L'entreprise publique dispose de trois organes de gestion, à savoir une Assemblée générale des actionnaires (i), un Conseil d'Administration (ii) et une Direction générale (iii). À tout ceci, il faut ajouter la liquidation des entreprises publiques (iv).

i) Assemblée générale des actionnaires

Elle est convoquée normalement par le Conseil d'Administration. Mais elle peut être également convoquée par le Commissaire aux comptes, après que celui-ci ait vainement requis la convocation du Conseil d'Administration, par lettre au porteur contre récépissé ou par lettre recommandée avec demande d'avis de réception. Elle peut également être convoquée par un mandataire désigné par le président de la juridiction compétente, statuant par voie d'urgence, à la demande d'un ou plusieurs actionnaires représentant au moins le dixième du capital social, s'il s'agit d'une Assemblée générale.

Elle exerce plusieurs compétences. En effet, elle statue sur les états financiers de synthèse de l'exercice. Elle décide de l'affectation du résultat ; à peine de nullité de toute délibération contraire, il est pratiqué sur le bénéfice de l'exercice diminué, le cas échéant, des pertes antérieures, une dotation égale à un dixième au moins, affectée à la formation d'un fonds dit « réserve légale ». Cette dotation cesse d'être obligatoire lorsque la réserve atteint le cinquième du capital social. Elle nomme le Commissaire aux comptes. Elle peut approuver ou refuser d'approuver les conventions conclues entre les dirigeants sociaux et la société. Elle a le pouvoir d'émettre des obligations. Elle approuve le rapport du Commissaire aux comptes. Elle fixe le montant des indemnités de session, ainsi que l'allocation mensuelle du Conseil d'Administration. Elle alloue aux administrateurs, en rémunération de leur activité et en fonction des performances de l'entreprise, une indemnité fixe annuelle qu'elle détermine souverainement.

En dehors de l'Assemblée générale ordinaire, l'entreprise publique peut organiser une assemblée générale extraordinaire. En ce qui le concerne, ses compétences sont les suivantes : modifier les statuts de toutes ses dispositions ; autoriser les fusions, scissions, transformations et apports partiels d'actifs ; décider, le cas échéant, d'une augmentation du capital, sur le rapport du Conseil d'administration et du Commissaire aux Comptes, suivant les dispositions prévues par l'Acte uniforme OHADA relatif au droit des sociétés commerciales et du groupement d'intérêt économique. L'assemblée générale extraordinaire peut également autoriser la réduction du capital, ou alors déléguer au Conseil d'administration tous les pouvoirs pour réaliser, suivant les dispositions prévues par l'Acte uniforme OHADA relatif au droit des sociétés commerciales et du groupement d'intérêt économique. Elle peut transférer le siège social en toute autre ville de l'État où il est situé, ou sur le territoire d'un autre État. Elle peut dissoudre par anticipation la société ou en proroger la durée.

Au regard de ce qui précède, il est possible de faire le constat suivant, à l'instar du législateur OHADA, le législateur camerounais accorde d'importants pouvoirs à l'Assemblée générale des actionnaires. Qu'en est-il pour les organes dirigeants de l'entreprise publique ?

ii) Conseil d'Administration

Le Conseil d'Administration des entreprises publiques est composé d'un collège de cinq (05) membres au moins et de douze (12) au plus. Il comprend obligatoirement un représentant du personnel élu par ses pairs. Les administrateurs des sociétés à capital public ayant l'État comme actionnaire unique sont nommés par décret du Président de la République. Par contre, les administrateurs des sociétés à capital public ayant les entreprises publiques ou les collectivités territoriales décentralisées comme unique actionnaire sont désignés suivant les modalités fixées par les statuts. Chaque actionnaire a le droit à une représentation proportionnelle au nombre d'actions qu'il détient, exception faite au représentant du personnel. Aux fins d'obtenir une représentation au Conseil d'Administration, les petits actionnaires peuvent se regrouper. Les administrateurs des sociétés à capital public sont désignés pour un mandat de trois ans renouvelable une (01) fois. Le conseil désigne parmi ses membres un Président. Le conseil se réunit autant que nécessaire sur convocation de son Président. Dans ce cas, les convocations doivent être adressées par télégramme, télex, fax, télécopie ou tout autre moyen laissant trace écrite au moins quinze (15) jours avant la session. Néanmoins, il peut être convoqué en cas de nécessité par un tiers des membres.

Les fonctions de Président et de membre du Conseil d'Administration d'une entreprise publique sont incompatibles avec celles de parlementaire, magistrat, membres du Gouvernement ou assimilé, etc.

La particularité des entreprises publiques est que le Conseil d'administration dispose des pouvoirs lui permettant de jouer un rôle majeur dans le fonctionnement de l'entreprise. Aussi, il est investi des pouvoirs les plus étendus pour agir en toutes circonstances au nom de la société. Il les exerce dans la limite de l'objet social et sous réserve de ceux expressément attribués par l'Acte uniforme OHADA, relatif au droit des sociétés commerciales et du groupement d'intérêt économique. Il s'agit notamment de préciser les objectifs de la société et l'orientation qui doit être donnée à son administration. Il exerce un contrôle permanent de la gestion assurée par le directeur général. Il arrête les comptes de chaque exercice. Il établit les documents de gestion prévisionnelle et les rapports correspondants. Il nomme et révoque le directeur général et le directeur général adjoint. Il nomme les membres des comités d'études. Il repartit les indemnités de présence aux réunions du Conseil d'Administration. Il autorise les dépôts de garantie, avals et garanties à première demande souscrits par la société pour des engagements pris par les tiers. Il autorise toute aliénation de biens meubles ou immeubles, corporels ou incorporels.

iii) Direction générale

La direction générale d'une entreprise publique est placée sous l'autorité d'un directeur général, éventuellement assisté d'un directeur général adjoint. Ils sont nommés à la majorité de deux (2/3) par le Conseil d'administration sur proposition de l'actionnaire majoritaire ou unique. Leur mandat est fixé pour une durée de trois (03) ans, éventuellement renouvelable deux (02) fois. Dans tous les cas, ce mandat ne peut excéder neuf (09) ans. Il faut dire que la limitation des mandats des dirigeants à la tête d'une entreprise publique favorise le renouvellement des idées et des dirigeants, prévient la concentration excessive du pouvoir, assure une meilleure transmission des savoirs par le mentorat, renforce la démocratie interne et la compétition saine, et peut stimuler l'innovation en évitant la stagnation et les décisions à court terme, tout en mobilisant un plus grand nombre de salariés vers la représentation.

Enfin, le directeur général a des pouvoirs très importants qui sont ceux prévus par l'Acte uniforme OHADA relatif au droit des sociétés commerciales et du groupement d'intérêt économique. Il prépare le budget et les états financiers annuels. Il prépare les délibérations du Conseil d'Administration, assiste avec voix consultative aux réunions du Conseil et exécute ses décisions. Il assure la direction technique, administrative et financière de la société. Il recrute, nomme, note et licencie le personnel, sous réserve des pouvoirs du Conseil d'Administration, fixe leur rémunération et leurs avantages dans le respect des lois et règlements en vigueur et du règlement intérieur et des délibérations du Conseil. Il gère les biens meubles et immeubles, corporels et incorporels de l'entreprise dans le respect de son objet social et des pouvoirs du conseil d'administration.

iv) Dissolution et liquidation des entreprises publiques

La nouvelle loi définit les procédures de dissolution et de liquidation des entreprises publiques.

Primo, l'article 82 de la loi n° 2017/011 du 12 juillet 2017 portant statut général des entreprises publiques au Cameroun dispose que la dissolution des entreprises publiques est prononcée par pour les causes prévues dans leurs statuts ou conformément aux dispositions prévues dans leurs statuts ou conformément aux dispositions de l'Acte uniforme relatif au Droit des Sociétés Commerciales et du Groupement d'Intérêt Économique. Aussi, cette dissolution peut être prononcée pour les cas suivants :

- L'expiration du temps pour laquelle elle a été constituée ;
- La réalisation ou l'extinction de son objet ;
- L'annulation du contrat de société ;
- Par décision de l'actionnaire unique ;
- La décision des associés, aux conditions prévues pour modifier les statuts ;
- La dissolution anticipée prononcée par la juridiction compétente, à la demande d'un associé pour justes

motifs, notamment en cas d'inexécution de ses obligations par un associé ou mésentente entre associés empêchant le fonctionnement normal de la société ;

- L'effet d'un jugement ordonnant la liquidation des biens de la société ;
- Pour toute autre cause prévue par les statuts.

Cependant, la loi fait quand même une exception sur la dissolution des entreprises publiques ayant l'État comme actionnaire unique. Celles-ci peuvent être dissoutes exceptionnellement par décret du Président de la République, sur proposition conjointe du ministre chargé des finances et du Ministre chargé de la tutelle technique, et sur recommandation du collège de l'Assemblée générale. Il faudrait encore rappeler que dans les huit (08) jours qui suivent la décision de dissolution, celle-ci fait l'objet de publicité dans un journal d'annonces légales et dans un organe de presse nationale. La date de publication ouvre la période de liquidation.

Dans tous les cas, la dissolution anticipée est prononcée à la clôture du deuxième exercice suivant celui au cours duquel la constatation des pertes est intervenue à défaut de régularisation. Le ou les commissaires aux comptes sont tenus d'avertir le ministre chargé des finances ou l'organe délibérant qui l'a créé, dès la clôture de l'exercice au cours duquel les pertes ont été enregistrées[267].

Secundo, la liquidation est également régie par un droit mixte comprenant les règles de droit privé et de droit public. Aussi, l'article 85 de ce texte dispose que : « la cession totale ou partielle d'une entreprise publique s'opère conformément à la législation applicable en matière de privatisation, de l'Acte uniforme relatif au Droit des

[267] Article 83, alinéa 3 de L'Acte uniforme relatif au Droit des Sociétés Commerciales et du Groupement d'Intérêt Économique.

Sociétés commerciales et du Groupement d'Intérêt Économique ainsi qu'aux dispositions de la présente loi ».

À titre exceptionnel, la liquidation des sociétés à capital public et des sociétés d'économie mixte s'effectue dans le cadre amiable, de même que celles-ci en liquidation sont dispensées de toute consignation auprès des greffes des tribunaux. En outre, sur décision du ministre chargé des finances, concomitamment à l'acte de dissolution de la société à capital public ayant l'État comme unique actionnaire, il est désigné un liquidateur qui peut être une personne physique ou morale, sans préjudice des incompatibilités éventuelles.

Lorsqu'une personne morale est désignée comme liquidateur, il est indiqué le nom de son représentant. L'acte de nomination du liquidateur, quelle que soit sa forme, est publié dans le délai d'un mois, à compter de la nomination, dans un journal d'annonces légales. Le liquidateur peut faire appel, dans l'exécution de son mandat, à toutes personnes en raison de ses compétences. Il est nommé pour une durée maximale d'un (01) an renouvelable. Toutefois, la période de liquidation ne doit pas excéder trois (03) ans. L'acte portant nomination du liquidateur fixe ses attributions, l'étendue de son mandat et la date à laquelle il doit prendre ses fonctions. Les fonctions du liquidateur prennent fin notamment par non-renouvellement de mandat ou par révocation. Son remplacement intervient dans les mêmes conditions que celles qui ont précédé à sa nomination.

B. Arrimage du droit des entreprises publiques aux principes de bonne gouvernance

Les grandes réformes apportées par la loi n° 2017/011 du 12 juillet 2017 ont, pour l'essentiel, été orientées vers la recherche de la performance et la promotion d'une saine gouvernance d'entreprise[268]. Ce nouveau texte juridique vise à répondre aux problèmes de gouvernance des entreprises publiques et parapubliques au Cameroun. En effet, « *la Commission Technique de Réhabilitation (CTR) des entreprises du secteur public et parapublic révélait dans son Rapport 2019 que les 50 entités publiques dont les performances ont été analysées affichent une baisse de 15,7 % de leur chiffre d'affaires par rapport à l'exercice 2018, et un résultat net global de -59,5 milliards FCFA, en baisse de -6,4 % par rapport à 2018. Aussi, les plus grosses pertes ont été enregistrées dans les secteurs combinés « hydrocarbures, eau et électricité » et « industrie et commerce. Bien plus, sur un objectif de 53 milliards en 2019 au titre des contributions des entreprises publiques au budget de l'État, seulement 12 milliards ont été reversés à la fin d'année, soit un taux de réalisation de 21,94 %* »[269].

En termes d'innovations, ce texte juridique autonomise le régime juridique des entreprises publiques longtemps rattaché à celui des établissements publics par le biais de la loi n° 99/016 du 22 décembre 1999 portant statut général des établissements publics et des entreprises du secteur public et parapublic. Au-delà de l'identification de la société à capital public et de la société d'économie mixte comme des entreprises publiques, la loi innerve le fonctionnement des entreprises publiques de la logique marchande propre au secteur privé[270]. Les concepts de « rentabilité », « profitabilité », « budget-programme »,

---

[268] Steve TAMETONG, « optimiser la gouvernance et la performance des entreprises publiques au Cameroun : une impérieuse nécessité », *Nkafu Policy Institute*, Septembre 2021, p.1

[269] *Idem.*

[270] Steve TAMETONG, « optimiser la gouvernance et la performance des entreprises publiques au Cameroun : une impérieuse nécessité », *op.cit., pp.1-2.*

« rapport de performance », « audit », « contrôle de gestion » rendent bien compte de cette nouvelle philosophie managériale orientée vers la recherche de la performance.

La gouvernance des entreprises publiques demeure structurellement défaillante, en dépit de l'existence d'un cadre juridique formel. Cette défaillance procède principalement de plusieurs facteurs interdépendants : la pérennisation des mandats des dirigeants, l'absence effective de mécanismes de redevabilité, une masse salariale pléthorique et peu productive, une gestion opaque, une confusion des rôles institutionnels – illustrée par la présidence du conseil d'administration par le ministre de tutelle –, une tutelle étatique souvent paralysante, ainsi qu'un endettement massif et non soutenable. Cet ensemble de dysfonctionnements compromet durablement leur performance et leur mission de service public.

Pour remédier à cet épineux problème, le Fonds Monétaire International (FMI) a formulé dans son rapport publié en mai 2021, un ensemble de recommandations destinée à renforcer la surveillance, la gouvernance et la maîtrise des risques budgétaires dans la gestion des entreprises publiques au Cameroun. De manière substantielle, la performance des entreprises publiques est tributaire d'un ensemble d'initiatives à prendre par l'État. Il s'agit entre autres de : l'élaboration claire d'une politique harmonisé de l'État actionnaire ; la détermination précise et la mise à jour permanente d'un répertoire exhaustif des entreprises publiques ; l'identification des créances et dettes réciproques entre l'État et les entreprises publiques et entre les entreprises publiques elles-mêmes ; la redéfinition de la place des conseils d'administration considérés comme des lieux de recasement ou de récompense des alliés politiques ; le respect des procédures d'examen préalable par le Comité national de la dette publique (CNDP) de tout endettement ; ou recours à la garantie de l'État de la part des entreprises publiques ; l'élaboration d'une feuille de route et l'assignation des objectifs de performance clairs aux entreprises publiques ; le respect de la limitation des mandats des dirigeants des entreprises publiques ; la rationalisation du traitement des dirigeants des entreprises publiques ; le renforcement des mécanismes de contrôles et d'audits des entreprises publiques ; la maîtrise des risques liés au surendettement des entreprises publiques ; le renforcement de la coordination des tutelles technique et financière ; l'interdiction d'assurer à la fois les fonctions de tutelle et de président de conseil d'administration ; l'évaluation périodique de la performance des entreprises sur la base des critères prédéterminés ; la sanction des dirigeants d'entreprises publiques convaincues de malversations financières ou détournement des biens de l'entreprise publique (Viviane ONDOUA BIWOLE : 2020).

CHAPITRE 5 :

PARTENARIATS PUBLIC-PRIVÉ

Les personnes publiques se comportent de moins en moins elles-mêmes ou du moins de façon autonome comme des entrepreneurs pour réaliser les missions d'intérêt général qui sont les leurs (**cf. introduction générale et chapitre 4 du présent ouvrage**). Il serait faux pourtant de croire à leur repli dans une fonction de police se résumant à édicter les règles et à en garantir la sanction, ou même dans une seule fonction de régulateur, consistant à intervenir plus activement au service des équilibres recherchés. Bien au contraire, la présence publique dans l'économie demeure intense, mais se présente de plus en plus rarement comme un mode d'action autonome ou concurrent de celui du secteur privé[271]. Une coopération entre les différents acteurs, dont la complémentarité est soulignée, est de plus en plus souvent recherchée à travers différents instruments juridiques.

Tous ont en commun de participer à l'émergence d'une démarche partenariale dont le principe n'est pas neuf (que l'on songe aux concessions ou aux sociétés d'économie mixte), mais dont la revendication et la généralisation sont des traits distinctifs de la présence publique contemporaine dans l'économie. La forme de partenariat la plus dominante aujourd'hui est le partenariat public-privé. Il tire son origine de la « *Private Finance Initiative* » en Grande-Bretagne. Le

---

[271] Jean-Philippe COLSON, Pascale IDOUX, *Droit public économique*, *op.cit.*, p.349.

terme est issu d'un programme lancé en 1992 pour attirer des investissements vers le secteur public britannique, tout en réduisant la dette de l'État. Depuis, ce modèle s'est répandu dans de nombreux pays et précisément au Cameroun. Il s'agit, en réalité, d'un modèle de commande publique qui a été conçue comme une alternative aux problèmes de privatisation, dont les limites commençaient déjà à apparaître au milieu des années 1980. Bref, il fallait corriger les limites de la privatisation, pérenniser la maîtrise publique de la définition de la nature et de l'étendue des prestations fournies aux usagers[272]. L'*accountability*, ou encore l'obligation de rendre des comptes, qui est un principe de gestion privée, va être progressivement reçue dans les services publics. Les règles nouvelles qui vont apparaître vont donner naissance à ce qu'on appellera « le nouveau management public ». Il exige transparence et responsabilité. Il est favorisé par ailleurs par l'accroissement important des déficits et de la dette qui réduisent considérablement les ressources publiques.

Le contrat public-privé se présente ainsi comme un moyen permettant de réduire les coûts et d'obtenir un meilleur résultat[273] dans le secteur de l'investissement public, précisément dans le secteur des infrastructures. Avec certitude, l'objectif est non seulement d'améliorer la qualité des services publics et de développer ou réhabiliter les infrastructures, mais aussi de minimiser le poids

---

[272] Bernard-Raymond GUIMDO DONGMO, *Droit des contrats et partenariats publics-privés*, Cours de Master 1, droit public fondamental, droit public des affaires, Faculté de Sciences Juridiques et Politiques, Université Catholique d'Afrique Centrale, Yaoundé-Cameroun, Janvier 2025, p.23.
[273] Bernard-Raymond GUIMDO DONGMO, *Droit des contrats et partenariats publics-privés*, *op.cit.*, p.23.

financier desdites infrastructures sur l'État[274]. On l'a très bien compris, le recours au partenariat public-privé permet aux États de combler leurs retards en matière de développement économique et social dans un environnement où le budget d'investissement public est incapable de financer suffisamment les infrastructures socio-économiques. Au cours des périodes récentes, de nombreuses nations ont adopté des stratégies de développement à moyen et long terme, qui visent l'atteinte du stade de pays émergents, avec des horizons qui varient d'un pays à l'autre. Il apparaît néanmoins que le socle commun de ces stratégies est constitué par les infrastructures dont la modernisation devrait contribuer de manière significative à l'amélioration de la compétitivité du continent. Bien que le défi posé par les infrastructures varie d'un pays à l'autre, il demeure que les infrastructures africaines ont un retard considérable par rapport à celles d'autres pays en développement[275]. D'après la Banque africaine de Développement, les besoins d'infrastructures se chiffrent entre 130 et 170 milliards de dollars par an, avec un gap de financement de l'ordre de 67,6 à 107,5 milliards de dollars[276].

Tous les enjeux économiques ci-dessus ont amené l'État du Cameroun à inscrire les partenariats public et privé au cœur de la Stratégie nationale de Développement 2020-2030. Cependant, si on revient en arrière, l'on constatera que les partenariats étaient déjà utilisés dans certains secteurs clés de l'économie il y a quelques années. On peut penser par exemple au régime de concession de service public qui existait déjà avec la promulgation de la loi

---

[274] Dieudonné BONDOMA YOKONO, *Les partenariats public-privé : état des lieux et esquisse de perspectives pour la modernisation des infrastructures nationales et transnationales*, Afrédit.sa, 2019, p.12.

[275] *Ibidem.*, p.11.

[276] BAD : *Perspectives économiques en Afrique*, 2018, p.70.

n° 98/019 du 24 décembre 1998 portant régime fiscal des concessions de services publics au Cameroun. Ce pays a adopté un régime fiscal spécifique pour les concessions de services publics, ouvrant la voie à une libéralisation progressive de certains secteurs clés, notamment l'électricité (avec la première concession majeure à AES SONEL en 2001), et impactant des domaines comme le transport, les télécommunications et les mines, etc.

De façon précise, l'État a pris des textes spécifiques permettant de déléguer certains secteurs stratégiques de l'État. On peut citer le décret n° 2005/493 du 31 décembre 2005 fixant les modalités de délégation des services publics de l'eau potable et de l'assainissement liquide en milieu urbain et périurbain. L'article 3 de ce texte dispose que « *Le service public de l'eau potable est confié par l'État, dans le cadre de conventions de délégation de gestion de service public, à une société à capital public société de patrimoine, responsable de la gestion des biens et droits affectés au service de l'eau potable en milieu urbain et périurbain, et qui est chargée de la construction, de la maintenance et de la gestion des infrastructures de captage, de production, de stockage et de transport de l'eau potable ; une ou plusieurs sociétés chargées de la Production et de la distribution de l'eau potable en milieu urbain et périurbain, ainsi que de l'entretien, des infrastructures et du traitement de l'eau, et des activités liées à la fonction commerciale, notamment le relevé, la facturation et l'encaissement de recettes* ». Ce décret a été crucial pour restructurer le secteur de l'eau au Cameroun en créant la CAMWATER (société de patrimoine) et en organisant la délégation de services (concession/affermage) pour le service public urbain, marquant une libéralisation partielle via le partenariat public-privé, transférant des actifs et personnel de l'ancienne SNEC, et posant les bases d'une gestion plus efficace pour atteindre une meilleure couverture, même si des défis subsistent. C'est pour dire que les partenariats public-privé ne sont pas une nouveauté au Cameroun.

En réalité, c'est seulement à partir de l'année 2006 que l'État du Cameroun fait des partenariats public-privé, un instrument de premier plan pour le financement des infrastructures et l'amélioration de la qualité des services publics. En fait, l'État a voulu saisir l'opportunité que présentait le partenariat public et privé pour le financement privé des infrastructures et équipements publics de toute nature. Il a dès lors adopté une loi fixant régime général des contrats de partenariat qui avait vocation à s'appliquer à tous les autres secteurs de la vie socio-économique. Car jusqu'ici, il était question de confier au secteur privé, la gestion des infrastructures, ou la gestion des services publics assis sur ces infrastructures construites par l'État lui-même dans quelques secteurs.

La loi n° 2006/012 du 29 décembre 2006 fixant le régime général des contrats de partenariat a établi le cadre général des contrats de partenariat (PPP), permettant à l'État ou à ses démembrements de confier à des partenaires privés la conception, le financement, la construction, l'entretien et l'exploitation d'infrastructures ou de services publics pour une durée déterminée, souvent pour des projets d'investissement majeurs.

Cette loi a mis en place un organisme expert dénommé « CARPA » (Conseil d'Appui à la Réalisation des Contrats de Partenariat) pour conseiller le gouvernement[277]. Le Conseil d'Appui à la Réalisation des Contrats de Partenariat (CARPA) est un organisme expert créé par décret n° 2008/035 du 23 janvier 2008, modifié et complété par décret n° 2012/148 du 21 mars 2012.

[277] Lire article 7 de la loi n° 2006/012 du 29 décembre 2006 fixant le régime général des contrats de partenariat.

Le CARPA a, à sa tête un Président qui est une personnalité de réputation professionnelle établie, il est nommé par décret présidentiel. Il assure la direction administrative, technique et financière du CARPA.

Le Comité d'Orientation comprend (12) douze membres, dont (5) cinq représentants de l'État, et (7) sept représentants du secteur privé. Cet organisme a pour mission de contribuer par son expertise, à la création, au renouvellement des infrastructures et équipements publics, ainsi qu'à l'amélioration de la qualité du service public dans le cadre des projets de grande envergure technique et financière à réaliser à travers un contrat de partenariat. Plus spécifiquement, le CARPA a plusieurs compétences. Il publie sur une base annuelle, en liaison avec les entités publiques concernées, après leur évaluation, de la liste des projets publics éligibles au régime des contrats de partenariat. Il évalue la faisabilité des projets publics en contrat de partenariat. Il participe à la sélection du cocontractant de la personne publique. Il participe aux négociations, au contrôle et au suivi de l'exécution des contrats de partenariat. Il apporte son assistance aux administrations publiques sur des questions relatives aux projets publics à réaliser dans le cadre d'un contrat de partenariat. Il informe les organismes publics, les collectivités territoriales décentralisées, les milieux d'affaires et du public en général sur les mécanismes de mise en œuvre des contrats de partenariat et sur le concept de gestion publique dans ce cadre. Il promeut les meilleures pratiques dans le montage et la gestion des projets publics dans le cadre d'un contrat de partenariat ; Il assure la diffusion et la vulgarisation du régime camerounais des contrats de partenariat. Il s'occupe de la mise au point et/ou l'adaptation des instruments juridiques et techniques nécessaires à la bonne application du régime des contrats de partenariat. Il s'occupe de la formation, le développement de l'expertise nationale et la veille en matière d'innovation sur les modes de gestion des projets publics dans le cadre d'un contrat de partenariat. Il est chargé de définir un code éthique relatif à l'activité du CARPA.

Au-delà de ses prérogatives reconnues au plan légal, le CARPA est un organe stratégique qui est inscrit au centre de la vision de l'État camerounais. De façon générale, les activités du CARPA trouvent leur ancrage dans le programme 302 du ministère de l'Économie, de la Planification et de l'Aménagement du Territoire, tutelle de l'institution. Ledit programme s'intitule « Appui à la relance économique pour l'accélération de la Croissance »[278]. Il a pour objectif, l'amélioration du taux de croissance de l'économie, notamment à travers les investissements publics. Dans ce cadre, le CARPA est notamment responsable de l'action n° 8 dudit programme, qui porte sur le « développement des partenariats publics-privés comme outil de promotion de l'investissement ». Son objectif spécifique est d'accroître la participation du secteur privé dans les projets publics.

Grâce à la volonté de conduire le Cameroun à l'émergence et appuyer par l'expertise technique du CARPA, le Gouvernement a introduit les partenariats public-privé dans le secteur de l'électricité à travers la loi n° 2011/022 du 14 décembre 2011 régissant le secteur de l'électricité au Cameroun. L'article 11 de cette loi stipule que l'exercice des activités dans le secteur de l'électricité doit être soumis à l'acquisition de l'une des séries suivantes : Concession, Licence, Autorisation, Régime de déclaration et libre. C'est dû à la loi n° 2011/022 du 14 décembre 2011 que le Cameroun ait pu établir le contrat

[278] Le Conseil d'Appui à la Réalisation des Contrats de Partenariat (CARPA), *Rapport 2019*, CARPA, 27 mai 2020, p.12.

cadre entre l'État camerounais et Eneo (anciennement AES Sonel) pour la production et la distribution d'électricité.

La loi N° 2023/008 du 25 juillet 2023 fixant le régime général des contrats de partenariat public-privé abroge la loi n° 2006/012 du 29 décembre 2006 fixant le régime général des contrats de partenariat et demeure de ce fait le seul texte applicable en matière de partenariat privé au Cameroun.

Pour la suite, il sera question de faire une analyse juridique sur les contrats de partenariat public et privé (**Section 1re**) d'une part, et, d'autre part, la présentation de la Directive portant cadre juridique et institutionnel des partenariats public-privé en zone CEMAC (**Section 2**).

Section 1 : Contrats de partenariat public et privé

Les analyses ci-dessus montrent qu'il est difficile d'identifier réellement les contrats de partenariats public-privé, car, à côté des contrats administratifs classiques entre les personnes publiques et le secteur privé que sont les marchés publics et les délégations de services publics (concession, affermage), il est apparu un régime de partenariat qui paraît plus flexible. En fait, ces derniers ont un sens beaucoup plus large, puisqu'ils incluent toutes les formes de prise en charge par des acteurs privés de tout ou partie des risques économiques liés à la réalisation d'un objectif d'intérêt public avec l'accompagnement d'une personne publique, la collaboration entre les acteurs publics et privés via l'économie mixte n'étant pas simplement formelle, mais reposant également en principe, sur l'association des qualités, capacités et savoir-faire de chacun[279]. Ainsi, il va sans dire que les partenariats public-

[279] Jean-Philippe COLSON, Pascale IDOUX, *Droit public économique*, *op.cit.*, p.351.

privé s'échelonnent, de la plus « publique » des formules (par exemple, lorsqu'est créée une personne morale de droit privé partiellement contrôlée par des investisseurs publics, dans le cas d'une société d'économie mixte, ou même une personne morale de droit privé, comme un groupement d'intérêt public) à la plus privée (lorsque l'association des moyens se résume à un préfinancement privé d'un équipement, aux risques de l'entreprise privée)[280].

Toutes ces différentes approches contractuelles obligent le juriste-consulte à s'interroger sur la conception (**Paragraphe 1er**), la réalisation (**Paragraphe 2**) et la cessation du partenariat public-privé (**Paragraphe 3**).

Paragraphe 1 : Conception des Partenariats public-privé

Ce paragraphe porte sur la définition, les caractéristiques, la typologie, les principes et la nécessité du recours au contrat de Partenariat public-privé.

A. Notion et caractéristiques

Les contrats de partenariat public et privé peuvent revêtir diverses notions (**1**) et caractéristiques (**2**).

1. Notion

Cet ouvrage n'aborde pas totalement toutes les différentes définitions de partenariat public et privé qui existent, car, d'autres travaux de référence en la matière abordent cette question de manière très détaillée[281].

---

[280] *Idem.*

[281] Lire par exemple Dieudonné BONDOMA YOKONO dir., *Contrats de partenariat public et privé : aspects conceptuels et mécanismes de mise en œuvre*, Tome 1, Presses Universitaires de Yaoundé, avril 2025, 193 pages.

Néanmoins, nous présenterons les conceptions de la Banque mondiale, à l'échelle européenne et du FMI (**a**) avant de présenter la conception camerounaise (**b**).

a. Conception des PPP selon la Banque Mondiale, à l'échelle européenne et le FMI

La littérature internationale sur les partenariats public-privé montre qu'il existe une panoplie de conceptions de la notion de partenariat public-privé. Aussi, l'on tentera d'appréhender les conceptions selon la Banque mondiale (**i**), l'Union européenne (**ii**) et le Fonds monétaire international (**iii**).

i) Conception des PPP selon la Banque mondiale

Selon la Banque mondiale, le contrat de partenariat public-privé est « un contrat de long terme, entre une entité publique et une société privée, au travers duquel la société privée s'engage à fournir un service global pouvant combiner financement, conception, réalisation, exploitation et maintenance d'une infrastructure publique. La société privée est rémunérée soit par les redevances payées directement par les usagers, soit par des paiements de l'entité publique, conditionnés à l'atteinte de certains niveaux de performance du service, soit par une combinaison des deux. »[282]. L'expression « partenariat public-privé » (PPP), telle que définie plus haut, ne correspond pas à un type de contrat bien précis, mais désigne plutôt un ensemble de modalités de collaboration à long terme entre une entité gouvernementale et une entité privée. Qu'en est-il de la conception donnée à l'échelle européenne ?

[282] Banque mondiale, *Guide de référence des PPP version 2.0*, Banque internationale pour la reconstruction et le développement / Banque mondiale, 2016, p.20.

ii) Conception des PPP à l'échelle européenne

À l'échelle européenne, l'on retrouve une diversité de conceptions de la notion de partenariat public-privé que ce soit au niveau de l'Organisation de coopération et de développement économiques (OCDE) ou encore de l'Union européenne.

Primo, selon l'Organisation de coopération et de développement économiques (OCDE), le partenariat public-privé est considéré comme « *un accord entre l'État et un ou plusieurs partenaires privés (parmi lesquels figurent éventuellement les opérateurs et les financiers) en vertu duquel les partenaires privés fournissent un service selon des modalités qui permettent de concilier les buts de prestation poursuivis par l'État et les objectifs de bénéfice des partenaires privés, l'efficacité de la conciliation dépendant d'un transfert suffisant du risque aux partenaires privés* »[283].

Secundo, l'Union européenne conçoit également le partenariat public-privé à l'échelle communautaire, même si elle a de la difficulté à trouver une définition unique.

Pour la Banque européenne d'investissement, le « partenariat public-privé » est un terme générique appliqué aux relations qui s'établissent entre le secteur privé et les organismes publics, souvent dans le but de faire appel aux ressources et/ou à l'expertise du secteur privé et de contribuer ainsi à obtenir et à fournir des actifs et des services publics[284]. On l'utilise pour décrire une variété de modes de collaboration, allant des alliances souples et informelles à des accords de type « conception-

---

[283] Organisation de coopération et de développement économiques (OCDE), *Les partenariats public-privé, partager les risques et optimiser les ressources*, © OCDE, 2008, p.17.
[284] *Idem.*

construction-financement-exploitation » et à la création de coentreprises officielles.

Le terme « partenariat public-privé » n'est pas défini par la Commission européenne à l'échelle de l'Union européenne. En général, le partenariat public-privé désigne des modes de collaboration entre les autorités publiques et le secteur privé visant à assurer le financement, la construction, la rénovation, la gestion et l'entretien d'une infrastructure ou la prestation d'un service[285]. Que penser de la définition du Fonds Monétaire International ?

iii) Conception des PPP selon le Fonds monétaire international

Selon le Fonds monétaire international, l'expression « partenariat public-privé » (PPP) se réfère à des formules dans lesquelles le secteur privé fournit des infrastructures et des services qui étaient traditionnellement assurés par l'État. En plus de la réalisation et du financement privés des investissements publics, les PPP présentent deux autres traits distinctifs. Tout d'abord, ils mettent l'accent sur la fourniture de services et sur l'investissement du secteur privé. Ensuite, une proportion importante du risque est transférée de l'État vers le secteur privé. On trouve des PPP dans une large gamme de projets d'infrastructures économiques et sociales ; on s'en sert surtout pour construire et faire fonctionner des hôpitaux, des écoles, des prisons, des ponts et des tunnels, des réseaux de voies ferrées, des systèmes de contrôle du trafic aérien et des usines de traitement des eaux et d'assainissement[286].

---

[285] *Idem.*
[286] *Idem.*

b. Conception des partenariats public et privé en droit camerounais

L'article 5 (a) de la loi n° 2023/008 du 25 juillet 2023 fixant le régime général des contrats de partenariat public-privé définit le contrat de partenariat public-privé comme « *le contrat par lequel l'État ou l'une des personnes orales soumises à la présente loi au sens de l'article 3 ci-dessus confie à une entité privée, pour une période déterminée en fonction, le cas échéant, de la durée de l'amortissement des investissements ou des modalités de financement retenues, une mission globale ayant pour objet :*

- En dehors des cas d'affermage et de régie intéressée : la construction, la transformation, la rénovation ou l'habilitation, l'installation, le démentiellement ou la destruction d'ouvrages ou d'équipements, de biens immatériels ou des aménagements fonciers nécessaires au service public ou à l'exercice d'une mission d'intérêt général,
- Tout ou partie de leur conception, le cas échéant ;
- Tout ou partie de leur financement ;
- Leur exploitation ou leur gestion, le cas échéant ;
- Leur entretien ou leur maintenance. (…) ».

Cette définition se fonde non seulement sur la nature de la prestation, mais également sur le mode de règlement (mode de gestion du service public) et le financement de la prestation.

La loi n° 2023/008 du 25 juillet 2023 a été orientée vers la modernisation du contrat de partenariat public privé. Ainsi, le législateur camerounais a définitivement tranché à la fois la question des types de partenariat public-privé, de même que celle de son champ d'application organique et sectoriel. Aujourd'hui, le partenariat public-privé regroupe toutes les formes de collaboration du secteur public et du secteur privé en vue de la réalisation d'une infrastructure publique et/ou de la mission d'intérêt public[287].

2. Caractéristiques des partenariats public-privé

Il existe de nombreuses caractéristiques en matière de partenariat public-privé, notamment le contrat de longue durée, le caractère global de la mission, la maîtrise d'ouvrage privée et le partage des risques, la maintenance pendant la durée du cycle du projet, la rémunération basée sur la performance, la captation des capitaux privés par le mécanisme de préfinancement des ouvrages et le partage optimal des risques.

a. Contrat de longue durée une autorité publique et une entreprise privée

La longue durée constitue un pilier des contrats de partenariat public-privé (PPP), puisqu'elle permet d'aligner les échéances financières avec les délais d'amortissement des investissements (bâtiments, équipements) et de remboursement du financement. Ce mode de fonctionnement justifie le montage sur une période étendue, qui peut s'étaler sur plusieurs décennies, pour amortir des coûts importants et assurer la rentabilité sur l'ensemble du cycle de vie des actifs. Cette durée garantit la viabilité économique du projet pour le partenaire public et privé, en intégrant les coûts de conception, réalisation, maintenance et financement sur le long terme.

---

[287] Dieudonné BONDOMA YOKONO dir., *Contrats de partenariat public et privé : aspects conceptuels et mécanismes de mise en œuvre*, *op.cit.*, pp.26-27.

b. Caractère global de la mission du partenaire privé dans un PPP

Le contrat de partenariat public-privé réside dans le fait qu'un seul contrat confie au partenaire privé une **mission intégrée et à long terme**, regroupant plusieurs activités (conception, financement, construction, exploitation, entretien, maintenance) d'une infrastructure ou d'un service public, permettant une gestion optimisée et un paiement basé sur la performance du service rendu. Cette approche globale permet de mutualiser les risques et les responsabilités, offrant une solution plus intégrée et potentiellement plus efficace.

c. Maîtrise d'ouvrage privée et partage des risques

Dans un Partenariat Public-Privé, la maîtrise d'ouvrage privée implique que l'opérateur privé gère la conception, la construction et parfois l'exploitation d'une infrastructure publique, introduisant une vision de coût global. Le partage des risques est crucial, idéalement en allouant chaque risque à la partie la mieux placée pour le gérer (le privé pour la construction et l'exploitation, le public pour la demande), mais exigeant de ne pas transférer tous les risques au privé (risque de demande) sous peine de surcoûts ou d'échec, avec une rémunération publique par loyers réguliers.

d. Rémunération basée sur la performance

Les modes de rémunération des partenariats public-privé peuvent varier selon qu'il est de type concessif ou à paiement public. Ainsi, le partenariat public-privé, notamment lorsqu'il est à paiement public, établit une rémunération basée sur la performance du partenaire privé, c'est-à-dire sur l'atteinte par ce dernier, des objectifs de performance auxquels il s'est engagé[288]. Ces objectifs de performance ont notamment trait à la qualité du service, à la maintenance des ouvrages et à leur disponibilité, aux innovations, etc. Ce faisant, la personne publique, de même que les usagers de l'ouvrage ou du service public, bénéficie d'une meilleure qualité du service grâce au partenariat public-privé. De plus, il est important de souligner que la rémunération ne sera exigible qu'à compter de la fin des travaux et du début de l'exploitation de l'infrastructure ou du service[289].

e. Captation des capitaux privés par le mécanisme de préfinancement des ouvrages

Selon qu'il est établi que le préfinancement privé n'est pas une condition légale pour justifier un recours au partenariat public-privé, il reste toutefois que, en pratique, les personnes publiques recourant au partenariat public-privé ont souvent pour motivation première, la captation des capitaux privés apportés par le partenaire privé dans le projet[290]. Même si cela n'est pas explicitement formulé, le recours au partenariat public-privé est généralement envisagé parce qu'on ne dispose pas des ressources financières nécessaires pour réaliser un projet. Ce réflexe des pouvoirs publics se manifeste avec plus d'acuité pour les projets de partenariat à paiement public. Il faut dire que le financement privé constitue en réalité un effet de levier. Le partenaire privé apporte tout ou partie du financement nécessaire à l'investissement public, et il se fait rémunérer sous forme de loyers tout au long de la durée du contrat. La

---

[288] Dieudonné BONDOMA YOKONO dir., *Contrats de partenariat public et privé : aspects conceptuels et mécanismes de mise en œuvre*, *op.cit.*, p.33.
[289] *Ibidem.*, p.34
[290] *Idem.*

personne publique a donc la possibilité d'étaler le paiement de l'ouvrage sur la durée du contrat.

g. Partage optimal des ressources

Le partage optimal des ressources dans un contrat de partenariat public-privé repose sur une **répartition stratégique des risques et des responsabilités** entre le secteur public et privé, en allouant chaque risque au partenaire le plus apte à le gérer efficacement, ce qui maximise la valeur et l'efficacité du projet. Cela implique de définir clairement les responsabilités (financement, construction, exploitation, maintenance) dans le contrat, d'assurer la **flexibilité pour s'adapter aux chocs**, et de réaliser des **analyses coûts-avantages approfondies** pour justifier le recours au PPP par rapport aux approches traditionnelles, tout en veillant à la **transparence budgétaire.**

En tout état de cause, le contrat de partenariat public-privé se distingue des contrats des marchés publics ou délégations de service public par un certain nombre de caractéristiques qui lui sont propres et qui constituent par ailleurs ses forces et avantages.

Ces caractéristiques tiennent nécessairement compte de l'accès à des financements privés, de l'efficacité et de l'innovation grâce à l'expertise du secteur privé, d'une meilleure gestion des risques (partage), de coûts mieux maîtrisés sur le cycle de vie du projet et d'une approche centrée sur la performance et la qualité. Cela permet de réaliser des infrastructures plus rapidement et avec des coûts initiaux lissés pour le public. Par ailleurs, les contrats de partenariat public-privé distinguent des marchés publics sur deux points essentiels : la rémunération et la durée. Dans les marchés publics, le paiement est effectué à la fin du contrat ou encore à la fin de la réalisation de la prestation par le prestataire. Il n'y a aucune possibilité de report du paiement. Dans le contrat de partenariat public-privé, le partenaire est rémunéré en partie ou totalement selon les termes du contrat sur la gestion qu'il fait de l'investissement. Les marchés publics s'exécutent sur une période relativement courte, tandis que les partenariats public-privé s'exécutent sur une période relativement longue (10, 20 ans ou plus).

B. Typologie des partenariats public-privé

La notion de partenariat public-privé est une notion générique qui regroupe toutes les formes des contrats à long terme entre une entité publique et une privée pour concevoir, financer, construire, gérer et/ou exploiter des infrastructures, des équipements publics et/ou de la gestion d'un service public. À ce titre, il existe donc différents types de contrats de partenariat public-privé. On compte parmi ceux-ci : les partenariats public-privé à paiement public (1), les partenariats public-privé de type concessif (2) et les partenariats public-privé à paiement mixte (3). D'autres types de contrats de partenariat public-privé existent en se basant sur d'autres critères de distinction (4).

1. Contrats de partenariat public-privé à paiement public

L'article 4 de la loi n° 2023/008 du 25 juillet 2023 fixant le régime général des contrats de partenariat public-privé ne définit pas l'expression « contrats de partenariats public-privé à paiement public ». Elle dit simplement qu'il s'agit des contrats dans lesquels la rémunération du partenaire privé est assurée par l'autorité contractante, sous forme de loyers selon la périodicité définie dans le contrat. L'État a généralement recours à ce type de contrat pour les projets d'infrastructures ou d'équipements non marchands. On peut également le voir plus globalement pour les infrastructures dites « sociales » que l'on trouve dans les secteurs de la santé (hôpitaux, CHU), l'éducation (campus scolaires et universitaires), de la justice (palais de justice, prisons), de la sécurité (gendarmerie, hôtels de police, prisons…), et de l'administration en général (immeuble siège des ministères, hôtel de ville, ou de tout autre service)[291]. Il n'est pas néanmoins exclu qu'il puisse avoir un partenariat public-privé à paiement public pour une infrastructure économique, dans laquelle les éléments de rentabilité sont faibles ou négligeables. Tel est par exemple, le cas d'une autoroute sans péage.

2. Contrats de partenariat public-privé à paiement par l'usager ou partenariat public-privé de type concessif

Le partenariat public-privé de type concessif peut être défini comme un contrat par lequel une personne publique confie, pour une période déterminée, l'exécution de travaux ou la gestion d'un service public ou d'intérêt général dont elle a la responsabilité, à un concessionnaire/délégataire, qui l'exploite à ses risques et périls. La rémunération du partenaire est ainsi substantiellement liée au résultat de l'exploitation du service ou de l'ouvrage et provient majoritairement de recettes d'exploitation, le plus souvent perçues directement auprès des usagers[292]. Ce type de partenariat public-privé englobe une multitude d'opérations contractuelles, allant des délégations de services publics (concession, affermage, régie intéressée) aux montages de type anglo-saxon représentés par le BOT (Build, Operate and Transfer) et ses dérivés (DBFO,

---

[291] Dieudonné BONDOMA YOKONO dir., *Contrats de partenariat public et privé : aspects conceptuels et mécanismes de mise en œuvre*, *op.cit.*, p.52.

[292] http://www.initiative-ppp-afrique.com/Partenariat-public-prive/Definitions-et-outils/PPP-Concessif

BOO, ROT, OSM, BOOT, etc.). On y trouve également d'autres montages contractuels complexes visant à valoriser le domaine public ou privé des personnes publiques, tels que les baux emphytéotiques administratifs ou les autorisations d'occupation temporaire du domaine public[293].

3. Contrats de partenariat public-privé à paiement mixte

Il s'agit des contrats de partenariat public-privé qui combinent les deux précédents modes de paiement au partenaire privé. Autrement dit, le Partenariat Public-Privé (PPP) à paiement mixte est un contrat à long terme dans lequel une entité publique confie au privé la mission globale de concevoir, financer, construire, entretenir et/ou exploiter une infrastructure ou un service public. La rémunération provient à la fois du public (sous forme de loyers de performance) et potentiellement des usagers (tarifs d'usage), partageant ainsi les risques et bénéfices pour un objectif d'intérêt général, optimisant les ressources et l'expertise.

4. Types de contrats de partenariat public privé basés sur d'autres critères de distinction

Il existe une autre typologie qui est fonction du régime des investissements réalisés et basée sur la terminologie de financement de projets :

Les contrats BOT (*Build, Operate, and Transfer*) ou CET (Construction, exploitation, et transfert) et leurs déclinaisons ;

---

[293] Dieudonné BONDOMA YOKONO dir., *Contrats de partenariat public et privé : aspects conceptuels et mécanismes de mise en œuvre*, *op.cit.*, p.53.

Les Autorisations ou conventions d'occupation temporaire du domaine public (AOT) ayant exclusivement pour objet la réalisation d'une opération d'intérêt général ou concourant à une mission de service public à l'exclusion de celles délivrées par des autorités administratives et les personnes morales auxquelles des lois sectorielles ont conféré des prérogatives particulières sur la domanialité publique qui leur est attribuée[294].

Paragraphe 2 : Réalisation des contrats de partenariats public-privé

La réalisation des contrats de partenariats publics et privés impose préalablement le respect de certains principes et conditionnalités (**A**) avant de parler de la réalisation proprement dite qui est basée sur les procédures de sélection, de contrôle et le régime fiscal approprié (**B**).

A. Respect de certains principes et conditionnalités en matière de partenariat public-privé

La réalisation d'un contrat de partenariat public privé nécessite que l'on respecte au préalable un certain nombre de principes (**1**) et conditionnalités (**2**).

1. Principes

Le rapprochement de la gestion privée n'oblitère pas du tout les principes classiques des contrats administratifs auxquels sont soumis les contrats de partenariat public-privé[295]. C'est d'ailleurs pour cette raison que l'article 9, alinéa 1er de la loi n° 2023/008 du 25 juillet 2023 fixant le régime général des contrats de partenariat public-privé dispose

---

294 Consulter l'adresse : https://legalcameroun.com/les-contrats-de-partenariat-public-prive-ppp/, (consulter le 16.12.2025).

295 Bernard-Raymond GUIMDO DONGMO, *Droit des contrats et partenariats publics-privés*, *op.cit.*, p.29.

que : « *la passation d'un contrat de partenariat public-privé est soumise aux principes de liberté d'accès à la commande publique, d'égalité de traitement des candidats, de transparence et d'objectivité des procédures dans le cadre d'une mise en concurrence des candidats* ».

Au regard donc de la loi, on peut retenir qu'il est imposé à toute autorité contractante qui recourt au contrat de partenariat public et privé la prise en compte obligatoire des principes de publicité, de libre accès à la commande publique, d'égalité de traitement des candidats, de transparence, et d'objectivité des procédures dans le cadre d'une mise en concurrence. L'on pourrait alors regrouper tous ces principes-là en deux grandes sous-catégories, à savoir les principes de présentation du contrat et ceux d'attribution des contrats de partenariats public-privé.

a. Principes gouvernant la présentation des contrats de partenariats public et privé

Comme dans tous contrats publics ou administratifs, à l'instar des marchés publics, par exemple, les contrats de partenariats public-privé doivent en principe se soumettre aux principes fondamentaux de la commande publique, notamment la transparence des procédures, le libre accès à la commande publique et l'égalité de traitement des candidats, même s'ils constituent une modalité spécifique de collaboration public-privé. L'objectif est d'assurer une bonne utilisation des deniers publics, une concurrence équitable et un contrôle rigoureux, même si des dérogations pour des cas exceptionnels sont parfois prévues.

i) Principe de la publicité

L'article 9, alinéa 2 de la loi n° 2023/008 du 25 juillet 2023 fixant le régime général des contrats de partenariat public-privé dispose en matière de la publicité que « *l'appel public à la concurrence, initié par l'autorité contractante, est précédé d'une publicité permettant la présentation de plusieurs candidatures concurrentes, dans les conditions fixées par voie réglementaire* ».

En matière de contrats de partenariats public-privé, la publicité est essentielle et obligatoire pour garantir la transparence, la concurrence et une bonne utilisation des fonds publics. Cela comprend la publication des appels à projets, des évaluations préalables, des contrats et des rapports, avec des procédures ouvertes, comme l'appel d'offres, et des sanctions en cas d'absence de transparence, car l'ignorance ou le manque d'information peuvent nuire aux usagers et au projet.

ii) Liberté d'accès à la commande publique

Encore prévue à l'article 9 alinéa 1er de la loi n° 2023/008 du 25 juillet 2023 suscitée, la commande publique désigne l'ensemble des modalités qui administrent l'attribution et l'application des contrats de partenariats public-privé. Ce principe offre la possibilité aux entreprises privées de se porter candidates à un appel d'offres afin de décrocher un marché public. Pour cela, il suffit tout simplement que le partenaire privé réponde aux qualifications et conditions requises par les textes en vigueur pour candidater à la commande publique initiée ou encore à la prestation exigée par l'autorité publique. La violation du principe de libre accès à la commande publique autorise à tout potentiel soumissionnaire ou cocontractant qui remplirait les critères pour postuler à cette offre d'engager un contentieux contre l'autorité publique à l'origine de la commande publique.

b. Principes gouvernant l'attribution des contrats de partenariats public et privé

Ce sont les principes qui gouvernent la sélection des partenaires privés dans le cadre des contrats de partenariat public-privé en droit camerounais. On peut citer, entre autres : la concurrence (**i**), l'égalité (**ii**) et la transparence (**iii**).

i) Principe de la concurrence

Ce principe doit être traduit par l'instauration claire d'une compétition entre les différents soumissionnaires en vue de bénéficier au contrat. Ce principe est prévu à l'article 9, alinéa 1er de la loi n° 2023/008 du 25 juillet 2023 fixant le régime général des contrats de partenariat public-privé qui dispose que : « *la passation d'un contrat de partenariat public-privé est soumise aux principes de liberté d'accès à la commande publique, d'égalité de traitement des candidats, de transparence et d'objectivité des procédures dans le cadre d'une mise en concurrence des candidats* ».

ii) Principe d'égalité de traitement des candidats

Le principe d'égalité de traitement des candidats garantit que toutes les personnes, physiques ou morales, placées dans une situation comparable (que ce soit pour un marché public, un emploi ou une élection) doivent être traitées de manière identique, sans favoritisme ni discrimination, en recevant les mêmes informations et en étant soumises aux mêmes exigences et critères d'évaluation, assurant ainsi une concurrence loyale et le respect des droits fondamentaux. Ce principe est prévu à l'article 9, alinéa 1er de la loi n° 2023/008 du 25 juillet 2023 fixant le régime général des contrats de partenariat public-privé qui dispose que : « *la passation d'un contrat de partenariat public-privé est soumise aux principes de liberté d'accès à la commande publique, d'égalité de traitement des candidats, de transparence et d'objectivité des procédures dans le cadre d'une mise en concurrence des candidats* ».

iii) Principe de transparence

Le principe de transparence en matière de contrats de partenariats public-privé est fondamental pour garantir la bonne gouvernance, réduire la corruption et assurer le succès des projets, impliquant l'accès du public et des parties prenantes à l'information sur les processus, les contrats et la performance, du choix du partenaire à l'exécution, pour permettre un contrôle démocratique et une confiance accrue. Cela inclut la diffusion des informations sur les appels d'offres, les contrats, la gestion financière et les résultats, afin d'attirer les soumissionnaires, de justifier l'utilisation des fonds publics et d'améliorer la conception des projets pour le bénéfice des usagers. Ce principe est prévu à l'article 9, alinéa 1er de la loi n° 2023/008 du 25 juillet 2023 fixant le régime général des contrats de partenariat public-privé qui dispose que : « *la passation d'un contrat de partenariat public-privé est soumise aux principes de liberté d'accès à la commande publique, d'égalité de traitement des candidats, de transparence et d'objectivité des procédures dans le cadre d'une mise en concurrence des candidats* ».

2. Conditionnalités en matière de partenariat public-privé

Ces conditionnalités sont prévues notamment à l'article 7 de la loi n° 2023/008 du 25 juillet 2023 fixant le régime général des contrats de partenariat public-privé. Celles-ci peuvent être regroupées en deux grandes catégories, à savoir les conditions de formes (a) et celles de fonds (b).

a. Condition de formes

Le législateur fixe deux conditions de formes, à savoir l'évaluation du CARPA et la soutenabilité du projet par le ministre en charge du budget.

i) Évaluation du CARPA

Relativement à l'évaluation du CARPA, l'article 7, alinéa 1er de la loi n° 2023/008 du 25 juillet 2023 fixant le régime général des contrats de partenariat public-privé dispose qu'« *un projet ne peut être éligible au contrat de partenariat public-privé que si une évaluation préalable au lancement de la procédure de passation, effectuée par l'organisme expert (CARPA) sur la base d'une étude de faisabilité préparée par l'autorité contractante, montre que, compte tenu des caractéristiques du projet envisagé, l'une des conditions ci-après est remplie :*

- Le projet présente un caractère complexe ;
- Le projet présente un caractère urgent ;
- Le projet présente un bilan avantages/inconvénients plus favorable pour une exécution en mode partenariat public-privé. Les modalités d'établissement de ce bilan sont fixées par voie réglementaire ».

ii) Soutenabilité du projet par le ministre en charge du budget

L'article 7, alinéa 4 de la loi n° 2023/008 du 25 juillet 2023 fixant le régime général des contrats de partenariat public-privé dispose qu'après l'évaluation de l'organisme expert (CARPA) pour tous les projets, du mode de partenariat public-privé envisagé, la conclusion de tout type de contrat de partenariat public-privé est obligatoirement précédée de l'avis de soutenabilité budgétaire du ministre en charge du budget, dans les conditions fixées par voie réglementaire.

Cette seconde exigence de forme est nécessaire pour les questions de soutenabilité de la dette. La soutenabilité de la dette publique, c'est la capacité d'un État à payer ses dettes sans crise budgétaire, et les partenariats public-privé sont un outil pour développer des infrastructures, mais ils peuvent masquer des risques budgétaires importants, car ils représentent des engagements futurs (loyers, garanties) qui s'ajoutent à la dette classique, nécessitant une transparence et une gestion rigoureuse pour ne pas compromettre la santé financière publique à long terme.

b) Condition de fonds

L'article 7 alinéa 1er de la loi n° 2023/008 du 25 juillet 2023 fixant le régime général des contrats de partenariat public-privé pose deux conditions de fonds : la complexité et l'urgence du projet à réaliser et les motifs économiques, à savoir que le projet présente un bilan avantages/inconvénients plus favorable pour une exécution en mode partenariat public-privé. L'article 7, alinéa 2 de la loi suscitée précise également que « *Nonobstant la satisfaction des trois (03) conditions citées à l'alinéa ci-dessus, la conclusion d'un contrat de partenariat public-privé ne peut être rendue possible que si ce dernier présente un avantage financier net par rapport à d'autres modes contractuels, en termes de coûts et revenus globaux, de performance et valorisation des risques* ». Il est à noter que le législateur camerounais a réceptionné là les conditions posées en France pour le recours aux partenariats public-privé. Cette limitation du recours aux contrats de partenariats public-privé a une valeur constitutionnelle en France et est liée à l'existence d'autres types de contrats administratifs qui font intervenir les acteurs privés[296].

---

[296] Bernard-Raymond GUIMDO DONGMO, *Droit des contrats et partenariats publics-privés*, *op.cit.*, p.32.

A. Procédures de sélection, d'exécution, de contrôle et le régime fiscal approprié

Le contrat de partenariat impose plusieurs procédures, à savoir la sélection (1), l'exécution et le contrôle (2) et le régime fiscal approprié (3).

1. Sélection

La sélection se fait en deux étapes, entre autres la capacité à candidater (**a**) et les modalités de sélection (**b**).

2. Capacité à candidater

La capacité à candidater pose le problème de l'autorité habilitée à conclure des contrats, notamment publics. Seules les personnes qui remplissent les conditions de capacité exigées par le Code civil ou par la législation en vigueur en matière contractuelle peuvent contracter ou soumissionner. Il peut s'agir de toute personne physique ou morale, de ses représentants personnels, de ses successeurs et/ou de ses mandataires dûment désignés[297].

Par ailleurs, le législateur camerounais impose un certain nombre de conditions pour candidater comme partenaire privé dans un partenariat public-privé. Ainsi, il est impossible pour les personnes morales ayant des dirigeants ayant été condamnés, depuis moins de cinq ans, pour crime ou délit, de présenter une offre pour un contrat de partenariat public-privé. De plus, les personnes morales en liquidation ou en redressement judiciaire, celles faisant l'objet de procédures similaires régies par un droit étranger, ainsi que celles frappées d'une interdiction de soumissionner à la commande publique par une autorité compétente, ne peuvent pas non plus soumissionner. Enfin, les personnes morales qui, au 31 décembre de l'année précédente, n'ont pas rempli leurs

---

[297] *Ibidem.*, p.34.

obligations fiscales et sociales ne peuvent pas non plus présenter une offre.

B. Modalités de sélection

Le Cameroun a instauré une singularité en matière de sélection des contrats de partenariat public-privé. En effet, celle-ci est segmentée en plusieurs phases indissociables. Elle se fait à travers un appel public à manifestation d'intérêt. Les autres phases sont les suivantes : un appel d'offres restreint, un dialogue compétitif, l'adjudication, la négociation ainsi que la signature du contrat[298].

De prime abord, l'appel public à manifestation d'intérêt ne commence qu'à partir du moment où l'organisme expert en matière de partenariat public-privé, encore appelé « CARPA », a déclaré le projet éligible au régime de contrat de partenariat public-privé au terme d'une évaluation préalable[299]. Ainsi, l'intervention du CARPA est donc l'élément déclencheur de tout appel public à manifestation, car cela évite le scénario d'un mauvais montage du projet de partenariat public-privé qui pourrait entraîner des dépenses inutiles aux personnes publiques qui sollicitent les contrats de partenariats public-privé dans le cadre du développement de leurs infrastructures. Après cela, la phase de l'appel public à manifestation d'intérêt peut être maintenant pilotée l'autorité contractante. Cette dernière vise à préqualifier les candidats ou les candidates sur la base de leurs simples capacités techniques et financières. Il n'existe pas encore de demandes d'offres à ce stade de la procédure. Ensuite, l'analyse des dossiers réceptionnés ou

---

[298] Lire à ce sujet Dieudonné BONDOMA YOKONO dir., *Contrats de partenariat public et privé : aspects conceptuels et mécanismes de mise en œuvre*, *op.cit.*, pp.89 et s.
[299] *Ibidem.*, p.90.

reçus par l'autorité contractante est confiée à une commission spéciale[300] des contrats de partenariat, créée par la haute autorité contractante des contrats de partenariat. À cette phase, il ne peut être retenu que cinq (05) candidats. Les candidats seront généralement constitués en groupements solidaires avec un mandataire, chef de file. Aussi, seuls les candidats préqualifiés ici pourront être admis à l'étape suivante, qui est celle de l'appel d'offres restreint.

Ensuite, une fois les résultats de l'appel public à manifestation d'intérêt obtenus, et dans le délai fixé par celui-ci, l'autorité contractante lance maintenant un avis d'Appel d'offres restreint à l'intention exclusive des prestataires sectionnés à cette étape de l'appel public à manifestation d'intérêt. L'appel d'offres restreint vise notamment à sélectionner au plus trois (03) candidats, qui seront invités à participer au dialogue compétitif[301].

À l'issue du délai de remise des offres dans le cadre des Appels d'Offres Restreint, les soumissionnaires sont admis à la phase de dialogue compétitif. Le dialogue compétitif dans le cadre des Partenariats Public-Privé est une procédure de marché public où l'acheteur public dialogue directement avec des candidats présélectionnés pour co-construire, définir et développer des solutions innovantes et adaptées à des besoins complexes, avant de les inviter à remettre une offre finale. Il favorise l'innovation, permet de mieux cerner les besoins fonctionnels et de bénéficier de l'expertise du privé, souvent utilisé lorsque l'acheteur

---

300 Cf. Arrêté n° 074/PM du 11 août 2020 précisant les modalités de création, d'organisation et de fonctionnement des commissions spéciales des contrats de partenariat.

301 Dieudonné BONDOMA YOKONO dir., *Contrats de partenariat public et privé : aspects conceptuels et mécanismes de mise en œuvre*, *op.cit.*, p.90.

public ne peut pas définir seul les moyens techniques ou le montage financier du projet.

Lorsque l'autorité contractante est assurée d'avoir déniché la ou les solutions à même de répondre à son besoin, elle met un terme aux discussions et demande à chacun des candidats de remettre une offre finale sur la base de la ou des solutions développées. La remise des offres finales ne peut intervenir avant une durée de vingt (20) jours. Les offres finales seront analysées, évaluées et classées par la commission spéciale des contrats de partenariat, qui rédige et adresse un rapport de sélection à l'autorité adjudicatrice avec copie à l'autorité contractante.

Une fois l'adjudicataire désigné, peuvent alors s'ouvrir les négociations des termes du contrat, sous la conduite de l'équipe technique mise en place par l'autorité contractante. L'organisme expert (CARPA) y prend également part. Aux termes de ces âpres négociations, est conclu enfin un contrat de partenariat public-privé. Ainsi, lorsque les circonstances l'exigent, et selon les conditions fixées par voie réglementaire, la Haute Autorité des contrats de partenariat public-privé, en l'occurrence le Premier ministre, peut, après avis de l'organisme expert (encore dénommée le CARPA), autoriser l'autorité contractante compétente à engager des discussions et négociations directes avec un partenaire privé identifié, sur la base d'une offre initiale[302]. Pour autant, l'offre initiale doit faire l'objet d'un examen systématique de l'autorité contractante concernée pour s'assurer de la pertinence et de la cohérence des projets de partenariat public-privé avec les orientations de la stratégie

[302] Cf. Article 12 alinéa 1er de la loi n° 2023/008 du 25 juillet 2023 fixant le régime général des contrats de partenariat public-privé.

sectorielle et des plans stratégiques de développement y relatifs[303].

1. Exécution et contrôle

Après la phase de conclusion du contrat de partenariat public-privé adviennent les phases d'exécution (**a**) et de contrôle dudit contrat (**b**).

a. Exécution

Le contrat de partenariat public-privé entre en vigueur après sa notification à l'adjudicataire par l'administration publique initiatrice du projet[304]. L'article 15 alinéa 1er de la loi n° 2023/008 du 25 juillet 2023 fixant le régime général des contrats de partenariat public-privé stipule que « *lorsqu'un contrat de partenariat public-privé confie au cocontractant tout ou partie de la conception des ouvrages, il est fait obligation à l'autorité contractante d'identifier une équipe ou une assistance chargée du suivi de la conception des ouvrages et de leur réalisation* ». L'alinéa 2 du même article dispose que « *lorsque l'autorité contractante ne confie au cocontractant qu'une partie de la conception des ouvrages, elle peut elle-même faire appel à une équipe de maîtrise d'œuvre ou à toute autre forme d'assistance pour la partie de la conception qu'elle assume et, le cas échéant, pour la réalisation de l'ensemble des travaux* ».

Il est fort de constater que des modifications peuvent être apportées, par voie d'avenant, à un contrat de partenariat public-privé, à la demande de l'autorité contractante ou du cocontractant. Cet avenant ne peut porter que sur des

---

303 Article 12, alinéa 2 de la loi n° 2023/008 du 25 juillet 2023 fixant le régime général des contrats de partenariat public-privé.

304 Bernard-Raymond GUIMDO DONGMO, *Droit des contrats et partenariats publics-privés*, *op.cit.*, p.36.

modifications substantielles qui ne bouleversent pas l'équilibre du contrat. Il ne peut qu'être signé qu'après avis de l'organisme expert sur le caractère substantiel ou non des modifications à apporter. Pour ce qui concerne la passation d'un contrat complémentaire à un contrat de partenariat public-privé existant, l'autorisation doit être donnée par la Haute Autorité compétente des contrats de partenariat public-privé, saisie par l'autorité contractante, après avis de l'organisme expert[305]. Lorsque le contrat de partenariat public-privé emporte occupation du domaine public, il vaut autorisation d'occupation dudit domaine pour la durée[306]. Le titulaire du contrat a, sauf stipulation contraire de celui-ci, des droits réels sur les ouvrages et équipements qu'il réalise.

b. Contrôle

Les modalités de contrôle de l'exécution du contrat de partenariat public-privé sont prévus par l'article 36 du décret N° 2008/0115/PM du 24 janvicr 2008 précisant les modalités d'application de la loi n° 2006/012 du 29 décembre 2006 fixant régime général des contrats de partenariat qui dispose qu' : « *à la fin de chaque année, la personne publique et son cocontractant procèdent obligatoirement à une évaluation de l'exécution du contrat de partenariat. Les modalités de cette évaluation sont consignées dans le contrat de partenariat* ». Il faudrait cependant noter que la loi n° 2023/008 du 25 juillet 2023 fixant le régime général des contrats de partenariat public-privé omet d'aborder certains aspects du contrôle interne de l'administration, tels que le pouvoir de direction, le pouvoir

---

[305] Article 17, alinéa 3 de la loi n° 2023/008 du 25 juillet 2023 fixant le régime général des contrats de partenariat public-privé.

[306]Bernard-Raymond GUIMDO DONGMO, *Droit des contrats et partenariats publics-privés*, *op.cit.*, p.37.

de contrôle, le pouvoir de modification unilatérale, etc.[307]. Toutes ces dispositions doivent être expressément prévues dans le contrat de partenariat.

2. Régime fiscal, financier et comptable approprié

Les contrats de partenariat public-privé est soumis à un régime fiscal (a), financier (b) et comptable (c) en vertu de la loi n° 2023/008 du 25 juillet 2023 fixant le régime général des contrats de partenariat public-privé.

a. Régime fiscal

Le régime fiscal des contrats de partenariat public-privé varie selon que l'on se trouve dans la phase de conception, de réalisation ou d'exploitation du projet d'investissement[308].

En phase de conception et de réalisation, les avantages fiscaux sont :

- la prise en charge par le budget de la personne publique contractante de la taxe sur la valeur ajoutée (TVA) relative aux importations et aux achats locaux de matériels ;
- l'enregistrement gratis des conventions et actes passés par le cocontractant de la personne publique dans la phase de la réalisation du projet d'investissement[309].

En outre, les matériels et équipements importés, destinés aux projets d'investissement réalisés en contrats de partenariat, bénéficient de la mise à la consommation avec prise en charge des droits et taxes de douane par le budget

---

[307] *Ibidem.*, p.38.
[308] *Idem.*
[309] Cf. Article 4 de la loi n° 2008/009 du 16 juillet 2008 fixant le régime fiscal, financier et comptable applicable aux contrats de partenariat.

de la personne publique contractante[310], de même qu'ils peuvent bénéficier du régime de l'Admission Temporaire Spéciale (ATS) ou de la procédure d'enlèvement direct[311]. Ces inspections et équipements peuvent être dispensés d'inspection avant embarquement, à la demande du cocontractant de la personne publique.

Pour ce qui concerne le régime fiscal de la phase d'exploitation, les avantages fiscaux sont les suivants :

- Le cocontractant de la personne publique bénéficie d'une décote de cinq (5) points en principal sur le taux d'impôt sur les sociétés durant les cinq premières années d'exploitation ;
- Les conventions et actes passés par le cocontractant sont enregistrés gratis durant les cinq premières années d'exploitation[312].

b. Régime financier

Le financement des projets d'investissement réalisés en contrats de partenariat peut s'effectuer selon les modalités ci-après :

- financement intégral par le partenaire privé ;
- financement conjoint État-partenaire privé ;
- financement par un organisme tiers ;
- financement conjoint Etat-Collectivités Territoriale Décentralisées ;

---

[310] Article 5 de la loi n° 2008/009 du 16 juillet 2008 fixant le régime fiscal, financier et comptable applicable aux contrats de partenariat.

[311] Bernard-Raymond GUIMDO DONGMO, *Droit des contrats et partenariats publics-privés*, *op.cit.*, pp.38-39.

[312] Article 10 de la loi n° 2008/009 du 16 juillet 2008 fixant le régime fiscal, financier et comptable applicable aux contrats de partenariat.

- financement conjoint entre Collectivités territoriales décentralisées ;
- financement conjoint Etat-Collectivités Territoriales Décentralisées- partenaire privé ;
- financement conjoint Collectivités territoriales décentralisées-partenaire privé[313].

c. Régime comptable

Le cocontractant de la personne publique peut déduire de ses bénéfices imposables des amortissements calculés selon un système constant préférentiel au titre des biens amortissables utilisés dans le cadre de son exploitation.

(2) Le taux d'amortissement prévu à l'alinéa 1 ci-dessus est égal au taux normal majoré de 25 %.

(3) Le point de départ de la computation du délai d'amortissement prévu à l'alinéa 1 ci-dessus est la date de commencement de l'exploitation proprement dite[314].

Paragraphe 3 : Cessation du partenariat public-privé

Un contrat de partenariat public-privé peut cesser normalement (A) ou peut être provoqué, que ce soit par la personne publique (B) ou le juge (C).

A. Cessation normale

La cessation normale d'un Partenariat Public-Privé (PPP) en droit camerounais se produit à l'échéance fixée par le contrat, une longue période liée à l'amortissement des

---

[313] Article 12 de la loi n° 2008/009 du 16 juillet 2008 fixant le régime fiscal, financier et comptable applicable aux contrats de partenariat.
[314] Article 18 de la loi n° 2008/009 du 16 juillet 2008 fixant le régime fiscal, financier et comptable applicable aux contrats de partenariat.

investissements, où le contrat s'éteint naturellement, mais avec un transfert de l'ouvrage/service à la personne publique, souvent sous conditions (maintenance, fin de garantie), marquant la fin d'une gestion déléguée pour une reprise en régie, dans un cadre complexe où les risques sont partagés et la fin de contrat doit être bien anticipée.

B. Cessation à l'initiative de l'autorité contractante

La cessation d'un PPP à l'initiative de l'autorité contractante est possible, généralement encadrée par des clauses contractuelles spécifiques et les lois nationales, permettant une résiliation unilatérale pour motif valable (défaillance du partenaire) ou, dans certains cas, pour intérêt public/convénience, avec des modalités d'indemnisation prévues, souvent via une procédure de mise en demeure et de médiation/arbitrage, mais elle doit suivre des procédures strictes et peut impliquer des indemnisations pour le partenaire privé. Selon les dispositions prévues à l'article 39 du décret N° 2008/0115/PM du 24 janvier 2008 précisant les modalités d'application de la loi n° 2006/012 du 29 décembre 2006 fixant régime général des contrats de partenariat dispose que : « *Le contrat de partenariat peut être résilié par la personne publique concédante, soit pour faute grave du cocontractant, soit pour des motifs d'intérêt général. Dans ce dernier cas, une indemnité couvrant les charges d'investissement est versée au cocontractant* ». En cas de résiliation du contrat, la personne publique prend des mesures pour assurer la continuité du service public ou des travaux. Elle peut, à cet égard, faire appel au candidat le mieux classé à l'issue du dialogue de pré-qualification ou alors assurer la continuité des travaux en régie.

C. Cessation prononcée par le juge

D'après l'article 39 du décret N° 2008/0115/PM du 24 janvier 2008 précisant les modalités d'application de la loi n° 2006/012 du 29 décembre 2006 fixant régime général des contrats de partenariat, « le contrat de partenariat peut être résilié par le juge compétent, à la demande du cocontractant de la personne publique ».

Les partenariats public-privé sont des contrats administratifs du fait de leur objet. Donc, en cas de litige et de saisine des tribunaux, la compétence est en principe celle des tribunaux administratifs. Néanmoins, dans certains cas (fiscal, atteinte au droit de propriété, droit pénal), le juge judiciaire peut être saisi. Les parties peuvent aussi recourir à l'arbitrage.

Section 2 : Présentation de la directive portant cadre juridique et institutionnel des partenariats public-privé en zone CEMAC

Signée le 12 février 2025, la Directive de la CEMAC relative aux Partenariats Public-Privé définit le cadre juridique et institutionnel applicable dans l'espace communautaire. Elle a pour objectif d'harmoniser les pratiques des États membres en matière de partenariat public-privé afin de favoriser le développement économique et l'intégration régionale.

À titre de rappel, la Directive régionale impose aux États membres une transposition dans un délai de deux ans. Le Cameroun engage ainsi un important chantier de réformes visant à moderniser son cadre juridique, à produire de nouveaux textes législatifs et réglementaires, et à vulgariser les exigences communautaires auprès des administrations et des opérateurs économiques.

L'étude de cette directive dans cet ouvrage permet de présenter les différentes innovations qui peuvent servir de guide dans les prochaines réformes des contrats de partenariat public-privé en droit camerounais.

Cette nouvelle directive comprend à la fois des innovations (**Paragraphe 1er**), un cadre normatif (**Paragraphe 2**) et institutionnel (**Paragraphe 3**).

Paragraphe 1er : Innovations

La Directive CEMAC sur Partenariats Public-Privé) de février 2025 innove en créant un cadre juridique et institutionnel harmonisé pour attirer les investissements privés dans les infrastructures régionales, en renforçant la transparence, en sécurisant les contrats et en permettant une meilleure gouvernance des projets, notamment via la mise en place d'entités expertes (comme le CARPA au Cameroun) pour accompagner les États membres dans la structuration et le suivi des projets, tout en ouvrant la voie à des financements privés pour des projets structurants.

Paragraphe 2 : Cadre normatif

La Directive rappelle aux États membres que les contrats de partenariat public-privé sont des contrats de commande publique régis par les principes de liberté d'accès, d'égalité de traitement et de transparence des procédures (**A**). Il précise ensuite les différentes formes de partenariat public-privé en distinguant notamment ceux qui sont à forme concessif et ceux qui ne le sont pas (**B**).

A. Principes des contrats de partenariat public-privé

Tout en rappelant que les partenariats public-privé sont des contrats administratifs, l'article 3 de la Directive définit les principes généraux des partenariats public-privé. Aussi, les autorités contractantes mettent en œuvre, dans les conditions définies par la présente Directive, les principes de :

- Liberté d'accès aux partenariats public-privé ;
- Égalité de traitement des candidats ;
- Transparence des procédures.

Tous ces principes fondamentaux permettent d'assurer l'efficacité des partenariats public-privé et la bonne utilisation des deniers publics. Afin de garantir une égale concurrence avec les opérateurs économiques personnes morales de droit privé, la conclusion d'un partenariat public-privé avec un opérateur économique une personne morale de droit public est subordonnée à ce que ce dernier apporte la preuve que son offre financière a été déterminée en prenant en compte l'ensemble des coûts directs et indirects concourant à sa formation et que cette offre-là ne bénéficie pas d'un avantage découlant des ressources ou des moyens qui lui sont attribués au titre de sa mission de service public. La Directive affirme que les partenariats public-privé doivent prendre en compte les objectifs de développement durable, notamment dans leurs dimensions environnementale et sociale, à toutes les phases de leur cycle de vie. Enfin, le partenaire privé, partie au contrat de partenariat public-privé, doit être également soumis au principe de responsabilité sociale des entreprises.

B. Typologie des contrats de partenariat public-privé en zone CEMAC

Dans le souci d'harmoniser les législations nationales, l'article 4 de la Directive a présenté une liste assez large des types de partenariat public-privé. L'on retrouve, entre autres :

- Les partenariats public-privé non concessif ;
- Les partenariats public-privé non concessif spécifiques d'aménagement ;
- Les partenariats public-privé concessifs de travaux ;
- Les partenariats public-privé concessifs de service ;
- Les partenariats public-privé concessifs d'aménagement.

Après la présentation de ces différentes formes de partenariat, le législateur communautaire précise clairement que « pour leurs besoins, les autorités contractantes ne peuvent confier une mission d'ouvrages, d'équipements, de biens immatériels ou d'un projet d'aménagement que dans le cadre des partenariats-public-privé. Tout contrat répondant un besoin d'une autorité contractante, y compris un marché public, conclu en méconnaissance de cette règle est entaché de nullité »[315].

Au-delà de la typologie des contrats de partenariat public-privé, la Directive dispose en son article 15 que les États membres de la zone CEMAC peuvent exclure du champ d'application de celle-ci le secteur pétrolier, le secteur minier et le secteur gazier.

Il convient également de rappeler que la Directive exclut de son champ d'application les partenariats public-privé concernant les besoins de défense et de sécurité[316] et les situations de quasi-régies[317].

---

[315] Article 12 de la Directive N0 127/25-CEMAC-065-UEAC –CM-41 du 12 février 2025 portant cadre juridique et institutionnel des partenariats public privé en zone CEMAC.
[316] Article 19 de la Directive N0 127/25-CEMAC-065-UEAC –CM-41 du 12 février 2025 portant cadre juridique et institutionnel des partenariats public privé en zone CEMAC.
[317] Article 20 de la Directive N0 127/25-CEMAC-065-UEAC –CM-41 du 12 février 2025 portant cadre juridique et institutionnel des partenariats public privé en zone CEMAC.

Paragraphe 3 : Cadre institutionnel

Dans le but d'harmoniser les pratiques de gestion des partenariats public-privé, la Directive a doté un cadre institutionnel nécessaire à la planification, la préparation, la passation et l'exécution des partenariats public-privé. Ce cadre institutionnel est composé :

- Des autorités contractantes, qui exercent la fonction de portage des partenariats public-privé ;
- Du ministère chargé de la planification ou de toute autre entité désignée par les États membres, qui exerce la fonction de constitution du portefeuille multisectoriel de projets de partenariat public-privé ;
- De l'organisme expert existant ou, à défaut, à créer, qui exerce la fonction d'expertise ;
- De l'entité désignée par les États membres pour exercer la fonction de contrôle a priori de conformité de la préparation et de la passation des partenariats public-privé ainsi que des avenants ;
- De l'entité désignée par les États membres pour exercer la fonction de contrôle a posteriori des procédures de passation, de règlement des différends et de régulation ;
- Du ministère du Budget, qui exerce la fonction de validation de la soutenabilité budgétaire des partenariats public-privé ;
- Des autorités de régulation sectorielle lorsque les partenariats public-privé sont mis en œuvre dans des secteurs qui disposent d'une autorité de régulation sectorielle, qui exercent la fonction de régulation sectorielle.

De même, la Directive a imposé aux quelques principes généraux de gouvernance, à savoir l'autonomie et l'indépendance des acteurs d'une part, et, d'autre part, l'absence de chevauchement des compétences et des conflits d'intérêts. Cependant, le droit communautaire CEMAC en matière de partenariat public-privé mériterait encore d'aller plus loin, comme le fait le droit communautaire de l'Union européenne. En effet, les principes généraux de bonne gouvernance pour les partenariats public-privé selon les directives européennes et internationales incluent la transparence des procédures, la responsabilité des acteurs, l'égalité de traitement des candidats, l'efficacité et l'économie dans l'utilisation des fonds publics, la participation citoyenne (via le contrôle), l'intégrité, la proportionnalité (équilibre intérêt public/privé) et le respect des objectifs de développement durable, tout en assurant la soutenabilité budgétaire et en favorisant l'innovation et le savoir-faire privé.

CONCLUSION GÉNÉRALE

Le présent ouvrage met en lumière plusieurs évolutions, voire mutations, du droit public économique camerounais. Cette réflexion n'est pas nouvelle au Cameroun, comme en témoignent les nombreux ouvrages et articles cités tout au long de cette étude. Ce foisonnement illustre à suffisance que l'analyse du droit public économique demeure une discipline passionnante, car elle se situe à l'intersection de l'État et du marché, traitant de la régulation économique, de la liberté d'entreprendre et de l'évolution constante des interventions publiques. Elle explore également la manière dont les règles du droit privé s'y intègrent pour servir l'intérêt général, ce qui en fait un domaine à la fois complexe, dynamique et central pour comprendre la société contemporaine. La présente contribution tente d'aborder ces questions dans une perspective globale, plutôt que sectorielle, comme cela a souvent été le cas dans les études antérieures en droit public camerounais.

Les thèmes majeurs abordés dans cet ouvrage sont nombreux et divers. Premièrement, il apparaît que l'État a connu d'importantes transformations sur le plan économique. Au lendemain des indépendances, il a adopté une politique résolument interventionniste, fondée sur des plans quinquennaux, et ce, jusqu'au milieu des années 1980. Ces politiques, davantage tournées vers des finalités sociales qu'économiques, ont toutefois conduit à une récession majeure au milieu de la décennie 1980. Entre 1988 et 1989, l'État camerounais a subi une perte de recettes estimée à environ 54 milliards de francs CFA. Parmi les facteurs explicatifs, on relève notamment la chute des prix des matières premières (pétrole, café, cacao), une dépréciation monétaire, une hausse du chômage et une érosion du pouvoir d'achat, autant d'éléments qui ont créé un terreau propice aux revendications sociales. La seule option qui s'offrait alors à l'État était de se soumettre aux programmes d'ajustement structurel afin d'obtenir un moratoire sur le remboursement de sa dette extérieure et de mettre en œuvre une politique de déflation sévère. L'une des principales conditionnalités imposées par les bailleurs de fonds fut la démocratisation et l'instauration d'une éthique dans la gestion économique. C'est ainsi que le Cameroun est passé d'un État interventionniste post-colonial à un État néolibéral, ouvert à l'économie de marché et à la libéralisation. Cet État s'est progressivement tourné vers l'actionnariat privé, la régulation économique et le partenariat.

Deuxièmement, l'étude révèle la complexité de la notion même de droit public économique camerounais. Cette complexité tient au caractère hybride de la discipline, à la croisée du droit public – qui défend l'intérêt général et organise l'intervention de l'État – et du droit privé, qui régit les marchés et les entreprises. Le droit public économique régule ainsi l'action publique dans la sphère économique à travers des sources variées : la Constitution, les lois, le droit souple, les contrats, etc. Ses objectifs sont multiples : régulation, organisation des services publics, soutien à l'activité économique. Il est également traversé par des tensions permanentes entre les libertés économiques et le contrôle public, ce qui rend son application délicate et son contour évolutif, confirmant son statut de discipline autonome, mais fondamentalement interdisciplinaire.

Troisièmement, les sources du droit public économique camerounais sont hiérarchisées et diversifiées. Au sommet se trouvent la Constitution, qui fixe les principes fondamentaux, et les traités internationaux, notamment ceux de l'Organisation mondiale du commerce (OMC) et de l'Organisation pour l'harmonisation en Afrique du droit des affaires (OHADA). Viennent ensuite les traités communautaires, comme ceux de la Communauté économique des États de l'Afrique centrale (CEEAC) et de la Communauté économique et monétaire de l'Afrique centrale (CEMAC), ainsi que la législation nationale (lois et codes, à l'exemple du Code des marchés publics), les règlements, la jurisprudence et, dans une certaine mesure, la coutume. Ce système juridique mixte intègre des influences de droit civil, de common law et de droit de la décentralisation, avec une emprise croissante du droit international et communautaire sur la régulation économique.

Quatrièmement, l'ouvrage aborde la question des principes du droit public économique. Ces principes, souvent non écrits, mais fondamentaux, guident l'action de l'État et encadrent l'économie. Ils permettent d'équilibrer les libertés économiques – liberté d'entreprendre, libre concurrence – avec les nécessités de la régulation et de la protection de l'intérêt général. Parmi eux figurent le principe de légalité, la sécurité juridique, la transparence et l'ordre public économique. Ils structurent des domaines aussi essentiels que les services publics, les entreprises publiques ou la commande publique, garantissant ainsi la bonne marche de l'économie.

Cinquièmement, l'étude s'attache au rôle des acteurs du droit public économique camerounais, que l'on peut regrouper en deux catégories : les acteurs politico-administratifs et les entreprises publiques. Les acteurs politico-administratifs se répartissent entre niveau international et niveau national. Sur le plan international, des institutions comme le Fonds monétaire international (FMI), l'Organisation mondiale du commerce (OMC) et la Banque mondiale jouent un rôle majeur. Depuis les années 1990, elles influencent profondément la politique économique du Cameroun en imposant des normes démocratiques, libérales et éthiques dans la gestion des finances publiques. Au niveau communautaire, des organisations comme la CEMAC et la CEEAC œuvrent à l'harmonisation des politiques économiques, à la stabilité monétaire, à la libre circulation et à la promotion de la bonne gouvernance. Leur législation tend parfois à limiter la marge de manœuvre de l'État en matière économique.

Au niveau national, l'intervention étatique apparaît à la fois complexe et parfois contradictoire, tiraillée entre l'alignement sur les standards internationaux et la préservation de spécificités locales. L'État de droit, l'éthique, la démocratie économique et sociale sont désormais au cœur des discours, même si des écarts persistent entre les normes proclamées et leur mise en œuvre, notamment en matière de gouvernance des entreprises publiques et des établissements publics.

Enfin, l'ouvrage s'intéresse aux contrats de partenariat public-privé (PPP). Dans le cadre de sa stratégie de développement « Cameroun Vision 2035 », renforcée par le Document de stratégie pour la croissance et l'emploi (2010-2020), l'État a fait des PPP un levier essentiel pour la réalisation de grands projets d'infrastructures. Un cadre juridique et institutionnel a été progressivement mis en place, depuis la loi sur les PPP de 2006 jusqu'à la loi n° 2023/008 du 25 juillet 2023, qui en fixe le régime général. Parallèlement, l'adoption de la Directive de la CEMAC relative aux PPP, signée le 12 février 2025, définit un cadre communautaire harmonisé que le Cameroun s'emploie aujourd'hui à internaliser. L'ouvrage souligne les principales innovations de ce dispositif.

En bref, cet ouvrage décrit un droit public économique camerounais en quête de maturité, marqué par des avancées indéniables, mais aussi par des défis profonds, liés tant à la qualité des normes qu'à leur application effective face aux réalités économiques du pays.

BIBLIOGRAPHIE GÉNÉRALE

Ouvrages généraux :

BAUDEAU Nicolas, *Première introduction à la philosophie économique, ou Analyse des États policés, reproduction de l'édition de 1771*, Paris, Librairie Paul Geuthner, 1910, 223 pages ;

BERNARD Sébastien, *La recherche de la rentabilité des activités publiques et le droit administratif*, LGDJ, Coll. Thèses, 08/06/2001, 392 pages.

BRACONNIER Stéphane, *Droit public de l'économie*, PUF, Coll. Thémis, 27/01/2021, 552 pages.

COLSON Jean-Philippe, *Droit public économique*, 3e éd., Paris, LGDJ, 2001, 551 pages ;

COLSON Jean-Philippe, IDOUX Pascale, *Droit public économique, Entreprise, économie & droit*, Lgdj, 9e édition, 02/10/2018, 828 pages.

COLSON Jean-Philippe, IDOUX Pascale, *Droit public économique, Entreprise, économie & droit*, Lgdj, 8e édition Manuel 4 octobre 2016, 828 pages.

Conférence des Nations Unies sur le Commerce et le Développement (CENUCED), *La Concurrence dans l'économie du Cameroun*, Nations Unies, New York et Genève, 2014, 82 pages ;

DELVOLVE Pierre, *Droit public de l'économie*, Dalloz Precis, 2e édition, 20 janvier 2021, 660 pages.

FRISON-ROCHE Marie-Anne, *Droit et économie de la régulation - Les engagements dans les systèmes de régulation*, Dalloz, Coll. Thèmes & commentaires, 09/03/2006, 288 pages.

GONIDEC Pierre François, *l'État africain, Evolution - Fédéralisme - Centralisation et Décentralisation - Panafricanisme*, Bibl. africaine et malgache, Droit et sociologie politique, T. 2, VIIILGDJ, 1970, 362 pages ;

HUBRECHT Hubert-Gérald, *Droit public économique*, – 1ère éd., - cours, Dalloz, 03 novembre 1997, 370 pages ;

LAGET-ANNAMAYER Aurore dir., *L'ordre public économique*, LGDJ, Coll. Droit et Économie, 1re édition, 18/12/2018, 408 pages.

LAUFENBURGER Henry, *L'intervention de l'État en matière économique*, LGDJ, 1939, 392 pages ;

LINOTTE Didier, PIETTE Dorian, ROMI Raphaël, *Droit public économique*, LexisNexis, 9e édition, 03/03/2022, 510 pages.

LINOTTE Didier, ROMI Raphaël, *Services publics et droit public économique*, LexisNexis, 4e édition, 01/02/2001, 450 pages.

VALETTE Jean-Paul, *Droit public économique*, Hachette Livre, 3e édition, 2015, 164 pages ;

Ouvrages spécialisés :

BONDOMA YOKONO Dieudonné, *Les partenariats public-privé : état des lieux et esquisse de perspectives pour la modernisation des infrastructures nationales et transnationales*, Afrédit.sa, 2019, 162 pages.

BONDOMA YOKONO Dieudonné dir., *Contrats de partenariat public et privé : aspects conceptuels et mécanismes de mise en œuvre*, Tome 1, Presses Universitaires de Yaoundé, avril 2025, 193 pages. BIAKAN Jacques, *Droit des marchés publics au Cameroun - Contribution à l'étude des contrats publics*, L'Harmattan, 01/11/2011, 130 pages.

Friedrich Ebert Stiftung, *Paix et sécurité dans la CEEAC*, Presses Universitaires d'Afrique, Yaoundé 2007, 137 pages ;

NGANDO Blaise Alfred, *Genèse de l'État et du droit au Cameroun (1472-1961), Les racines d'une Nation en construction*, L'Harmattan, Coll. Mémoire du droit en Afrique, 17/03/2020, 357 pages.

ONDOA Magloire et ABANE ENGOLO Patrick Edgard (dir.), *Les transformations contemporaines du droit public en Afrique,* L'Harmattan-Cameroun, 2018, 222 pages ;

ONDOA Magloire, *L'administration publique camerounaise à l'heure des réformes*, L'harmattan, octobre 2010, 318 pages.

POUGOUE Paul-Gérard dir., *Encyclopédie du droit OHADA*, Editions Lamy, 2011, 2174 pages.

TEDGA Paul, *ENTREPRISES PUBLIQUES, ÉTAT ET CRISE AU CAMEROUN Faillite d'un système*, Harmattan, 1990, 303 pages.

Thèses :

BOUKARI Salifou, *L'Application des textes de l'OHADA aux entreprises publiques : l'exemple de l'AUSC et GIE*, Thèse, Maastricht University, 2015, 284 pages ;

FIPA NGUEPJO Jacques, *Le rôle des juridictions supranationales de la CEMAC et de l'Ohada dans l'intégration des droits communautaires par les États membres*, Thèse de doctorat en droit, École doctorale de droit privé, Université de Paris II Panthéon – Assas, soutenue le 04 juillet 2011, 488 pages ;

GUESSELE Irène Ornéla, *La Protection des droits de l'homme dans le cadre des contrats d'État relatifs à l'exploitation des ressources naturelles au Cameroun*, Thèse de doctorat en droit, Faculté des Sciences sociales et de Gestion, Université Catholique d'Afrique Centrale, Yaoundé-Cameroun, année académique 2019-2020, 353 pages.

ONDOA Magloire, *L'économie des deniers publics dans l'administration publique camerounaise*, Thèse de 3e cycle Doctorat en Droit public, Université de Ydé II-Soa, 1994, 542 pages.

SAMBA Diouf, *L'intégration juridique en Afrique : Le cas de l'UEMOA et de l'OHADA*, Université Cheikh ANTA DIOP de DAKAR Ecole Doctorale Régionale Africaine (EDRA) - DEA en Droit de l'Intégration et du système OMC 2005 », http://www.memoireonline.com/05/07/466/m_integration-juridique-afrique-uemoa ohada6.html.

TALAPINA Elvira. *Contribution à la théorie du droit public économique par l'analyse comparative du droit français et du droit russe*. Thèse pour le doctorat en droit public, Université de la Réunion, 2011, 363 pages.

Oussema CHEBBI, *La soft law, un moyen de régulation économique : approche de droit comparé France – Tunisie*, Thèse de droit public, École Doctorale Sciences Juridiques, Université Grenoble Alpes, 2023, 400 pages, disponible à l'adresse : https://theses.hal.science/tel-04704251v1/file/CHEBBI_2023_archivage.pdf, (consulté le 02.12.2025).

ZOGO NKADA Simon Désiré, « L'apport de la loi du 22 décembre 1999 portant statut général des entreprises et établissements publics au regard de la structure juridique du secteur public camerounais », *Annales de la FSJP de l'Université de Douala*, n° 1, janvier-juin 2002, pp.119-138.

Articles scientifiques :

AGUILA Yann, « Droit public et droit privé : la nécessité de regards croisés », *AJDA*, 2009, p. 905.

Ahmat Soumain BEN BARBONSOU, « Processus de fusion CEMAC-CEEAC : bilan à mi-parcours, enjeux et défis de la réforme pour une meilleure intégration sous-régionale en Afrique Centrale », *Thinking Africa*, Notre de recherche n° 115, septembre 2022, pp.1-20.

AMOUGOU Gérard, « Les entrepreneurs camerounais face aux pouvoirs publics. Querelles autour de « l'émergence » », *Anthropologie & développement [En ligne]*, 52 | 2021, mis en ligne le 11 juillet 2022, consulté le 11 juillet 2022. URL : http://journals.openedition.org/anthropodev/1537 ; DOI : https://doi.org/10.4000/anthropodev.1537.

AMOUGOU Gérard, « Esquisse d'histoire des politiques de développement au Cameroun : Un regard contextuel », *Workin Paper "Developmental State Strikes Back? »*, 2/2018, 57 pages ;

ANOUKAHA François, « La classification des entreprises publiques au Cameroun », *Juridispériodique,*

n° 123, juillet-août-septembre, 2020, pp. 75-85.

CHEVALLIER Jeacques, « l'État régulateur », In : *Revue française d'administration publique*, n° 111, 2004, pp. 473-482 ;

FRISON-ROCHE Marie-Arme, « Le droit de la régulation », *RECUEIL DALLOZ*, 2004, n° 2, pp. 1561-1563.

GAUTHIER Bernard, « La dynamique du secteur manufacturier africain en période d'ajustement structurel : le cas du Cameroun », *Revue Région & Développement n° 3*-1996, 26 pages.

GUIMDO Bernard-Raymond, « La responsabilité politique du gouvernement dans la Constitution camerounaise », *Revue de la Recherche Juridique (RRJ) Droit prospectif*, N° XXXII- 120 –(120e numéro), 2007, pp. 2099-2119 ;

FARJAT, « L'importance d'une analyse substantielle en droit économique », *Revue Internationale de Droit Économique*, 1986, pp. 9-42 ;

FOKOU Éric, « De l'idéal démocratique de l'équilibre à la réalité politique du déséquilibre des pouvoirs », *Les Annales de droit* [En ligne], 14 | 2020, pp. 37-68, mis en ligne le 01 juin 2021, consulté le 01 juin 2021. URL : http://journals.openedition.org/add/1807 ; DOI : https://doi.org/10.4000/add.1807.

HERRER Javier, « La nature de la crise financière camerounaise et les mesures prises pour la combattre : faut-il ajuster le programme d'ajustement structurel ? », *IRD*, 1992, pp. 40-51 ;

KAGISYE Emmanuel" Environnement juridique et institutionnel des affaires en Afrique : cas de la

Communauté économique et monétaire de l'Afrique centrale (CEMAC) ". *hal-01496562,* 2017, pp.1-24.

KAMTO Maurice, « La Communauté économique des États de l'Afrique centrale, une Communauté de plus ? », *In : Annuaire français de droit international*, volume 33, 1987, pp. 839-862.

KEULEMBA NGANSOP Giscard Fidèle, « Le Recours A La Grève En Droit Positif Camerounais », *International Multilingual Journal of Science and Technology (IMJST)* ISSN: 2528-9810 Vol. 5 Issue 4, April – 2020, pp.937-947.

KIRAT Thierry, VIDAL, Laurent, « le droit et l'économie : étude critique des relations entre les deux disciplines et ébauches de perspectives renouvelées », *Annales de l'Institut André TUNC – Université de Paris I Panthéon-Sorbonne*, 2005, 25 pages.

LOUKAKOU Didier, « de la diversité des sources du droit et de quelques implications sur le processus d'intégration juridique dans l'espace Ohada », Mélanges en l'honneur de Jerry Sainte-Rose, *journal-ledroit.net*, février 2013, pp.821-842, disponible à l'adresse : https://www.journal-ledroit.net/images/pdfs/article_didier.pdf, (consulté le 17.10.2022).

MÉDARD Jean-François, « L'État patrimonialisé », *Politique africaine*, n° 39, septembre 1990, pp. 25-36 ;

MOUANGUE KOBILA James, DONFACK SOKENG Léopold, « La CEMAC : à la recherche d'une nouvelle dynamique de l'intégration en Afrique centrale », *Annuaire africain de droit international*, vol.6, 1998, pp.65-105.

MOUELLE KOMBI Narcisse, « Les aspects juridiques d'une Union monétaire : l'exemple de l'Union monétaire de l'Afrique Centrale (UMAC) », *AFRILEX N° 4*, décembre 2004, pp.87-131.

NGUIHE KANTE Paul, « les contraintes de la privatisation des entreprises publiques et parapubliques au Cameroun », *Association internationale de droit économique | « Revue internationale de droit économique »* 2002/4 t. XVI, 4 |, pp.603-625 ;

NGUIMFACK VOUFO Théophile, « Aspects de l'évolution récente du régime des organismes publics non-étatiques au Cameroun : l'apport des décrets d'application des lois du 12 juillet 2017 portant statut des entreprises et établissements publics, *Dans Gestion des Finances publiques* (2022/3 N° 3), pp.78-84.

NIANDOU SOULEY AB., « Ajustement structurel et effondrement des modèles idéologiques : Crise et renouveau de l'État africain », *Études internationales*, Volume 22, numéro 2, 1991, pp.253–265 ;

NKOU MVONDO Prosper, « Le non-respect des délais de jugement au tribunal criminel spécial du Cameroun », *Dans Les Cahiers de la Justice 2021/3 (N° 3)*, pp. 469 à 483 ;

N. KAMENI Lazare, *Droit Ohada et droit constitutionnel des États parties : contribution à l'analyse sous le prisme de la pratique camerounaise*, Thèse de doctorat en droit public, option droit public économique, Université de Yaoundé II-Soa, 08 décembre 2015, 482 pages.

OLEMBE Esther, « Les Archives au Cameroun dans les Politiques publiques de Développement : des Plans quinquennaux à la Stratégie nationale Développement : des Plans quinquennaux a la Stratégie nationale de Développement SND 2020–2030de Développement SND 2020–2030 », *Journal of African Policy Studies Journal of African Policy Studies*, volume 30 number 1, 2024, pp. 20-41 ;

ONDOA Magloire, « Le droit public des États africains sous ajustement structurel : le cas du Cameroun », *dans* Bruno Bekolo Ebee, Touna Mama et Séraphin-Magloire Fouda (dir.), *Mondialisation, exclusion et développement africain : stratégies des acteurs publics et privés*, Yaoundé, AFREDIT, « Économies d'Afrique », 2006, t. II, p. 377, », pp. 375-424 ;

ONDOA Magloire, « Ajustement structurel et réforme du fondement théorique des Droits africains postcoloniaux : l'exemple camerounais », *RASJ*, Yaoundé, vol 2 N° 1, 2001, pp. 75-118.

OWONA NGUINI Mathias Éric, « l'État et les milieux d'affaires au Cameroun : autoritarisme, ajustement au marché et démocratie (1986 -1996) », *CEAN - IEP DE BORDEAUX ET GRAP*, November 1996, pp. 43-67, disponible à l'adresse : https://www.researchgate.net/publication/329253828_L%27Etat_et_les_milieux_d%27affaires_au_Cameroun_autoritarisme_ajustement_au_marche_et_democratie, (consulté le 18.09.2022).

TAMETONG Steve, « La lutte contre la corruption et actes apparentés dans la snd30 au Cameroun », *©Nkafu Policy Institute*, Yaoundé-Cameroun, octobre 2022, pp.1-4.

TAMETONG Steve, « optimiser la gouvernance et la performance des entreprises publiques au Cameroun : une impérieuse nécessité *», Nkafu Policy Institute*, septembre 2021, 8 pages ;

Doudou THIAM, « Le fédéralisme africain », *R.CA.D.I.* 1969, I, pp. 51-64 ;

Cours :

BIAKAN Jacques, « Cours de droit public économique interne », Licence en droit public, Université de Yaoundé 2-Soa, année académique 2009-2010, 36 pages.

BOUKONGOU Jean Didier, « Cours de droit international économique », Université Catholique d'Afrique Centrale, année académique 2023-2024, Yaoundé-Cameroun, 94 pages.

GUIMDO DONGMO Bernard-Raymond, « Droit des contrats et partenariats publics-privés », Université Catholique d'Afrique Centrale, Yaoundé-Cameroun, janvier 2025, 61 pages.

ONDO Télesphore, « Cours de droit public économique », Université Internationale de Libreville, année : 2018/2019, 43 pages.

TANG Samuel Mathieu, « Cours de droit public économique », Université Catholique d'Afrique Centrale, Yaoundé-Cameroun, année académique 2024-2025, 66 pages.

TABLE DES MATIÈRES

Structures éditoriales du groupe L'Harmattan

L'Harmattan Italie
Via degli Artisti, 15
10124 Torino
harmattan.italia@gmail.com

L'Harmattan Hongrie
Kossuth l. u. 14-16.
1053 Budapest
harmattan@harmattan.hu

L'Harmattan Sénégal
10 VDN SICAP AMITIE 3
BP 45034 Dakar-Fann
direction@senharmattan.com

L'Harmattan Cameroun
Tsinga/Derrière polyclinique FECAFOOT
BP 11486 Yaoundé
Jacques.koukam@harmattan.fr

L'Harmattan Burkina Faso
Villa 281, secteur 23 623, rue 14.32
Ouagadougou
zagbie@outlook.fr

L'Harmattan Guinée
Almamya, rue KA 028 OKB Agency
BP 3470 Conakry
harmattanguinee@yahoo.fr

L'Harmattan RDC
185, avenue Nyangwe
Commune de Lingwala – Kinshasa
matangilamusadila@yahoo.fr

L'Harmattan Congo
219, avenue Nelson Mandela
BP 2874 Brazzaville
deunovmikhael@gmail.com

L'Harmattan Mali
Immeuble Mgr Jean Marie Cissé
Aci Hamadallaye
BP 145 Bamako
syllaka@yahoo.fr

L'Harmattan Togo
Djidjole – Maison Amela
face EPP BATOME
02 BP 20680 Lomé
didieramela11@gmail.com

L'Harmattan Côte d'Ivoire
Résidence Karl – Cité des Arts
Abidjan-Cocody
03 BP 1588 Abidjan
harmattan.ivoire@gmail.com

L'Harmattan Bénin
Rue 604, (Immeuble à l'entrée
de la rue UCAO- Cite de Saint-Jean)
Cotonou
stepcorpus@gmail.com

Nos librairies en France

Librairie internationale
16, rue des Écoles
75005 Paris
librairie.internationale@harmattan.fr
01 40 46 79 11
www.librairieharmattan.com

Librairie des savoirs
21, rue des Écoles
75005 Paris
librairie.sh@harmattan.fr
01 46 34 13 71
www.librairieharmattansh.com

www.ingramcontent.com/pod-product-compliance
Lightning Source LLC
LaVergne TN
LVHW011446061026
849535LV00004BA/972
9782336610740